U0488076

国有企业

混合所有制改革
影响因素及其实现模式研究

陈 颖◎著

吉林大学出版社

·长春·

图书在版编目（ＣＩＰ）数据

国有企业混合所有制改革影响因素及其实现模式研究 /
陈颖著 . -- 长春：吉林大学出版社，2024. 10.
ISBN 978-7-5768-3984-5

Ⅰ. F279.241

中国国家版本馆 CIP 数据核字第 2024FG3012 号

书　　名：国有企业混合所有制改革影响因素及其实现模式研究
　　　　　GUOYOU QIYE HUNHE SUOYOUZHI GAIGE YINGXIANG YINSU
　　　　　JI QI SHIXIAN MOSHI YANJIU

作　　者：陈 颖 著
策划编辑：李伟华
责任编辑：李伟华
责任校对：王亭懿
装帧设计：中北传媒
出版发行：吉林大学出版社
社　　址：长春市人民大街 4059 号
邮政编码：130021
发行电话：0431-89580036/58
网　　址：http://www.jlup.com.cn
电子邮箱：jldxcbs@sina.com
印　　刷：三河市龙大印装有限公司
开　　本：787mm×1092mm　　　1/16
印　　张：18.75
字　　数：270 千字
版　　次：2025 年 5 月　第 1 版
印　　次：2025 年 5 月　第 1 次
书　　号：ISBN 978-7-5768-3984-5
定　　价：99. 00 元

版权所有　翻印必究

前　言

　　在全球化和市场经济的浪潮中，中国国有企业的混合所有制改革已成为推动企业转型升级、提升市场竞争力的关键策略。混合所有制企业日前正以多种方式在各个领域发展，已然成为中国企业中一种既重要又特殊的企业类型。它既是中国特色社会主义市场经济的又一次大胆创新，也是国有企业改革的又一次小心探索。在经济形势倒逼、改革空前深化的历史境遇中，中国混合所有制改革的成效如何？国有企业如何破茧重生实现国有企业到混合所有制企业的平稳过渡？私有资本进入国有企业后如何实现双赢？新路径下国有资本在进入民营资本时要重点注意哪些问题，才能实现混合所有制改革的最终目标？都是值得研究的命题。

　　本书全面剖析了这一改革的内在逻辑、关键影响因素和实现路径，旨在为国有企业改革提供理论支撑和实践指导。通过系统回顾国有企业改革的历史轨迹，本书不仅揭示了混合所有制企业形成的必然性，而且运用扎根理论、结构方程等研究方法，深入探讨了影响混合所有制企业实效性的关键因素，即形成路径、政府决策、产权性质与变动方式以及公司治理，并据此提出了具有创新性的政策建议。

　　本书的创新之处在于系统构建了混合所有制改革实效性影响因素的分析框架，并通过扎根理论及问卷调查方法，结合结构方程模型验证，精准识别并深入剖析了形成路径、政府决策、产权性质与变动方式、公司治理等关键因素对改革实效性的影响。本书进一步对比分析了国有产权稀释与国有产权渗透两种改革路径，揭示了不同路径下国有资本效应的差异性，特别是在国有产权渗透路径下，国有资本的正面效应更为显著。此外，本书还深入探讨了影响政府决策的关键因素，并构建了政府决策模型，为政府在混合所有制改革中的策略选择提供了理论依据。同时，本书对中国混合所有制企业公司治理的特殊性进行了创新性分析，揭示了五个方面的特殊性，为构建适应中国国情的公司治理模式提供了新的视角和理论支持。这些创新点不仅丰富了国有企业改革的理论基础，也为混合所有制改革的实践提供了有益的政策参考。

陈　颖

2024 年 9 月

目　录

第1章 绪 论

1.1 研究背景

自1994年至2013年，国有企业改革经历了波澜壮阔的二十年。这一时期可划分为两个阶段：第一个十年标志着改革的破局期，市场化改革方向初步确立，国有企业通过"抓大放小"等措施实现脱困，但同时也暴露出政策漏洞和灰色地带，导致国有资产流失。第二个十年则是改革的攻坚期，2003年国务院国有资产监督管理委员会（以下简称"国资委"）成立后，通过大规模的重组兼并和战略调整，国有企业逐渐壮大，国有资本结构布局得到优化，但产权改革的停滞却成为一大遗憾。历史是最好的教科书，它为国企改革提供了宝贵的经验和教训。如今，国企改革再次扬帆起航，以混合所有制为重点，探索新的改革路径。然而，尽管国资委采取了产业重组、内部激励等措施，国有企业的效率提升并不明显。究其原因，在于"所有者缺位"的制度障碍尚未得到有效解决。只有从根本上消除这一障碍，才能真正激发国企的活力，提高经营效率。国企改革是一项复杂的系统工程，需要综合考虑市场机制、产权制度、激励约束等多方面因素。在新的历史起点上，我们应以更加开放的视野，借鉴国际经验，深化国企改革，推动国有企业在市场竞争中不断做强做优，为国家经济社会发展做出新的更大贡献。同时，我们也要警惕改革过程中可能出现的风险和挑战，确保改革的平稳推进和国有资产的安全。

党的十八届三中全会的召开，为国有企业改革指明了新的方向。会议明确提出："要完善产权保护制度，积极发展混合所有制经济，推动国有企业完善现代企业制度，支持非公有制经济健康发展"。这些举措体现了对产权保护的重视，对混合所有制经济的积极态度，以及对现代企业制度的完善和非公有制经济的支持。混合所有制改革是国企改革的新方向，它旨在通过引入非国有资本，实现国有企业产权结构的多元化，激发市场活力，提高企业效率。混合所有制经济的发展，有助于打破国有企业原有的单一产权结构，引入更多的市场机制和竞争机制，促进资源的优化配置。2015 年 8 月 24 日，国家出台的《关于深化国有企业改革的指导意见》中明确提出，发展混合所有制经济，鼓励非国有资本投资主体通过出资入股、收购股权、认购可转债、股权置换等多种方式，参与国有企业改制重组或国有控股上市公司增资扩股以及企业经营管理，并鼓励国有资本以多种方式入股非国有企业。国家从提倡非国有企业入股国有企业，到现在鼓励国有资本主动地进入非国有企业，可以看出国家在政策层面上更加积极地推动混合所有制企业的发展，混合所有制改革也随之进入了一个新的阶段。混合所有制企业一方面可以盘活国有资本，另一方面又为国有企业注入了更多的活力。因此，混合所有制企业已经成为中国现阶段国企改革最鲜明的标志之一。

目前，中国的混合所有制企业正在全国进行广泛的实验，2016 年是国企改革的"落实年"，原本被国家保护市场禁入的电力、石油等七大领域也都启动了混合所有制试点。各省也陆续出台了相应的政策，比如，从 2016 年福建省出台《关于深化国有企业改革的实施意见》开始，国有企业改革的步伐不断加快。福建省的改革措施涵盖了分类推进国有企业改革、完善现代企业制度、完善国有资产管理体制、发展混合所有制经济、促进产业转型升级、强化监督防止国有资产流失、加强和改进党对国有企业的领导以及为国有企业改革创造良好环境条件等多个方面，为国有企业改革提供了全面而具体的指导。2017 年，党的十九大报告提出深化国有企业改革，发展混合所有制经济，培育具有全球竞争力的世界一流企业，为新时代国有企业改革提供了新的指导思想。2022 年，在党的二十大报告中，国企改革被赋予了新的使命和任务，报告对改革的时代背景、方向、目标、途径和要求进行了全面阐述，展现了清晰的时代感和实在感。2023 年 6 月，国家发布的《国有企业改革深化提升行动方案（2023—2025 年）》标志着国企改革进入了一个新的阶段。该方案旨在进一步增强国有企业的核心功能和核心竞争力，明确了改革的具体目标和任务。

国有企业改革是一项长期而复杂的系统工程，需要在中国共产党的领导下，各级政府、企业和社会各界的共同努力。改革的深化和提升，将有助于国有企业更好地适应市场经济的要求，提高自身的创新能力和国际竞争力，为国家经济社会发展做出更大的贡献。同时，改革也需要注重风险防控，确保国有资产的安全和增值，实现国有企业的可持续发展。国有企业改革的核心在于加强中央企业在现代化产业体系中的关键作用，这不仅涉及科技创新，确保企业在技术进步和产业升级中发挥引领作用，也包括产业控制和安全支撑，以保障国家经济安全和产业稳定。改革的深入推进要求国有企业按照市场化机制高效运作，真正实现市场在资源配置中的决定性作用。同时，改革还需统筹兼顾功能使命类和体制机制类任务，确保国有企业在履行社会责任和提升运营效率上取得平衡。综上所述，我们可以看到中国国有企业改革正在按照既定的方案和时间表稳步推进，重点在于科技创新和混合所有制的市场化改革，以期提升国有企业的整体竞争力和市场活力。

本书针对国有企业混合所有制改革的影响因素及其实现模式进行了深入的探讨与研究，以期为中国国有企业改革宏观政策的制定以及国有企业内部管理制度的建设提供有益的参考。

1.2 国内外研究现状

1.2.1 国有企业混合所有制改革的动因

1.市场化进程与城乡二元制的矛盾

市场化改革是经济现代化的必由之路，但中国的特定历史背景和制度安排导致了城乡之间的发展不均衡。城乡二元制的形成，不仅限制了劳动力的自由流动，也加剧了社会资源配置的不公。朱光华（2001）的研究指出，国家为了平衡技术构成与生产力发展，采取了户籍制度限制，这在一定程度上抑制了劳动力市场的灵活性，造成了城市劳动力不足和农村劳动力闲置的现象。

2.资本资源配置与国有企业依赖性

林毅夫等（2004）的分析强调了国家在资本资源配置上的策略，即通过低利率和低汇率政策吸引投资，同时对材料供应实行计划供应和优惠政策。这种政策导向使得国有企业在发展过程中形成了对政策扶持的依赖性，缺乏自我创新和市场竞争力。

3.国有企业的内在弊端

国内学者普遍认为，国有企业存在多方面的问题，如公司治理结构不完善、委托代理成本高等。这些问题在经营管理、决策机制、收入分配、融资机制和股权制衡等方面均有体现，严重制约了国有企业的发展和竞争力（马光威、龙思韵，2021）。

4.国有经济的战略布局问题

吴敬琏等（1997）的研究指出，长期以来，国家对商业和服务业的限制导致了就业岗位的不足，增加了待业人员的数量。国有企业为了吸纳就业，不得不在各个行业广泛布局，这导致了产业布局的分散化和管理的不集中，影响了国有经济的整体效率和竞争力。

5. 国际视角下的国有企业改革

国外的研究文献从国际市场竞争力的角度出发，关注国有企业改革的必要性。Holz（2015）的研究指出，政府与国有企业之间的行政纠葛可能导致国有企业在市场经济下行时过度依赖政府支持，这不利于经济的长期稳定增长。Wang（2014）的研究揭示了国有企业内部的腐败问题，高级管理人员利用职权侵占企业资产，这不仅造成了企业资产的损失，也对社会资源造成了浪费，成为国有企业改革的紧迫问题。

1.2.2 国有企业混合所有制改革的路径

国有企业的整体上市是一个关键性的改革步骤，它涉及将企业内部的核心资产和业务进行整合，并对其内部治理结构及管理制度进行调整，以实现更高层次的规范化运作。李维安（2014）认为，通过这一过程，国有企业能够将所有资产和业务集中在单一的企业实体下，有效减少潜在的关联交易和内幕交易，从而提高透明度和公平性。整合后的公司能够更高效地进行资源配置，降低运营成本，进而提升企业的整体绩效。上市公司绩效的提升不仅体现在资产规模的扩大上，更在于资产质量的提高和产业链的完善上（魏成龙 等，2011）。肖万和宋光辉（2013）则认为，资产的增加、质量的提升以及产业链的互补性增强，均能在整体上市时显著反映企业的绩效。控股股东注入的高质量和高盈利性资产，将进一步推动公司盈利能力的提升，这不仅优化了企业的财务表现，也增强了其在市场中的竞争力和价值。

还有一部分的研究集中在民营企业参股这个路径上。肖彦等（2019）认为，国有企业在引入民营资本和其他非国有资本的过程中，实现了从单一国有控股向多元化股权结构的转变。这种混合所有制的实践，不仅打破了国有企业传统的运营模式，还通过引入新的股东和治理机制，增强了企业的决策透明度和效率。非国有股东通过在董事会中争取更多的话语权，形成了对原有控股股东的有效制衡，从而保护了小股东的利益，促进了企业决策的民主化和科学化（郝云宏 等，2015）。此外，民营企业的参与不仅为国有企业带来了新的管理理念和创新动力，还通过其在市场竞争中培养的灵活性、创新能力和现代企业制度，为国有企业注入了新的活力，促进了企业在技术创新、管理优化和市场适应性等方面的快速进步。程恩富和董宇坤（2015）提出，民营企业的加入，通过其灵活性和创新能力，不仅增强了国有企业的竞争力，还提高了企业的整体运营效率，而混合所有制改革的实施则使国有企业在保持稳定和履行社会责任的基础上，更积极地参与市场竞争，实现资源的优化配置和效益最大化。通过这种改革，国有企业能够更好地适应市场经济的发展需求，展现出更加灵活和高效的市场竞争力，为国家的经济发展和社会进步做出更大的贡献。

还有一种路径类似于民营企业参股，就是"国有企业并购"。国有企业并购的改革路径，与民营企业参股的方式相比，能够实现更深层次的资本融合和股权制衡。高玉婷（2016）认为，这种改革策略不仅促进了国有与非国有资本的混合，还通过更大规模的资本资产整合，实现了对原有股权结构的优化。并购活动通常涉及对非国有企业的全面或部分收购，这种资本的深度融合促进国有企业进行了更深刻的股权结构调整，从而在一定程度上提高了企业的治理效率和市场竞争力。股权结构的完善被认为是提高企业绩效的关键因素之一（张荣，2018）。于成永等（2019）的研究表明，当国有企业中国有股的比例较高时，可能会因为决策过程的官僚化和缺乏灵活性而导致企业绩效下降。相反，通过并购引入非国有资本，可以降低国有股的比例，增加非国有股东的参与度，从而激发企业的创新活力和市场反应速度。此外，并购活动还有助于国有企业快速获取先进的技术和管理经验，以及拓展市场和客户基础。这种资本和资源的整合，不仅能够提升企业的核心竞争力，还能够促进企业在全球化背景下的可持续发展。国有企业并购的改革路径对优化企业治理结构、提高企业绩效以及增强企业的市场竞争力具有重要意义。同时，这也反映了国有企业在适应市场经济要求、推动自身改革和创新方面的积极努力。

员工持股计划作为一种创新的激励机制，已经在全球范围内得到广泛的应用和认可。这种计划通过赋予员工对企业的所有权，不仅增强了员工对公司的归属感和认同感，而且有效提升了他们对工作的积极性和主动性。陆岷峰和虞鹏飞（2015）的研究表明，员工持股计划能够显著提高员工的工作动力，因为他们的个人财富与公司的业绩紧密相连，这种利益的一致性激发了员工为公司的发展贡献更多的努力和智慧。此外，刘小鲁和聂辉华（2015）认为，员工持股计划对吸引和保留关键人才具有重要作用。在竞争激烈的人才市场中，这种计划提供了一种独特的激励方式，使得企业能够吸引那些寻求长期职业发展和个人财富增长的管理型和技术型人才。通过员工持股，企业能够建立起与员工之间的长期合作关系，促进员工对企业文化的认同和对企业目标的承诺。更重要的是，员工持股计划与企业绩效之间存在正相关关系。刘国亮和王加胜（2000）的研究发现，员工持股比例的提高能够促进企业绩效的提升。这种正相关性可能源于员工作为股东，会更关注企业的长期发展和市场竞争力，从而会在日常工作中展现出更高的创新性和效率。

1.2.3 国有企业混合所有制改革的研究分歧

虽然国有企业通过混合所有制改革取得的成效有目共睹，但是学者们对混合所有制改革中可能存在的问题持有不同的看法，这反映出学者们在认识上存在分歧。

1. 股权结构

顾钰民（2006）的研究表明，所有制改革能够有效缓解国有企业控制权高度集中和所有权分散的问题，这有利于促进企业的健康发展。这种改革通过分散控制权，增加了企业的决策透明度和民主性，从而提高了企业的治理效率和市场竞争力。武常岐和张林（2014）的研究进一步指出，国有企业改革后，非国有资本的注入不仅改善了企业的经营管理，还有助于改善控制权过于集中的状况。这种资本的注入促进了国有资本的保值增值，提高了企业的竞争力。这表明，混合所有制的实施有助于国有企业在市场经济中更好地发挥作用，实现资源的优化配置。然而，寇文（2019）的研究指出，在混合所有制改革中，还需要进一步促进多元化产权的实施。这意味着，尽管混合所有制改革取得了一定的成效，但在产权结构的多元化方面仍有提升空间。多元化产权的实施有助于进一步分散控制权，增加企业的灵活性和创新能力。臧跃茹等（2016）的研究发现，在混合所有制改革后，国有企业仍然存在一些问题，如"一股独大"和产权不明晰等。这些问题可能会影响企业的治理结构和决策效率，限制企业的发展潜力。姚圣娟和马健（2008）的实证研究也显示，在混合所有制企业中仍然存在大股东损害小股东利益的现象。这表明，尽管混合所有制改革推动了企业的多元化发展，但在保护小股东权益方面仍有待加强。

2. 治理结构和绩效

李春玲等（2017）的研究通过对比 2009 年至 2013 年间企业混合所有制改革前后的投资效率变化，揭示了改革后企业投资效率的显著提升。这一结果表明，混合所有制改革不仅优化了企业的投资决策流程，还提高了资金的使用效率，从而促进了企业的持续发展和价值创造。王惠卿（2015）的研究则从更全面的角度分析了混合所有制改革的利弊。他指出，虽然改革能够提高国有企业的绩效，但同时也可能导致绩效的不稳定性增加。这种不稳定性可能源于改革过程中的不确定性，如产权结构调整、管理机制变革等，这些因素都可能对企业的短期绩效产生影响。混合所有制改革的实施，需要在确保改革效益的同时，注意控制和降低改革过程中的风险。这包括：建立健全的公司治理结构，确保各方股东的权益得到平衡和保护；优化资源配置机制，提高资源的使用效率；加强风险管理和内部控制，以应对改革过程中可能出现的各种挑战。

3. 政策负担

陈林和唐杨柳（2014）的研究表明，混合所有制改革有助于减轻国有企业的政策性负担，其下一步的重点可能会转向垄断行业。这表明，混合所有制改革不仅对企业自身的发展有益，也对整个经济结构的优化具有深远影响。然而，刘春和孙亮（2013）提出了不同的见解。他们认为，民营资本进入国有企业可能会增加民营企业的政策性负担，这可能会与企业追求利润最大化的目标相悖。这种观点强调了改革过程中可能出现的利益冲突和政策导向问题。甘小军等（2018）的分析进一步指出，混合所有制改革未能完全达到预期目标的原因可能在于国有企业与政府的关系过于紧密，以及管理模式的僵化。他们认为，要实现改革目标，需要摆脱传统思维的束缚，放宽对民营资本的门槛限制，以促进国有与民营资本的有效融合。蒋光超等（2014）的研究则指出，国有资本与非国有资本的融合效果并不总是理想的，其中一个重要原因是国有企业在吸收民营资本时态度不够坚决。这表明在改革过程中需要国有企业更加积极和开放地接受非国有资本的参与。许光建和孙伟（2018）则关注了政府在推广改革过程中的积极性与企业对此的冷淡态度之间的矛盾。他们提出在改革过程中需要关注的问题，以确保改革能够达到预期效果。

1.3 研究意义

1.3.1 理论意义

混合所有制企业作为近年来的研究热点，虽然已有大量文献关注，但研究视角多聚焦于政策引导，而从管理学角度的探讨相对较少。在现有的研究中，系统性的理论框架尚未形成，实证分析往往受限于过时的样本数据或单一案例的浅层分析。随着新形势的出现，混合所有制企业面临诸如国有资本渗透私企、内部人收购、员工持股等新问题。这些问题虽然已经引起学者关注，但研究仍存在系统性和实证深度的不足。针对这些研究空白，本书旨在深入探讨中国混合所有制改革的实效性，通过结合理论研究和实证分析，识别并验证影响混合所有制企业实效性的关键因素。研究将对这些关键因素进行细致剖析，旨在构建一个全面的混合所有制改革实现模式。这一模式不仅能够丰富混合所有制企业的理论基础，而且对指导实际改革具有重要的实践价值，有助于推动国有企业和民营企业的深度融合，实现各种所有制资本的优势互补，提升企业的整体竞争力和创新能力。通过这种深入的研究，可以为混合所有制企业的持续发展和市场适应性提供更明确的策略和方向。

1.3.2　实践意义

混合所有制改革的意义和影响深远。从宏观层面看，它代表着公有制与非公有制经济的共存与共同发展，是社会经济形态的一种表现；从微观层面看，它体现为公有制与非公有制产权在企业层面的共存。自党的十五大首次提出"混合所有制经济"的概念，到党的十八届三中全会通过的《中共中央关于全面深化改革若干重大问题的决定》强调其为基本经济制度的重要实现形式，再到 2014 年的《政府工作报告》强调加快发展混合所有制经济，这一改革逐渐成为国企改革的核心。2017 年，党的十九大进一步明确了混合所有制改革的方向，并将其与培育具有全球竞争力的世界一流企业的目标联系起来。2022 年，党的二十大会议更是提出了"提升企业核心竞争力""加快建设世界一流企业"的目标，进一步推动了混合所有制企业的多样化发展。尽管国有企业在混合所有制改革中展现出了极大的热情，但这种热情背后也存在一些隐忧。在当前经济形势和改革深化的背景下，如何评估混合所有制改革的成效？国有企业如何实现从传统模式到混合所有制企业的平稳过渡？私有资本如何与国有企业实现共赢？以及在新路径下国有资本进入民营资本时应注意哪些问题？都是当前亟待解决的关键问题。这些问题的解决与否不仅关系到混合所有制改革的成败，也关系到国有企业能否在新的历史条件下实现转型升级，具有重要的现实意义和深远的战略影响。

1.4 研究方案与技术路线

1.4.1 研究目标

本书总的研究目标是通过对混合所有制企业实效性影响因素的探究，设计出中国混合所有制改革的实现模式，为中国混合所有制改革提供有益的政策建议，并为混合所有制企业的研究提供新的视角。具体的目标如下。

1. 混合所有制企业产生的原因

通过对中国国有企业改革历程的梳理，以及混合所有制改革前后国有企业所有者效用的对比，得出中国混合所有制企业产生的必然性原因。

2. 混合所有制企业实效性的关键影响因素

利用扎根理论与问卷调查相结合的方法，确定影响中国混合所有制企业实效性的因素，并进行关键因素的筛选。对每一个关键因素进行实证分析，试图找出每一种关键因素的影响机理与路径。

3. 混合所有制改革的实现模式

在对每个关键因素分析的基础上，整合出中国混合所有制改革的实现模式，并且给出相应的政策建议。

1.4.2　研究方法

本书采用了定性研究与定量研究相结合的方法，下面是具体的研究方法。

1. 文献研究法

本书应用文献研究，对国内外相关问题的研究历史和研究现状进行了梳理，分析了目前研究的优点和不足，为本书的研究奠定了相应的理论基础。

2. 扎根理论方法

本书在第 5 章混合所有制企业实效性的归因分析中运用到了扎根理论的方法。笔者先利用从文献及访谈中收集的第一手资料进行分析，并运用扎根理论进行开放式编码、主轴编码和选择式编码，以抽象出混合所有制企业实效性的基本概念，同时分析资料之间的内在逻辑，从而识别出影响企业实效性的关键因素。

3. 结构方程法

比如，本书在对混合所有制企业实效性关键影响因素的确定上，用问卷调查收集的数据构建了结构方程，利用 AMOS 软件进行分析，进一步验证了扎根理论得出的结论。

4. 博弈论分析法

本书在第 7 章政府对混合所有制改革路径的选择机制的研究中应用了博弈论分析法。首先采用博弈模型对混合所有制改革中政府参与的必要性进行了验证，接着利用博弈模型对混合所有制改革中政府的决策机制进行构建，并且提出研究假设，为进一步的实证研究提供理论依据。

5. 案例分析法

比如，在本书的第 8 章中，笔者以中国建材集团的混合所有制改革为案例，深入剖析了整体上市、分拆上市、民营企业参股、员工持股及国有企业并购等多种产权变动方式，并对这些改革措施的效果进行了综合评价。

6.计量分析法

本书在很多章节中应用到了计量分析的方法。在混合所有制企业形成路径的实证分析中，用 2013—2015 年的数据构建了面板数据计量模型；在政府对改革路径选择的实证分析中，用 2006—2015 年中国的工业企业的数据构建计量模型，验证了之前的研究假设；在混合所有制企业公司治理的实证研究中，利用 2009—2016 年的深沪市上市公司样本的公司治理数据构建面板数据计量模型。

1.4.3 研究内容

本书一共分为 12 章，各章的研究内容如下。

第 1 章，绪论。本章详细阐述了研究背景，包括国内外在混合所有制改革领域的研究与实践现状，以及研究意义。同时，本章还介绍了研究目标、方法、技术路线和研究内容，为本书奠定基础并指明方向。

第 2 章，相关理论概述。本章主要介绍了与混合所有制企业研究相关的基础理论，包括国有企业及混合所有制企业的内涵及类型、扎根理论、公司治理理论以及博弈论等。

第 3 章，国内外混合所有制企业实践及实例。本章深入探讨了国外混合所有制企业的实践现状，并以美国、日本混合所有制企业实践和法国的雷诺汽车公司为案例，详细分析了不同国家混合所有制企业的发展情况和特点。同时，对中国混合所有制企业的发展现状进行了详细的梳理和分析，特别是中信集团和联想控股的混合所有制改革实践，展示了中国企业在这一领域的创新和探索。

第 4 章，国有企业改革与混合所有制企业形成及现状。本章概述了中国国有企业混合所有制改革的历程，展示了改革如何通过引入非国有资本，提高企业效率和竞争力，同时确保了改革的稳定性和成效。

第5章，混合所有制企业的形成机理、实效性与影响因素分析。在本章中，首先通过对比中国混合所有制企业改革前后的绩效，得出混合所有制改革具有实效性的结论。随后，利用扎根理论和问卷调查法，深入分析影响混合所有制企业实效性的关键因素，包括形成路径、政府决策、产权性质与变动方式以及公司治理，并使用结构方程模型进行验证。这些分析为后续章节的研究提供了坚实的依据和基础。

第6章，混合所有制企业实效性影响因素之一——形成路径。在本章中，首先对其作用机理进行剖析，接着主要针对产权稀释与产权渗透两种路径下形成的混合所有制企业进行对比研究。通过实证分析，对两种路径改革前后的效果进行对比，分析了不同混合所有制改革路径对企业经济效益与社会效益的影响，并探讨了这些影响产生的深层次原因。

第7章，混合所有制企业实效性影响因素之二——政府决策。本章主要探讨混合所有制改革作用机理中政府的作用，并且用实证的方法构建了政府在混合所有制改革路径选择的决策机制。

第8章，混合所有制企业实效性影响因素之三——产权性质与产权变动方式。本章主要探讨不同的股权变动形式对混合所有制企业的影响，将股权变动的形式分为五种，利用中国建材集团的案例对每种具体方式进行分析。

第9章，混合所有制企业实效性影响因素之四——公司治理。本章主要对混合所有制企业的治理模式与其他类型企业相比的特殊性进行探究，总结出混合所有制企业治理模式存在着政府角色、企业控制权、企业内部人之间关系、委托代理关系以及新老治理结构共存五个方面的特殊性。接着针对这些特殊性设计出适合混合所有制企业的治理模型，对每一个变量进行实证分析与检验，得出相应的结论。

第10章，混合所有制改革的实现模式及政策建议。本章在前几章研究的基础之上,设计出混合所有制改革的实现模式,并对每一个环节提出相应的政策建议。

第 11 章,混合所有制改革的创新视角研究。本章从混合所有制企业技术创新、公司治理、员工持股以及数字化转型等多个角度,对当前混合所有制企业进行分析与研究,为该领域的研究提供创新的视角与研究思路。

第 12 章,总结与研究展望。本章对全书的内容进行总结,并对主要的创新点进行归纳,提出研究的未来发展方向。

1.4.4 研究的技术路线

本书的研究技术路线分为三个阶段,分别是提出问题、分析问题和解决问题。如图 1-1 所示,首先,通过对相关理论及政策的梳理、中国国有企业改革历程的回顾以及混合所有制企业发展现状的分析,对中国混合所有制企业兴起的原因、发展现状以及特征做出归纳总结,为后面的研究奠定理论基础。其次,通过数据统计与分析,得出中国混合所有制企业改革的实效性概况,通过扎根理论的方法找出影响混合所有制企业实效性的因素,并结合问卷调查与结构方程的方法进行验证,接着结合计量分析法对混合所有制企业实效性关键影响因素中的形成路径、政府决策、股权性质以及治理模式四大因素进行进一步的分析研究,试图找出每种因素中的关键影响变量的作用机理以及变量之间的关系。最后,在之前分析的基础上,构建出中国混合所有制改革的实现模式,并对中国混合所有制改革提出相应的政策建议。

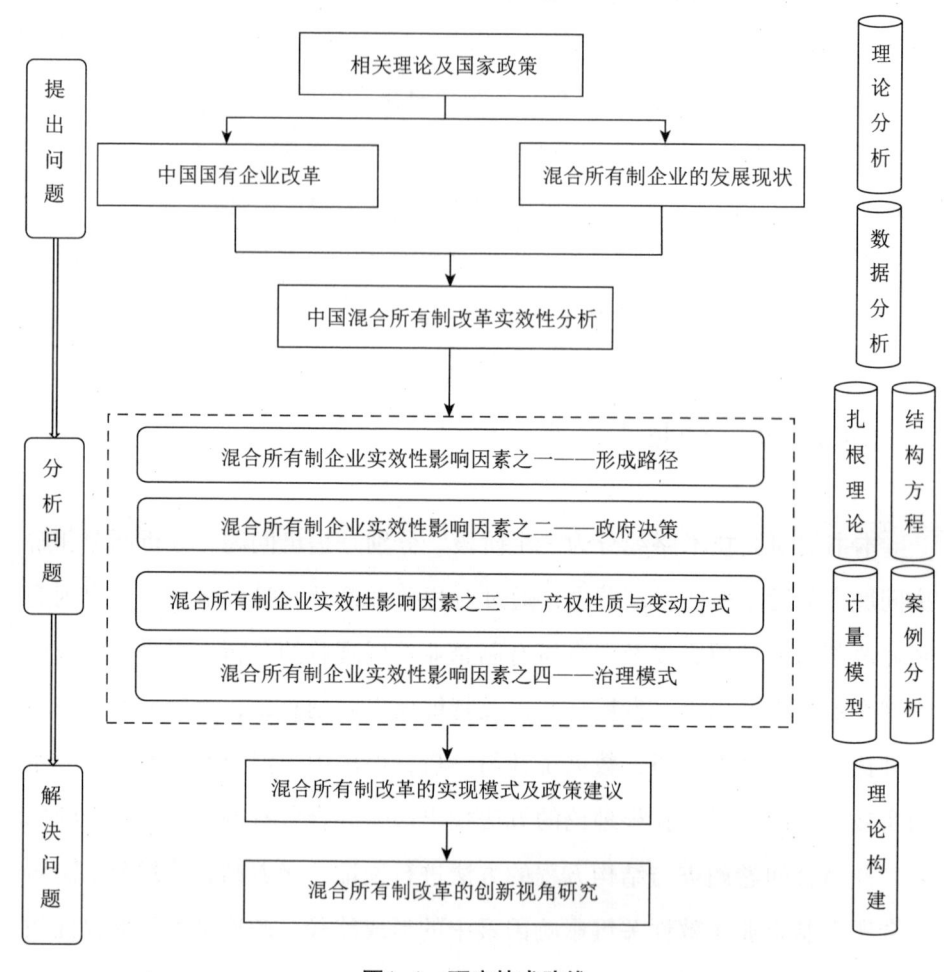

图1-1　研究技术路线

1.5　本章小结

本章深入探讨了国有企业混合所有制改革的研究背景，揭示了当前改革过程中存在的诸多问题和挑战。在全球化和市场经济的背景下，国有企业面临着转型升级的压力，混合所有制改革被视为提升企业竞争力、优化资源配置、激发市场活力的重要途径。然而，这一改革存在一些困难，包括政策执行的不一致性、企业内部治理结构的复杂性、不同所有制资本之间的融合问题等。在文献综述部分,本章系统地回顾了国内外学者对混合所有制改革的研究现状,指出了现有研究的不足之处,如对政策引导的过分侧重、管理学视角研究的缺失、实证研究的局限性等。同时,也强调了混合所有制企业在新形势下面临的新问题,如国有资本与民营资本的融合方式、内部人收购、员工持股等问题,这些问题需要更深入的研究和探讨。通过对研究背景、文献和实践的综合分析,本章进一步明确了研究的理论意义和实践意义。在理论上,本书旨在构建一个系统的理论框架,以更全面地理解混合所有制改革的内在机制和影响因素。在实践上,研究成果将为国有企业改革提供指导,帮助企业解决实际问题,促进企业的可持续发展。此外,本章对研究目标、方法、内容以及技术路线进行了详细阐述。研究目标是深入分析混合所有制改革的关键因素,探索有效的改革路径和模式。研究方法将采用文献分析、案例研究、实证分析等多种方法,以确保研究的全面性和深入性。研究内容将围绕混合所有制改革的关键问题展开,包括政策环境、企业治理、资本融合等。技术路线则明确了研究的步骤和方法,确保研究的系统性和科学性。本章的梳理可以为后续章节的深入研究奠定坚实的基础,也可以为理解和解决国有企业混合所有制改革中的问题提供重要的视角和方法。

第2章 相关理论概述

本章将主要介绍本书用到的理论和概念，包括国有企业与混合所有制企业的定义及分类、扎根理论的界定和原则、公司治理的内涵和主要模式、博弈的概念和分类，为下面章节的研究提供理论支撑。

2.1 国有企业及混合所有制企业

2.1.1 国有企业的定义及分类

当前对国有企业有各种的定义，有的学者认为国有企业是指国家单独出资的企业，有一部分学者认为国有企业指的是国家控股的企业，还有一部分学者认为只要有国有资本参与的企业都属于国有企业的范围。根据《中华人民共和国企业国有资产法》第五条的规定，国家出资企业是指国家出资的国有独资企业、国有独资公司，以及国有资本控股公司、国有资本参股公司。具体来说，国有资本控股公司指的是国家或国有企业作为出资方，其投资份额占被投资企业资本总额的 50% 以上（包括 50%），或者即使没有达到绝对控股比例，但对企业具有实际控制权的公司。这种定义体现了国家对企业控制力的法律界定，确保了国家在关键领域和重要行业的主导地位。

本书对国有企业的定义进行了广义和狭义的区分，广义上的国有企业是指国家（或国有法人）资本有参与的企业；狭义上的国有企业则是国家

（或国有法人）拥有资本控制权的企业。在狭义的定义中，强调的是国家直接或间接的资本控制权。按照国有企业广义的概念，可以将国有企业分为特殊法人企业、国有独资公司、国有控股公司以及国有参股公司四种类型。如表 2-1 所示，不同类型的国有企业在国家占股比例、是否受公司法规范以及目标类型上都不太一样。

表2-1　国有企业的分类及对比

类　型		国家占股比例	是否受公司法规范	目标类型
特殊法人企业		100%	否	强制社会公共目标，没有经济性目标
国有独资公司		100%	是	社会公共目标为主，经济性目标居次
国有控股公司	绝对控股公司	大于 50%	是	没有强制性社会公共目标，经济性目标主导
	相对控股公司	小于 50%，但相对大于其他经济成分所占比例		
国有参股公司		少额	是	经济性目标

2.1.2　混合所有制企业的内涵及类型

混合所有制是中国所有制结构变革的产物，它在宏观层面体现了公有制为主体、多种所有制经济共同发展的基本经济制度，而在微观层面则体现了投资主体的多元化。混合所有制企业，作为微观层面的体现，通过产权主体的多元化投资实现互相渗透与融合，主要通过股份制形式实现产权配置，涉及国有、集体、个体、私营、外资及其他社会法人产权的联合。这种企业形式既保留了国有企业的基本性质，又接纳了非国有成分的参与，是社会主义市场经济体制下企业结合的典范（廖曙辉，2014）。混合所有制企业根据不同的资本融合方式可以分为不同的层级，如图 2-1 中的混合所有制企业 I、混合所有制企业 II 和混合所有制企业 III 属于相对较简单的类型。混合所有制企业Ⅰ是指国有资本首次与其他非国有资本融合所形成的企业类型；混合所有制企业Ⅱ是指混合所有制企业Ⅰ再与其他非国有资本通过各种方式进行二次融合之后形成的企业类型；混合所有制企业Ⅲ是指混合所有制企业Ⅱ再与其他非国有资本通过各种方式进行三次融合之后形成的企业类型。此外，还存在相对较复杂的混合所有制企业的类型，如图2-2所示的交叉持股的混合所有制企业，也就是由两个或以上的混合所有制企业投资形成的混合所有制企业的类型，如图2-2中的混合所有制企业Ⅲ和混合所有制企业Ⅳ。

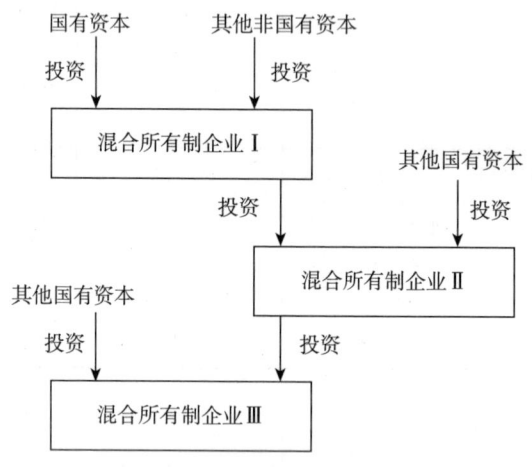

图2-1　简单的混合所有制企业

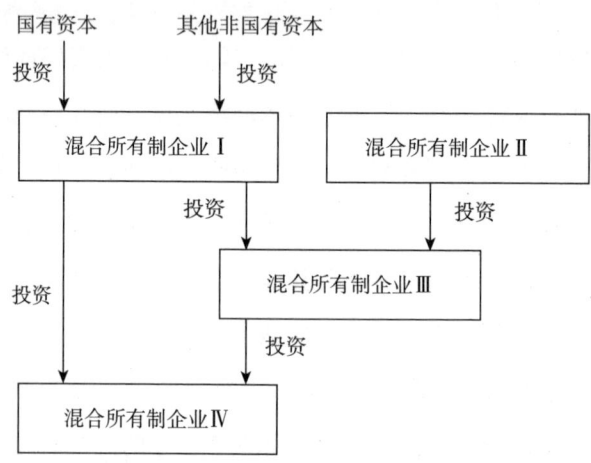

图2-2　交叉持股的混合所有制企业

2.2　扎根理论

2.2.1　扎根理论的含义

扎根理论是一种定性研究方法，最初由巴尼·格拉斯（Barney Glaser）和安塞姆·斯特劳斯（Anselm Strauss）在 1967 年提出，旨在通过对数据的深入分析来构建理论，强调从实际观察和收集的数据中"扎根"，逐步发展出理论概念和类别，进而形成理论框架。其核心目标是生成理论，即从经验材料中归纳出理论，而非从先验假设出发进行演绎。扎根理论强调理论的建构应紧密联系实际，通过系统的资料收集和分析过程，形成对现象的深刻理解。

扎根理论的核心目标是构建基于经验数据的原创性理论。这种方法强调理论的生成应当源自对实际数据的深入分析，而不是从预先设定的假设出发。扎根理论的过程是从具体数据中提炼出概念和类别，然后通过不断的归纳和泛化，将这些概念和类别浓缩并构建成理论框架。这种方法认为，理论的生命力来源于其与原始数据的紧密联系，只有真正从数据中生长出来的理论，才具有解释力和应用价值。扎根理论的认识论基础认为现实不是客观存在的，而是个体基于自身经验对现象的主观解释。这种理论方法在社会科学研究中具有重要地位，尤其是在质性研究领域，它提供了一种从实际观察中抽象出新概念和新理论的途径。

2.2.2 扎根理论的研究流程

扎根理论是一种质性研究方法，它强调从数据中归纳出理论，而不是从已有理论出发去验证。扎根理论的研究流程如图 2-3 所示。

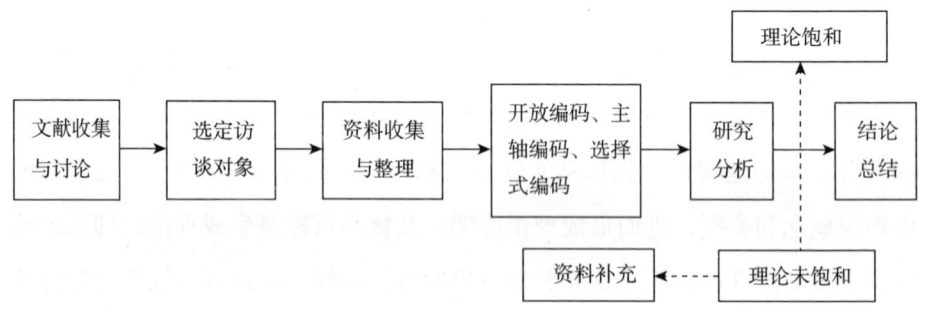

图2-3 扎根理论的研究流程

扎根理论的研究流程是系统化的，涉及多个阶段，每个阶段都有其特定的目的和任务。另外，扎根理论的研究流程是一个迭代和反复的过程。研究者需要不断地在数据、编码和理论之间进行往返，以确保研究的深度和质量。通过这一流程，研究者可以从实际数据中提炼出有意义的理论和见解，为学术界和实践领域提供新的视角和解决方案。下面对文献收集与讨论、选定访谈对象、资料收集与整理、开放编码、主轴编码、选择式编码、研究分析、结论总结进行具体的介绍。

1. 文献收集与讨论

在研究的初期，研究者必须进行详尽的文献回顾。这不仅涉及对书籍、学术期刊文章、会议论文等传统学术文献的搜集，还可能包括政策文件、案例研究、网络资源等更广泛的资料类型。这一过程的目的是为研究者提供一个坚实的知识基础，帮助他们理解研究主题的历史背景、现有理论，以及该领域的研究进展。通过对文献的深入阅读，研究者能够识别和评估现有理论的有效性和局限性，从而为新的理论建构奠定基础。同时，文献讨论是这一过程中不可或缺的部分，它允许研究者与同行或导师交流想法，通过批判性对话来提炼和精细化自己的研究视角。此外，文献收集与讨论还有助于研究者发现研究领域内尚未解决的问题或争议，这些研究空白可以指导研究者确定自己的研究问题和目标。通过这一过程，研究者能够明确自己的研究将如何填补现有知识的空缺，或为现有理论提供新的视角和证据。在扎根理论中，尽管研究者在初期阶段会进行文献回顾，但他们需要保持开放性，避免被现有理论所局限。这意味着在进入实地研究和数据收集阶段时，研究者应尽量减少先入为主的观念，以开放的心态去观察和分析数据，从而允许新理论自然地从数据中"扎根"并生长出来。

2. 选定访谈对象

根据研究问题和目标，研究者需要确定合适的访谈对象。这些对象可以是领域内的专家、实践者或者是直接受研究问题影响的群体。选择合适的访谈对象对获取深入、有价值的第一手资料至关重要。

3. 资料收集与整理

这是一个多维度和多渠道的数据获取过程。在这个阶段，研究者会精心选择并接触访谈对象，这些对象应能够提供关于研究问题的深入见解和信息。通过面对面的访谈，研究者能够获得第一手的口头资料，包括个人经历、观点和感受。同时，观察作为另一种重要的数据收集手段，可以让研究者直观地了解现象发生的环境和背景，捕捉到非言语行为和互动过程。除了访谈和观察，研究者还可能通过文档分析来丰富数据的多样性。文档分析包括对公共记录、私人信件、会议记录、政策文件、媒体报道等书面材料的系统性审视。这些文档能够提供关于研究主题的额外视角和历史深度。收集到的数据需要被仔细地整理和归档。研究者会使用各种工具和技术，如录音设备、笔记、照片和视频，确保数据的完整性和准确性。随后，这些数据将被转录成文本形式，以便于进行编码和分析。在转录过程中，研究者需注意保留数据的原始性和真实性，避免在转录过程中引入个人的偏见。在整理数据的过程中，研究者还可能进行初步的开放编码，即对数据进行逐行分析，识别出初步的概念和类属。这一步骤有助于研究者对数据进行分类和概念化，为进一步的主轴编码和选择式编码打下基础。此外，在资料收集与整理阶段，还要求研究者保持灵活性和敏感性，随时准备调整研究策略以适应新出现的数据和信息。研究者需要对数据进行持续的反思和评估，确保收集到的数据能够为研究问题提供深入的见解。

4. 开放编码

它是整个研究过程中至关重要的一环，标志着从数据收集向数据分析的转变。在开放编码阶段，研究者开始深入地沉浸于所收集的数据之中，这包括访谈记录、观察笔记、文档分析等所有形式的原始资料。研究者的任务是对这些数据进行逐字逐句的细致审查，以识别数据中所蕴含的关键概念、主题和模式。这一过程要求研究者具备高度的敏感性和洞察力，能够捕捉到数据中的细微差别和深层含义。通过对言语、行为和情境的深入分析，研究者将开始将数据分解成可管理的代码或标签，这些代码代表了数据中的基本单位或概念。开放编码的目的是打破数据的整体性，通过比较和概念化，将数据转化为更抽象的类别和属性。研究者会对相似的代码进行归类，形成初步的概念类属，随着分析的深入这些类属会逐渐合并或细化。此外，开放编码还是一个创造性的过程，它鼓励研究者发现和探索新的概念和理论，而不是仅仅寻找确认已有理论的证据。在开放编码的过程中，研究者会撰写备忘录，记录下自己在分析过程中的思考、疑问和理论假设。这些备忘录对追踪分析过程、深化对数据的理解以及后续的主轴编码和选择式编码至关重要。开放编码是扎根理论中一个关键且动态的步骤，它要求研究者在分析过程中不断迭代。在这个过程中，研究者需要反复回到原始数据中，对新发现的数据片段进行编码，或者当新的概念出现时，重新审视和解释旧的数据。这种反复的过程有助于确保理论的深度和丰富性，使研究者能够从数据中生成具有解释力和适用性的理论。

5. 主轴编码

这个步骤也称为轴心编码，是继开放编码之后的一个关键步骤，它涉及对已经识别出的概念进行进一步的组织和精细化。在这个阶段，研究者将开放编码中产生的概念类属进行更深层次的分析，寻找它们之间的联系，从而构建更集中和更有意义的理论主轴。主轴编码的核心在于识别出核心类属，即那些在数据中频繁出现、能够最好地解释研究现象的概念。这个核心类属将成为理论构建的中心，围绕它，研究者将其他相关的概念类属组织起来，形成支持性或次要类属。这些类属与核心类属之间的关系，如因果关系、策略与行动、条件与结果等，都是研究者在轴心编码过程中需要重点考虑的。研究者在进行主轴编码时，会使用一系列的分析工具和技术，例如编码家族、条件矩阵和维度化等，来探索和建立概念之间的联系。编码家族能够帮助研究者识别出一组相关的类属和属性。条件矩阵用于分析不同条件下类属之间的关系。维度化涉及对类属内部属性的进一步细分，以揭示更细微的差异和变化。此外，主轴编码作为理论抽样的过程，使研究者能够基于已有数据和初步理论，有目的地选择性收集更多数据，以推动理论的发展，深化对核心问题的理解，并丰富和细化理论构建。在主轴编码的过程中，研究者继续撰写备忘录，记录下对概念之间关系的思考和理论的逐步发展。这些备忘录对研究者保持分析的连贯性和深度至关重要，也为最终的理论整合提供了重要的参考。总结来说，主轴编码是扎根理论方法中一个承上启下的步骤，它在开放编码的基础上，通过集中和整合概念，形成理论的主轴。这一步骤不仅有助于聚焦研究的核心问题，而且为构建一个有解释力和系统性的理论框架奠定了坚实的基础。通过主轴编码，研究者能够将分散的概念和数据片段转化为一个连贯、有深度的理论叙事，为理解复杂的社会现象提供了新的视角。

6. 选择式编码

这一步标志着研究者进入了理论构建的最后阶段。在这一阶段，研究者将聚焦于从主轴编码中识别出的核心类别，这些类别是数据中最为突出和中心的概念，能够最有效地捕捉研究现象的本质。选择式编码要求研究者对所有已识别的类别进行深入的比较和反思，以确定哪些类别是最关键的，以及它们如何相互作用和关联。核心类别是理论的基石，它能够将其他所有类别整合在一起，形成一个有凝聚力的理论结构。围绕核心类别，研究者将选择和连接那些能够最好地支持和解释核心类别的辅助类别。这一过程涉及对数据的进一步精细化和整合。在研究过程中，研究者需要持续地对不同类别之间的相互作用、条件、后果以及策略进行比较分析，以全面认识所要研究的问题。这种比较工作不仅限于数据内部的对比，还应将数据与现有的理论以及研究者的概念框架相结合，进行更深层次的分析。此外，选择式编码还要求研究者进行理论抽样，即研究者需要有目的地收集更多的数据，以推动理论的饱和发展，确保理论的深度和丰富性。这种抽样方式具有灵活性，能够有效解决理论构建过程中可能出现的缺口或不一致问题。此外，选择式编码是一个迭代的过程，研究者可能需要多次返回到数据和已构建的理论中，以确保理论的一致性和完整性。这个过程可能包括重新审视数据、重新编码、重新整合类别，甚至是重新定义核心类别。在这一阶段，研究者继续撰写备忘录，记录理论构建的每一步进展，包括对核心类别的深入分析、理论的假设和理论的初步整合。这些备忘录对研究者保持理论构建的连贯性和清晰性至关重要。总结来说，选择式编码是扎根理论中至关重要的步骤，它要求研究者集中精力于核心类别，通过不断的比较、关联和整合，构建出一个一致、完整、有解释力的理论。这一过程不仅需要研究者的分析技能和理论洞察力，还需要对数据的深刻理解和对研究现象的全面把握。通过选择式编码，研究者能够将复杂的数据转化为简洁、有力的理论，为理解研究问题提供了新的视角和深刻见解。

7. 研究分析

这一步骤是一个全面而深入的反思过程，标志着研究者对整个研究活动的最终审视。在编码过程结束后，研究者首先需要回溯自己的研究轨迹，对数据的收集、编码以及理论构建的每一步进行细致的评估和解读。这个过程首先涉及对数据的再次深入分析，研究者将重新审视原始资料和转录文本，确保没有遗漏任何关键信息，并验证数据中识别出的概念和类别是否真实反映了研究现象。研究者将检查数据的一致性和可信度，评估数据是否支持所提出的理论，并识别任何可能的偏差或异常。接着，研究者将对编码过程进行全面的评估。这包括对开放编码、主轴编码和选择式编码的回顾，确保所有步骤都遵循了扎根理论的原则和方法。研究者将检查编码的准确性，评估是否所有相关的数据都已经被充分考虑，并且是否所有重要的概念都已经得到适当的编码和整合。此外，研究者将进行批判性的思考，对理论构建过程进行反思。这涉及对理论的饱和度、适用性和实用性的评估。研究者需要考虑理论是否能够全面解释研究问题，是否具有足够的深度和广度，以及是否能够对实践产生影响。同时，研究者还将考虑理论的局限性和未来研究的潜在方向。研究分析还包括对研究方法的自我批判，研究者将考虑自己的主观性可能对研究结果产生的影响，这可能涉及对研究设计、抽样策略、数据收集和分析技术的重新考量。最后，研究者将撰写详细的研究报告，不仅包括研究发现，还包含对研究过程的全面描述和反思。这份报告将展示理论是如何从数据中逐步构建起来的，以及研究者是如何确保理论的严谨性和可靠性的。研究分析阶段是一个综合性的评估过程，它要求研究者对整个研究活动进行深入的反思和批判性思考。这一阶段不仅确保了研究结果的质量和理论的完整性，而且为研究者提供了改进研究方法和扩展研究视野的机会。通过这一过程，研究者能够提升自己的研究技能，为未来的研究工作奠定更加坚实的基础。

8. 结论总结

这一步骤是整个研究过程的重点，它要求研究者将之前所有阶段的分析、编码、理论构建和反思整合起来，形成一个清晰的、有说服力的研究报告。这一阶段不仅是对研究结果的呈现，更是对研究过程的全面总结和理论贡献的明确阐述。在结论总结阶段，研究者首先需要明确地概述研究发现，包括核心类别、理论主轴以及它们之间的关系。接着，研究者将讨论其研究对实践的意义。这可能包括理论如何应用以解决实际问题、对政策制定的启示或者对专业实践的指导。研究者需要展示其理论是如何与现实世界的问题和需求相联系的，以及如何为相关领域的实践者提供工具。此外，结论总结阶段还需要研究者批判性地反思研究的局限性和未来研究方向。这包括对研究方法、数据收集和分析过程中可能存在的偏差和不足的诚实评估。同时，研究者应该基于研究发现和存在的研究空白，提出未来研究可能探索的问题和领域。在撰写研究报告时，研究者需要使用清晰、准确、严谨的语言来表达研究的主要观点和结论。报告应该结构化地展示研究问题、研究方法、数据分析、理论构建和结论。同时，研究者应该保持开放性，鼓励其他研究者继续探索和扩展所提出的理论。最后，研究者还应该考虑如何将研究成果传播给更广泛的学术界和实践界。这可能包括在学术期刊上发表文章、在会议上展示研究成果，或者通过政策简报和实践指南等形式，将研究成果传达给非学术界的受众。因此，结论总结是扎根理论研究过程中至关重要的最后一步，它要求研究者全面整合研究活动，清晰地表达研究发现，并对其理论和实践贡献进行深入讨论。通过这一阶段，研究者不仅为自己的研究画上圆满的句号，也为未来的研究和实践开辟了新的道路。

2.3 博弈论

2.3.1 博弈的概念

博弈论是一种数学工具，用于分析和预测理性个体在特定情境下的行为，并为研究具有相互依赖关系的个体或群体的决策过程提供框架。博弈论不仅在经济学中占据着核心地位，也在政治学、心理学、社会学、生物学等多个领域中发挥着重要作用。

理性人假设是博弈论的一个基础，它假定参与者总是寻求最大化自己的效用或收益。这个假设简化了模型，使得分析变得更加可行。然而，现实中的人可能并不总是完全理性的，他们可能受认知偏差、情感因素或信息不完全等因素的影响。因此，博弈论也在不断发展，以纳入更复杂的人类行为模式。

博弈论的分析和讨论需要明确三个基本元素，即局中人（players）、策略（strategies）和收益（payoffs），它们共同构成了博弈的基本框架。

1. 局中人

他们是博弈的参与者，拥有决策权，并能够根据自己的利益和信息选择行动。局中人的数量决定了博弈的类型。当博弈中只有两个局中人时，这种博弈被称为"两人博弈"，例如经典的囚徒困境；而当博弈中包含超过两个局中人时，则称为"多人博弈"，例如拍卖或多人博弈的囚徒困境。

2. 策略

策略是每个局中人可能采取的行动方案。在博弈论中，策略不仅包括具体的行动，还可能包括行动的规则或条件。策略的选择对局中人的最终收益有直接影响。根据策略的数量，博弈可以被分类为"有限博弈"和"无限博弈"。在有限博弈中，每个局中人有有限个策略可供选择；而无限博弈中，策略的数量可能是无限的，例如连续策略空间。

3. 收益

收益是博弈结束时局中人获得的结果，通常用支付函数来表示。支付函数是一个函数，它将所有局中人选择的策略组合映射到每个局中人的收益上。收益不仅取决于单个局中人的选择，还取决于所有其他局中人的选择。因此，收益是所有局中人策略的函数，反映了博弈的互动性和相互依赖性。

通过这些基本元素，博弈论能够提供一个系统的框架来分析和预测理性个体在不同情境下的决策行为。这种分析不仅有助于理解个体行为，还可以预测博弈的可能结果，从而为实际决策提供指导。例如，在经济学中，博弈论被用来分析市场竞争、价格战和合作行为；在国际关系中，博弈论则被用来分析国家间的冲突和合作。通过博弈论的分析，可以更好地理解复杂的社会现象和经济行为。

2.3.2 博弈的分类

1. 完全信息与不完全信息博弈

完全信息博弈指的是参与者在做出决策时，对博弈的所有相关信息都完全了解。这包括对其他参与者的收益、策略选择、可能的结果等所有信息的完全掌握。在完全信息博弈中，每个参与者都能够基于这些信息来做出最优的策略选择。囚徒困境是完全信息博弈的一个经典例子。在完全信息的设定下，囚徒困境中的两名囚犯完全知道对方的可能选择以及每种选择组合下的收益结果。尽管如此，囚犯们仍然面临着一个困境，即尽管合作对双方都更有利，但出于对对方的不信任，他们可能会选择背叛对方，从而可能导致双方都获得较差的结果。不完全信息博弈是指在博弈过程中，至少有一个参与者对其他参与者的收益函数或支付矩阵存在不确定性或缺乏完全了解的情况。这种博弈的特点是存在信号传递、隐藏信息或不确定性，使得参与者在做出决策时必须考虑到信息的不完整性。例如，在保险市场中，保险公司可能无法完全了解客户的真实风险水平，这导致信息不对称，从而形成不完全信息博弈。在这样的博弈中，参与者需要通过各种方式来获取或推断缺失的信息，以便做出最优的策略选择。

2. 静态博弈与动态博弈

静态博弈和动态博弈是博弈论中两种基本的博弈类型，它们根据决策过程的时间结构来区分。静态博弈指的是所有参与者在没有时间序列上的先后顺序的情况下，同时做出一次性决策的博弈。在这种博弈中，每个参与者只能根据初始条件和对其他参与者策略的预期来选择自己的最优策略。纳什均衡是分析静态博弈的一个重要概念，它描述了一种状态，在这种状态下，没有任何一个参与者能够通过改变自己的策略来获得更好的结果，前提是其他参与者的策略保持不变。相对地,动态博弈涉及时间序列上的多个决策点,参与者的决策可能依赖于之前的动作或信息。在动态博弈中,参与者可以根据其他参与者的先前选择来调整自己的策略,这包括序列博弈,即一个参与者在观察到另一个参与者的行动后做出决策,以及重复博弈,即相同的博弈结构在多个时间点重复进行。动态博弈的分析可能更加复杂,因为它需要考虑时间因素和参与者之间的策略互动。因此,静态博弈强调的是一次性的、同时的决策,而动态博弈则关注随时间进展的、可能相互依赖的决策过程。两者都是理解和预测参与者行为的重要工具,在经济学、社会学和政治学等多个领域都有广泛应用。

3. 零和博弈与非零和博弈

零和博弈是一种策略互动形式,其中参与者之间的利益是相互抵消的,即一个人的收益直接等于另一个人的损失,导致总体收益保持不变。零和博弈典型的例子是象棋,每个玩家的目标是最大化自己的利益,在这种情况下,需要牺牲对手的利益。这种博弈的特点是竞争性,因为它通常涉及直接的对抗和胜利者与失败者的区分。相对地,非零和博弈提供了一种更加合作的互动模式,其中参与者的利益不必完全对立。在这种博弈中,通过策略协调和共同努力,可以实现多方共赢的局面,使得总收益超过零。环境保护协议就是非零和博弈在现实世界的一个例子,各国通过制定和遵守减少污染的规则,不仅能够保护环境,还能够促进经济的可持续发展,实现共同的环境和经济利益。这两种博弈类型反映了不同的社会互动和决策环境,零和博弈强调了竞争和个人利益最大化,而非零和博弈则强调了合作、协调和集体利益的重要性。在现实世界的许多情境中,理解这两种博弈的区别对制定有效的策略和提高各方的长期利益至关重要。

4. 合作博弈与非合作博弈

合作博弈和非合作博弈是博弈论中两种基本的博弈类型,它们在参与者之间的互动方式和策略选择上存在显著差异。合作博弈允许参与者之间进行开放的沟通和协商,他们可以形成联盟并签订具有法律或道德约束力的协议，以协调各自的行动和分配共同获得的收益。这种博弈的典型特征是参与者之间的合作精神和集体行动，通常需要信任和承诺来维持合作关系。合作博弈的例子包括卡特尔（企业联盟）和国际条约。与此相对，非合作博弈中的参与者无法或不愿意达成具有约束力的协议。在这种博弈中，每个参与者都是独立行动的，他们根据自己的信息和预期来选择策略，以最大化自己的效用或收益。由于缺乏合作机制，参与者可能会面临囚徒困境，即个体理性的决策可能导致集体的次优结果。非合作博弈的例子包括经典的囚徒困境、拍卖和市场竞争等场景。这两种博弈类型在现实世界的经济、政治和社会互动中都有广泛的应用。理解合作与非合作博弈的动态和策略，对预测参与者的行为、设计有效的政策和增进社会福利具有重要意义。

5. 对称博弈与非对称博弈

对称博弈和非对称博弈是博弈论中根据参与者的收益函数和选择集是否相同来区分的两种博弈类型。对称博弈是一种特殊类型的博弈，所有参与者面临的收益函数和选择集是完全相同的。这意味着每个参与者在博弈中的地位是等价的，他们面临的决策问题和可能的策略选择没有区别。例如，当两家公司在同一个市场上竞争时，如果两家公司具有相同的成本结构、市场准入条件和产品特性，那么它们之间的竞争可以视为对称博弈。在对称博弈中，策略的对称性往往会导致某些均衡解，如纳什均衡，其中每个参与者选择相同的策略。非对称博弈是指至少有一个参与者的收益函数或选择集与其他参与者不同。这种差异可能源于多种因素，包括信息的不对称、能力的不同、资源的分配不均等或市场地位的差异。例如，在一个市场中，如果一家公司拥有专利技术而另一家公司没有，那么这两家公司之间的竞争就是一个非对称博弈。在非对称博弈中，参与者的策略选择和收益预期可能会因为各自的独特条件而有所不同，导致更加复杂的均衡解和策略互动。理解对称和非对称博弈的区别对分析市场结构、设计经济政策和预测参与者行为至关重要。在实际应用中，非对称信息和能力常常是导致市场失灵和不完全竞争的关键因素，而非对称博弈理论提供了分析这些问题的有力工具。

6. 同时博弈与序贯博弈

同时博弈和序贯博弈是博弈论中根据参与者决策的时间顺序来区分的两种基本博弈类型。同时博弈，也称为静态博弈，是指所有参与者在同一时间点做出决策，没有先后顺序，彼此之间不知道对方的选择。这种博弈的特点是参与者必须在缺乏对手信息的情况下做出决策。例如，在一次拍卖中，如果所有出价者同时提交他们的报价，那么这就是一个同时博弈。在同时博弈中，参与者通常需要预测其他参与者的策略，并选择自己的最优策略，以达到最大化自身利益的目的。

序贯博弈，又称为动态博弈，是指参与者的决策有明确的顺序，每个参与者的决策可能基于先前参与者的行动和信息。在序贯博弈中，参与者可以根据前面的决策来调整自己的策略，这引入了策略互动和信息传递的复杂性。例如，鲁棒博弈（Rubinstein Bargaining Game）就是一个序贯博弈的例子。参与者轮流提出分配方案，如果一方接受，则分配结束；如果拒绝，则博弈继续，但拒绝方在下一轮会得到较少的收益。在序贯博弈中，先行动者可能拥有信息优势，而后续行动者则需要考虑先前行动者的选择和可能的连锁反应。这两种博弈类型在现实世界中都有广泛的应用，从商业谈判到国际关系，再到日常的社交互动。理解同时博弈和序贯博弈的不同特点和策略，对于预测参与者的行为、设计有效的谈判策略和优化决策过程具有重要意义。

7. 有限博弈与无限博弈

有限博弈和无限博弈是博弈论中根据博弈可能持续的时间或回合数来区分的两种类型。有限博弈是指博弈在预定的有限步骤或回合后结束。这种博弈的特点是参与者在博弈开始时就知道博弈将在何时结束，因此他们可以根据博弈的剩余时间来制定策略。有限轮的重复博弈就是一个典型的例子，比如囚徒困境的有限次重复，参与者需要在每一轮中选择合作或背叛，同时考虑到博弈的总体轮数和可能的长期收益。在有限博弈中，博弈的结束时间往往是策略选择的关键因素之一。无限博弈是指理论上博弈可以无限期地进行下去，没有明确的结束点。这种博弈的特点是参与者无法预知博弈何时结束，因此他们需要制定长期策略，考虑博弈的持续性和稳定性。持续的市场竞争就是一个无限博弈的例子，企业需要不断地调整自己的市场策略，以适应不断变化的市场环境和竞争对手的行为。在无限博弈中，参与者的目标可能是寻找一个可持续的均衡状态，而不是简单地追求短期的最大收益。理解有限博弈和无限博弈的区别对分析不同的博弈情境和制定相应的策略至关重要。有限博弈强调了时间敏感性和短期策略，而无限博弈则强调了长期规划和稳定性。在实际应用中，这两种博弈类型都可以帮助我们更好地理解参与者的行为模式和决策过程。

8. 纯策略博弈与混合策略博弈

纯策略博弈和混合策略博弈是博弈论中根据参与者选择策略的方式区分的两种类型。纯策略博弈是指参与者在博弈中采取确定的策略，每个策略对应一个明确的行动或决策。在这种博弈中，参与者的选择是可预测的，没有随机性。例如，如果一个玩家在石头、剪刀、布的游戏中总是出石头，那么他的策略就是纯策略。纯策略博弈通常在参与者有明确偏好或当博弈结构简单到足以允许确定性选择时出现。混合策略博弈是指参与者采取基于概率分布的策略，即他们以一定的概率选择不同的行动。在混合策略博弈中，参与者的行动具有一定的随机性，这使得对手难以预测其确切的行动。混合策略博弈通常出现在参与者需要平衡对手的预期，或者在没有明显优势策略时。混合策略博弈的关键概念是纳什均衡，即在这种状态下，没有任何参与者能通过单方面改变策略来获得更好结果，前提是其他参与者的策略不变。在某些情况下，纯策略博弈也可能有纳什均衡，但在混合策略博弈中，纳什均衡可能要求参与者采取混合策略。理解纯策略和混合策略博弈的区别对分析博弈结构、预测参与者行为以及制定有效的博弈策略至关重要。在现实世界的许多情境中，如拍卖、市场竞争和谈判等，混合策略可能提供了一种更灵活和更难以预测的策略选择，有助于参与者在不确定性和复杂性中寻求最优解。

9. 确定性博弈与随机博弈

确定性博弈和随机博弈是博弈论中根据博弈结果是否受随机因素的影响来区分的两种类型。确定性博弈是指博弈的结果完全由参与者的策略决定，不存在任何随机因素。在这种博弈中，一旦参与者的策略被确定，博弈的结果也就随之确定。这种类型的博弈通常在信息完全透明，且所有参与者的行动都是可预测的情况下出现。例如，在一个完全信息的零和游戏中，如果两个参与者都采取了最优策略，那么无论博弈进行多少次，结果都将是相同的。随机博弈，也称为不确定性博弈或风险博弈，是指博弈的结果受随机因素的影响，如自然选择、外部冲击或参与者无法控制的变量。在随机博弈中，即使参与者采取了最优策略，结果也可能因为随机事件的发生而有所不同。这要求参与者在制定策略时，不仅要考虑对手的策略，还要考虑可能影响结果的随机因素。例如，在扑克牌游戏中，即使玩家采取了最优策略，牌的好坏仍然是一个随机因素，会影响最终的结果。在随机博弈中，参与者通常会使用概率论和统计方法来评估不同策略的期望收益，并据此做出决策。此外，风险管理和对不确定性的适应也是随机博弈策略的重要组成部分。理解确定性博弈和随机博弈的区别对分析不同的博弈环境和制定相应的策略至关重要。在实际应用中，许多现实世界的博弈都包含了一定程度的随机性，因此参与者需要具备处理不确定性和风险的能力。

2.4 公司治理

2.4.1 公司治理的内涵

公司治理是一个多维度的概念，它涵盖了一系列旨在确保公司有效、透明和负责任运营的机制和实践。公司治理的核心在于平衡不同利益相关者的利益，同时解决由所有权与经营权分离所产生的代理问题。狭义的公司治理主要关注股东与公司管理层之间的关系。在这种关系中，股东作为公司的所有者，通过一系列治理机制来监督和制衡管理层的行为，以确保管理层的决策能够符合股东的最大利益。这通常涉及股东大会、董事会、监事会等内部治理结构的设置，以及相关的决策和监督流程。广义的公司治理不仅包括股东和管理层之间的关系，还包括公司与所有利益相关者之间的关系。这些利益相关者可能包括员工、供应商、客户、银行和贷款人、政府以及整个社区。广义的公司治理通过一系列正式或非正式的、内部或外部的制度来协调这些关系，确保公司决策的科学性和有效性，从而维护公司的整体利益。

公司治理的核心问题是解决代理问题，即如何确保管理层（代理人）的决策和行为能够代表股东（委托人）的最佳利益。这个问题产生的根源在于所有权与经营权的分离，即股东拥有公司的所有权，但日常经营活动由管理层负责。公司治理的制度安排可以是显性的，如成文的法律、合同、公司章程等，也可以是隐性的，如市场竞争机制、道德规范等。这些制度安排既包括公司内部的治理机制，如董事会的构成和职能、内部控制和审计程序，也包括公司外部的治理机制，如监管机构的监管、市场的约束、法律的约束等。有效的公司治理对提升公司的透明度、增强投资者信心、促进公司的长期可持续发展具有重要意义。通过不断的制度创新和实践探索，公司治理能够更好地适应不断变化的市场环境和利益相关者的需求。

2.4.2　公司治理的主要模式

公司治理模式可以根据多种标准进行划分，具体可分为以下几种。

1. 内部监控与外部监控型治理模式

内部监控与外部监控型治理模式是公司治理的两大支柱，共同确保公司的健康运营及利益相关者的权益得到有效保护。内部监控型治理模式通过强化公司治理结构，如董事会和监事会职能，实施直接监督，确保管理层决策与行为契合公司长期战略及股东利益，强调内部透明度与问责制，其可以借助内部规章制度和决策流程预防和纠正偏差。外部监控型治理模式则依靠市场机制，如股票、产品和经理人市场等外部力量监督公司。股东可以通过市场交易表达对公司政策的态度，如"用脚投票"，促使管理层提升公司价值。两种模式各有利弊，内部监控型治理模式可能因缺乏独立性受限，外部监控型治理模式可能因市场失灵或信息不对称受限。有效的公司治理模式需结合内部与外部监控型治理模式，通过多元监督机制平衡利益相关者的诉求，推动公司可持续发展。

2. 单层与双层治理模式

单层与双层治理模式是公司治理结构的两种组织形式，在权力分配和监督机制上存在差异，可以反映不同国家和地区的治理传统与实践。单层治理模式常见于英美国家，董事会集决策与监督职能于一身，负责制定战略、监督管理层执行、代表股东利益并确保运营透明合规，通常配备独立董事以增强独立性和客观性，并设立不同的专业委员会。双层治理模式在德国等欧洲国家较普遍，该模式将治理职能分为管理董事会和监督董事会，前者负责日常运营决策，后者负责监督其工作，成员包括股东和职工代表，有助于平衡不同利益相关者的诉求。单层治理模式决策效率高、灵活性强，适合资本市场发达的国家；双层治理模式职责分工明确、监督机制完善，有助于降低管理层道德风险。但每种模式需依法律环境、市场条件和公司特点调整优化，以实现有效治理。

3. 集中型与分散型股权结构模式

集中型与分散型股权结构模式是公司治理中的两种基本股权分配模式，对公司的控制权、决策过程和绩效影响显著。在集中型股权结构模式下，少数股东持有大部分股份，能够对战略决策和日常运营施加重要影响，决策效率高，但存在小股东利益被边缘化和权力过于集中的风险。在分散型股权结构模式下，股份由大量小股东持有，无单一股东控制，鼓励广泛股东参与和民主决策，提升治理透明度和公平性，但可能导致"搭便车"问题。两种模式各有优劣，集中型股权结构模式适合需快速决策和集中管理的公司，分散型股权结构模式有利于提高治理透明度和吸引广泛投资者。公司需依业务特点、市场条件和利益相关者的期望选择或调整股权结构，实现有效治理和可持续发展。

4. 市场约束型与非市场约束型治理模式

市场约束型与非市场约束型治理模式是两种监督管理层和保护股东利益的重要方式。市场约束型治理模式强调市场机制的核心作用，公司受股票、产品、经理人市场等外部力量的严格监督，股东通过"用脚投票"施加影响，并通过并购和接管经营活动给管理层带来压力。公司控制权转移常通过市场机制实现，如并购，为公司重组和改进管理提供机会。非市场约束型治理模式更多依赖内部治理结构和非市场因素，如家族、政府政策、文化传统等，公司治理受其影响，控制权转移不频繁，常通过内部决策或政府行为实现。两种模式各有优劣，市场约束型治理模式可能因市场失灵或信息不对称受限，非市场约束型治理模式可能会缺乏灵活性和对外部变化的响应能力。有效治理需结合两种治理模式的优点，通过多元化监督和激励机制平衡利益相关者的诉求，促进公司长期稳定发展。

5. 法律驱动型与文化驱动型治理模式

法律驱动型与文化驱动型治理模式可以体现公司治理和决策过程中的不同影响力量。在法律驱动型治理模式下，其规定公司治理的最低标准和规则，治理结构和实践多为满足法律要求，常见于英美国家，强调合规性、正式治理程序和对外部监管的响应，其可以为公司治理提供明确统一的标准，保护投资者的利益，维护市场秩序。文化驱动型治理模式更多受企业文化、传统、价值观和社会期望的影响，治理实践与组织内部非正式规则等紧密相关，强调内部凝聚力、团队合作和长期关系建设，注重利益相关者的利益而不仅是股东价值的最大化，在亚洲等地区较为常见。两种模式各有优劣，法律驱动型治理模式可能会缺乏灵活性和适应性，文化驱动型治理模式可能会面临内部人控制和利益相关者权益保护不足的风险。有效治理需在法律框架和文化实践间找到平衡，结合法律严格性和文化深度，建立稳健、透明和具备适应性的治理结构。

6. 利益相关者型与股东主导型治理模式

利益相关者型与股东主导型治理模式可以体现不同的公司价值取向和治理理念。利益相关者型治理模式强调，公司的成功和持续发展依赖于各方利益相关者，公司治理的目标是平衡各方利益，确保决策反映其诉求和期望，鼓励开放式沟通和协作，促进公司履行社会责任和可持续发展，有助于公司建立良好的声誉和社会信任，但面临决策复杂化和利益冲突管理的挑战。股东主导型治理模式将股东利益置于首位，认为公司的首要任务是为股东创造价值并最大化股东财富，股东拥有较大控制权，决策倾向于追求短期财务表现和股价上涨，常见于资本市场发达的国家，强调效率和市场机制，通过股票市场监督管理层，确保股东权益，但可能会忽视其他利益相关者的诉求，导致公司在长期发展上的短视。两种模式在实践中各有适用场景和局限性，利益相关者型治理模式需关注复杂的公司治理结构和协调机制，股东主导型治理模式需关注长期可持续发展和社会责任。有效治理需在两者间找到平衡，在满足股东利益的同时关注其他利益相关者的期望。

7. 高透明度型与低透明度型治理模式

透明度在公司治理中至关重要，影响利益相关者对公司运营状况、财务表现等的了解。高透明度型治理模式强调信息的全面公开，包括及时准确地披露财务报告、公司治理结构等关键信息，有助于建立信任、降低信息不对称、提高市场效率、吸引投资、提高声誉、降低资本成本。低透明度型治理模式可能会因文化、法律等原因限制信息披露，公司不充分公开运营和决策过程，可能会增加投资者的不确定性和风险感知，降低市场吸引力，可能会导致治理问题被掩盖。透明度的高低直接影响治理的有效性，高透明度型治理模式可以确保治理质量，促进有效监督；低透明度型治理模式可能会隐藏治理弱点，增加利益相关者的权益受损的风险。因此，提高治理透明度是全球公司治理改革和监管政策的重要方向。

2.5　混合所有制改革的主要方式

2.5.1　引入非国有资本参与

引入非国有资本参与国有企业混合所有制改革是一项关键措施，目的在于通过资本多元化激发企业活力和提高市场竞争力。这可以通过多种方式实现，包括非国有资本通过出资入股成为国有企业的股东、收购现有股权以参与企业决策、认购可转债增加资本的灵活性，以及通过股权置换实现资源的优化配置。在国有企业改革的过程中，无论是企业改制重组还是国有控股上市公司增资扩股，都为非国有资本提供了参与的机会。在改革过程中坚持同股同权的原则，确保了各类股东的合法权益，允许所有股东根据其股份比例平等地参与公司的管理决策和利润分配。这样的改革措施不仅优化了公司治理结构，提高了企业的透明度和运营效率，也促进了不同所有制资本之间的优势互补，为实现企业的可持续发展和市场竞争力的提升奠定了基础。

2.5.2　引入战略投资者

引入战略投资者是混合所有制改革中的一项重要策略，它涉及吸引那些与国有企业在业务发展、市场拓展、技术创新等方面具有协同效应的投资者。这种协同不仅能够促进资源整合，还能实现双方优势互补，从而增强企业的核心竞争力。战略投资者通常具有丰富的行业经验、市场洞察力或特定的技术专长，他们的加入可以帮助国有企业在市场中占据更有利的位置，提高对市场变化的适应能力和对创新的响应速度。通过引入战略投资者，国有企业能够获得资金支持，优化资本结构，同时借助战略投资者的网络资源和管理经验，提升自身的运营效率和市场竞争力。此外，战略投资者的引入还可能会带来先进的管理理念和创新的商业模式，帮助国有企业实现转型升级，拓展新的增长点。在合作过程中，国有企业与战略投资者共同承担风险，分享收益，形成互利共赢的合作关系，推动企业可持续发展。

2.5.3　员工持股计划

员工持股计划是混合所有制改革中的一种创新机制，旨在通过赋予员工公司股份，激发员工的积极性和创造力，加强他们对公司的归属感和忠诚度。员工持股计划通常在那些人才资本和技术要素对企业发展贡献显著的企业中优先实施，尤其是高新技术企业、科技服务型企业等。通过增资扩股或出资新设的方式，员工可以直接参与到企业的投资与决策中，从而与企业形成利益共同体。员工持股不仅是一种激励机制，更是一种长期的约束机制，因为它使员工的利益与企业的长远发展紧密相连。员工作为股东，会更加关注企业的经营状况和市场表现，从而在工作中追求更高的效率和更好的业绩。此外，员工持股计划还有助于吸引和留住关键岗位的人才，尤其是对企业经营业绩和持续发展有直接影响的科研人员、经营管理人员和业务骨干。这种持股方式可以采用多种实施路径，如直接持股、通过员工持股平台间接持股等，以适应不同企业的具体情况和员工的需求。在推行员工持股计划时，需要制定明确的政策和规范的操作流程，确保持股计划的公开透明，防止利益输送。同时，应建立健全的股权流转和退出机制，保障员工的合法权益。通过这样的计划，可以促进企业与员工的共同成长，实现企业的长期稳定发展。

2.5.4　分类推进改革

分类推进改革是混合所有制改革中的一项重要策略，它强调根据企业的类型、功能定位和发展目标，采取差异化的改革措施。这种策略的核心在于识别并区分商业类国有企业和公益类国有企业的不同特点和需求，从而设计和实施更加精准的改革方案。商业类国有企业主要是指那些处于充分竞争市场环境中的企业，它们以市场化运作为主，追求经济效益最大化。对于这类企业，混合所有制改革的目标是通过引入非国有资本，实现股权多元化，提高企业的市场竞争力和运营效率。这可能包括通过公开市场增资扩股、股权转让、首发上市（IPO）等方式吸引战略投资者，或者通过管理层和员工持股来增强企业的内在动力。公益类国有企业则主要承担保障民生、服务社会、提供公共产品和服务的职能。这些企业在改革中更注重提高公共服务的效率和质量，同时确保国有资产的保值增值。改革措施可能包括引入社会资本参与特定项目，通过特许经营、政府购买服务等方式与非国有企业合作，或者在保持国有资本控股的前提下，适当引入非国有资本参股，以促进企业创新和提升服务水平。通过分类推进改革，国有企业能够更有针对性地解决各自面临的挑战和问题，实现资源配置的最优化和企业效率的最大化。这种改革方式有助于确保改革措施与企业的实际需求和发展目标相匹配，从而提高改革的有效性和成功率。同时，这也有助于形成更加公平、合理的市场竞争环境，促进各种所有制经济的共同发展。

2.5.5　资本多元化

资本多元化是混合所有制改革中的一种策略，旨在通过引入不同类型的投资者来实现国有企业股权结构的优化和公司治理结构的改善。这种策略鼓励集体资本、非公有资本以及外资等多种所有制形式的资本参与到国有企业改革中，以促进不同资本之间的互补和协同。通过资本多元化，国有企业能够吸引来自不同领域的投资者，包括私人企业、外资公司、私募基金、养老基金、社保基金等，这些投资者可能会带来新的管理理念、技术、市场渠道和资金。这样的股权结构不仅有助于分散风险，还能形成股东之间的相互制衡，提高公司治理的透明度和效率。

资本多元化还意味着企业在决策过程中能够吸纳来自不同背景和利益诉求的股东意见，有助于企业在战略规划和市场定位上做出更加全面和平衡的决策。此外，多元化的股权结构有助于提升企业在资本市场的吸引力，降低融资成本，增强市场竞争力。为了实现资本多元化，国有企业需要建立公平、公正、公开的产权交易机制，确保各类资本能够依法合规地进入和退出。同时，企业还需要加强内部管理，优化运营流程，提高信息披露的透明度，以维护投资者的信心。通过这些措施，国有企业能够在混合所有制改革中实现资本结构和治理结构的现代化，推动企业持续健康发展。

2.5.6 通过股票市场实施改革

通过股票市场实施混合所有制改革是一种充分利用资本市场平台，实现国有企业资本多元化和经营机制转换的策略。这种方式允许国有企业通过公开市场发行证券，如首次公开募股（IPO）、增发股票、发行可转换债券等，来引入社会资本，增加公众持股比例，提高公司透明度和市场竞争力。在股票市场中，上市公司股份的转让可以采取多种方式，包括国有股东通过二级市场减持、协议转让或要约收购等方式，吸引各类投资者参与。此外，国有股东与上市公司之间的资产重组也是实施混合所有制改革的有效手段，可以通过资产注入、业务整合等方式，优化资源配置，提升企业核心竞争力。在实施过程中，公开、公平、公正的原则至关重要。这意味着所有的信息披露必须符合证券监管机构的规定，确保所有市场参与者都能够获取及时、准确的信息。同时，投资人遴选过程也应当透明，应通过市场化机制选择投资者，保证改革的公正性和有效性。此外，通过股票市场实施混合所有制改革还需要注意保护小股东权益，防止内幕交易和市场操纵，确保改革过程中的每一步都依法合规进行。通过这种方式，国有企业不仅能够吸引更多的社会资本参与，还能够借鉴和引入先进的公司治理机制，促进企业结构调整和转型升级，实现可持续发展。

2.5.7 推进运营机制改革

推进运营机制改革是混合所有制企业改革的核心内容之一，旨在通过完善现代企业制度，实现企业运营的高效和灵活。这一改革的关键是通过建立和完善公司治理结构，确保企业的决策更科学、执行更高效、监督更有效。在混合所有制企业中，改革运营机制首先需要明确股东大会、董事会、监事会和管理层的职责和权力，形成权责明确、协调运转的治理体系。董事会的建设尤为关键，需要引入外部董事和独立董事，以增强决策的独立性和客观性，提高董事会的决策水平。此外，改革还涉及构建多元化、系统化的激励约束机制。这包括：实施绩效考核制度，将员工的薪酬和晋升与其工作表现和对企业的贡献挂钩；推行股权激励和员工持股计划，让员工与企业共享成长与利润，增强员工的归属感和忠诚度；建立科学的选人用人机制，实现管理人员能上能下，员工能进能出，形成公平竞争的环境。混合所有制企业还需加强内部控制和风险管理，通过制度建设防止国有资产流失，确保企业稳健运营。同时，改革还应注重保护小股东权益，提高公司透明度，增强信息披露的质量和频率，建立投资者信心。通过这些措施，混合所有制企业能够充分调动企业职工的积极性，发挥各类资本的优势，提高企业的市场竞争力和创新能力，实现可持续发展。

2.6 本章小结

首先，本章论述了国有企业的定义及分类，对混合所有制企业的内涵进行了梳理，并且按照不同标准对混合所有制企业的类型进行了划分。其次，本章对研究将用到的两种研究方法，即扎根理论和博弈论，进行了介绍与阐述，并且对公司治理理论的内涵以及主要模式进行了梳理，为后续的写作提供了理论依据。最后，本章对混合所有制改革的主要方式和路径进行了梳理，为后续运用这些理论奠定了基础。

第3章　国内外混合所有制企业实践及实例

在当今全球化的经济格局中，混合所有制企业作为一种创新的组织形式，正日益展现出其独特的活力与效率。本章将深入剖析混合所有制企业的理论与实践，通过国际视野与本土实践的双重透视，探讨这一模式如何在不同国家、不同行业中激发企业潜力，促进经济的繁荣与发展。本章将依次剖析美国、日本的混合所有制企业实践以及法国雷诺汽车公司和德国大众汽车集团的具体案例，逐一解析混合所有制企业如何在全球范围内实现资源优化配置、增强市场竞争力，并为社会创造更大的价值。同时，本章也将重点关注中国混合所有制企业的发展轨迹，从中信集团的类整体上市到联想控股的多元化战略，揭示中国企业如何借助混合所有制改革，实现跨越式发展，并在全球经济舞台上占据一席之地。

3.1　国外混合所有制企业实践及实例

3.1.1　国外混合所有制企业实践现状

混合所有制企业并不是中国独有，国有资本与非国有资本由于特定目标实施混合政策的国家有许多。为了更好地研究，笔者选取了有代表性的美国和日本混合所有制企业的实践进行分析。

1. 美国

20 世纪 50 年代到 20 世纪 90 年代是美国混合所有制企业蓬勃发展的时期。美国混合所有制企业一共有四种主要的合作模式类型，如图 3-1 所示。

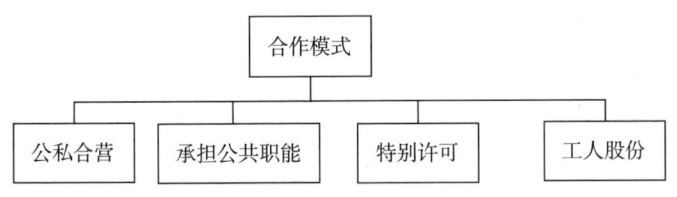

图3-1　美国混合所有制企业的合作模式类型

第一种是公私合营企业，属于真正意义上的混合所有制企业。美国主要将这种模式用于军工企业的发展中，并且国家资本在企业中占比较大。第二种特殊的混合所有制企业形式叫作"联合公司"，一般是承担公共职能的企业。这种类型的企业一般是美国的"公益性企业"，也就是国民经济不可缺少的，但投资大回报低的企业类型。比如，美国的铁路股份公司就是这种类型的企业。这种企业是由联邦政府出资或是贷款成立公司，再将其委托给私人垄断公司来经营的。在经营过程中，政府会给予补贴，收益主要是按照股份来分配。第三种是国家特别许可的合作模式，这种合作模式是国家给予私人公司特许经营权，但是公司的所有权归私人公司。这种类型的合作模式在通信卫星行业使用得比较多。第四种合作模式是公司的员工参与公司的管理，并按照一人一票的方式进行，这与中国企业实行的员工持股有本质的区别。

美国的混合所有制企业在美国的占比不大，但是这一体制在美国起着重要的作用，并且在这一体制下运行的企业稳定性较高。美国的混合所有制企业的范围不广，只出现在政府无力解决或是尖端技术开发领域，发挥了这种体制在美国经济中的基础作用。

2. 日本

混合所有制企业是日本除了公有企业和私人企业之外的第三种企业形态。日本混合所有制企业的历史比较悠久，在明治时期就已经出现了。在第二次世界大战后，美国对日本的混合所有制企业进行了改组。现在日本的混合所有制企业数量很多，并且分布范围较广，所涉及的领域包括运输、教育、娱乐、社会福利等。

日本对混合所有制企业的管理有其特别之处，采取的是严格的监管机制。日本混合所有制企业的设立流程比较复杂，在混合所有制企业设立之前，政府要对该企业的设立进行一系列的论证，包括设立企业对社会福利的影响、可行性研究和成本等。接着政府要成立筹备委员会，对具体的计划、人事安排以及组织运行方案等进行设计。最后政府还要成立监督评价委员会，由政府领导、经济学家和经营负责人组成，对企业成立以及经营过程进行评估和检查。

3.1.2 法国混合所有制企业：雷诺汽车公司

法国雷诺汽车公司（Renault S.A.，以下简称"雷诺汽车"或"雷诺公司"）成立于 1898 年，由路易·雷诺（Louis Renault）和他的兄弟马塞尔·雷诺（Marcel Renault）以及费尔南·雷诺（Fernand Renault）在法国创立。雷诺汽车以其创新和设计而闻名，是欧洲汽车工业的重要参与者之一。雷诺汽车曾经是国有企业，但随着时间的推移，它的所有权结构发生了变化。雷诺汽车的股权结构包括法国政府持有的股份，以及其他私人股东。雷诺汽车也是雷诺－日产－三菱联盟的一部分。这是一个全球性的汽车制造联盟，由这三家公司组成，共同开发和生产汽车。

1. 股权结构与公司治理

（1）股权结构

雷诺公司是法国上市的国有相对控股企业，2014 年年底，雷诺公司的股权结构如图 3-2 所示。其中，社会公众持股比重为 64%，法国政府持股比重达到 15%。

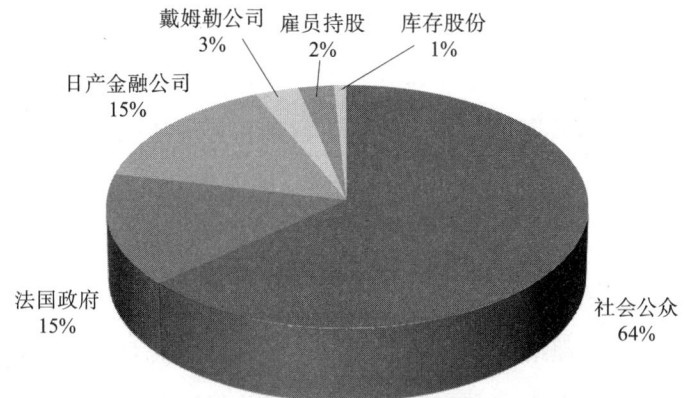

资料来源：雷诺集团（Group Renault）2013年度报告和2014年度报告。

图3-2　2014年年底雷诺公司的股权结构

（2）公司治理

为实现最高标准的公司治理，雷诺公司精心构建了其管理架构，确保管理层、监管层和股东之间的平衡。雷诺公司成立了三个主要机构：董事会、执行委员会和管理委员会，每个机构都有其独特的职责和权力，共同促进公司运营和战略决策的透明化，以此维护所有股东的利益并推动公司的长期发展。

①董事会

雷诺公司的董事会是公司治理结构中的核心，其成员任期为 4 年。截至 2015 年 5 月 11 日，董事会由 19 名成员组成，包括 1 名董事主席和 18 名董事，其中包含独立董事。雷诺公司遵循法国上市公司治理法令，任命了与公司、集团或管理层无关联的独立董事，以确保决策的独立性和客观性。为了深入分析和核查特别问题，董事会下设有 5 个特别委员会。审计、风险和伦理委员会，负责审查公司的财务报告和内部控制系统；薪酬委员会，负责制定和审查董事和高级管理人员的薪酬政策；任命和治理委员会，负责董事的选举和公司治理结构的评估；国际战略委员会与产业战略委员会，分别负责公司国际和产业战略的制定和执行。这些委员会的设置和运作，进一步增强了雷诺公司治理的透明度和专业性。

②执行委员会

雷诺公司的执行委员会由 12 位经验丰富的成员组成，这个团队在首席执行官的带领下，汇聚了多元化的专业背景和管理技能。团队成员共同协作，推动雷诺公司的战略实施和日常运营，确保公司在竞争激烈的汽车行业中保持领先地位。

③管理委员会

雷诺公司的管理结构遵循地理区域和项目负责的双重划分，确保公司在全球范围内的运营效率和市场覆盖。雷诺公司被划分为 5 个地理区域委员会，每个区域都对雷诺公司的整体利润贡献显著。这些区域委员会不仅覆盖了广阔的市场，还针对各自地区的特定需求和商业机会进行了优化。除了地理区域的划分，雷诺公司还依照项目进行管理，项目负责人负责监督产品从设计到市场推出、销售及服务的整个生命周期。这种以项目为中心的管理方式有助于确保产品和市场策略的连贯性，并能够针对市场变化快速做出反应。

2. 企业与政府的关系

雷诺公司与法国政府之间的关系是多维度和多层次的。首先，法国政府持有雷诺公司 15% 的股份，这使得政府成为公司的重要股东之一。根据这一股权比例，雷诺公司有义务向政府报告与公众投资者相同的公司信息和事项，确保政府作为投资者的知情权与其他股东保持一致。其次，雷诺公司在法国多个地区设有工厂，对当地经济和就业具有显著影响。这种经济贡献使得地方政府在制定区域发展政策时，会主动与雷诺公司进行沟通和协商，寻求合作与共识。最后，雷诺公司作为汽车行业的领军企业，经常被邀请参与政府和欧洲委员会举行的听证会和其他公共事务活动，就行业政策、市场发展等议题发表意见，提供专业见解。

这种多元化的关系不仅体现了雷诺公司在法国乃至全球汽车行业中的重要地位，也反映了政府认可和重视雷诺公司在经济、工业和技术发展中的作用。通过这些直接和间接的关系，雷诺公司能够更好地理解政府的政策方向，同时政府也能听取来自雷诺公司的专业意见，共同推动汽车行业及地区经济的发展。

3. 总结

雷诺公司作为一家具有全球化业务和股权结构的企业，其在公司治理上具有独立性和自主性，具体如下。

（1）政府股份比例。法国政府虽然是雷诺公司的单一最大股东，但其持股比例仅为 15%。这表明雷诺公司的股权结构允许政府作为重要股东参与公司事务，但并不构成绝对或相对的控股。这种结构在制造业企业中是常见的，其既认可了政府在战略行业的影响力，又保持了企业的市场化运作。

（2）董事会的独立性。由于股份分散，雷诺公司的董事会具有较高的独立性。董事会能够自主地进行战略决策、管理层的选择以及薪酬的确定。这有助于公司更好地适应市场化和全球化的需求，确保公司决策的灵活性和响应速度。

（3）政府与公司的博弈。尽管雷诺公司在运营上追求独立性，但作为最大股东的法国政府与之不可避免地存在一定的利益协调和权力平衡问题。这种博弈涉及公司如何限制政府干预，以及政府如何保持其在公司中的影响力。

雷诺公司的这种结构和治理模式，既反映了混合所有制企业的特点，也展示了全球化时代下企业如何平衡不同利益相关者的需求和期望。通过有效的公司治理机制，雷诺公司能够在保持独立性的同时，兼顾各方利益，推动公司的持续发展和创新。

3.1.3　德国混合所有制企业：大众汽车集团

德国大众汽车集团（Volkswagen Group，以下简称"大众集团"），自1937 年成立以来，已成为全球汽车行业的佼佼者。作为一家上市公司，它的股东结构包含了多样化的参与者，包括地方政府、私人家族、机构投资者和广大的散户股东。其中，下萨克森州政府持有较大的股份比例，而保时捷－皮耶希家族则通过持有大量股份和投票权，在公司决策中扮演着关键角色。大众集团的公司治理需要巧妙地平衡这些不同股东的利益，确保决策过程的公正性和透明度。在处理这些复杂的股东关系时，大众集团依赖于健全的公司治理机制、透明的沟通策略，以及对各方利益的尊重。通过这种方式，大众集团旨在维护其作为全球领先汽车制造商的地位，同时确保所有股东的利益得到公平对待。

1. 股权结构与公司治理

（1）股权结构

2014 年，在股权结构方面，保时捷控股持有 32% 的股份，是最大的股东。另外，外国机构投资者持有 26% 的股份，快达控股持有 16% 的股份，下萨克森州政府持有 12% 的股份，私人股东和其他股东合计持有 12% 的股份，德国机构投资者持有 2% 的股份。如图 3-3 所示。

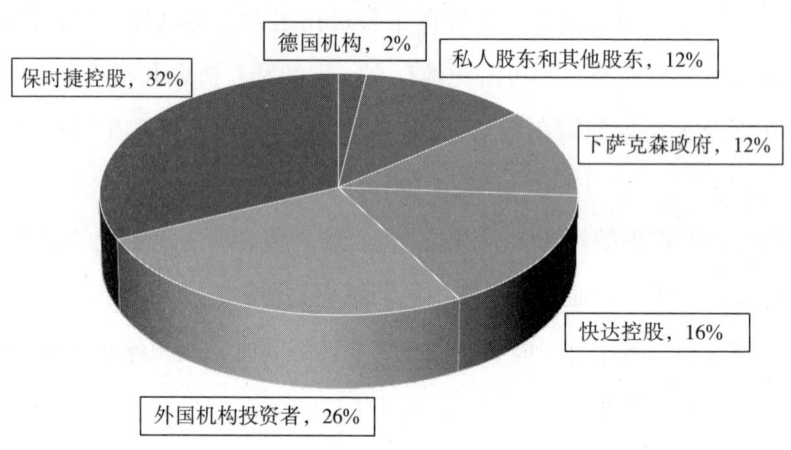

资料来源：大众集团 2014 年年报。

图3-3　2014年大众公司的股权结构

在投票权方面，保时捷控股公司以 50.7% 的投票权占据主导地位，下萨克森州政府拥有 20% 的投票权，快达控股公司拥有 17% 的投票权，而其他股东则共同持有剩余的 12.3% 的投票权。

（2）公司治理

①监事会

在德国，监事会承担着类似于其他国家公司董事会的职责。德国的公司治理体系，包括德国公司治理委员会和德国公司治理法令，都强调公司治理的透明度和责任承担。德国大众集团的监事会成员构成遵循德国法令的要求，具有以下特点。监事会的构成要求至少包含 3 名外籍成员以体现公司的国际化特征，至少 4 名成员为股东代表，他们需要避免代表可能引起利益冲突的第三方，例如客户、供应商、贷款人或其他机构。此外，至少 3 名监事会成员应为女性，其中至少 2 名为女性股东代表。同时，一般选举时年龄达到 75 岁的人不担任监事会成员。这样的构成设计是为了确保监事会的多样性、代表性和独立性，从而增强公司治理的有效性和公正性。

②监事会成员

大众集团的监事会是一个关键的治理机构，其职责包括监督公司管理、批准重大决策以及任命公司管理委员会成员。监事会由 20 名成员构成，其中一半是股东代表，另一半是雇员代表。根据德国法律，下萨克森州政府作为股东，拥有指派 2 名股东代表的权利，并且持有大众集团 15% 的普通股。其他股东代表由股东年度大会选举产生。监事会的雇员代表由公司员工通过选举产生，包括 7 名直接由员工选举的代表和 3 名由工会选举的代表。监事会的主席由监事会成员中的股东代表选举产生。这种结构不仅确保了股东和员工的利益，也体现了德国特有的劳资共治原则。通过这种安排，大众集团能够确保决策过程的透明度和公正性，促进公司在战略规划和日常运营中的有效管理。

③监事会的机构

监事会下设执行委员会、提名委员会、协调委员会和审计委员会，这些委员会由股东代表和雇员代表共同组成，以履行监事会的职责。执行委员会每年召开 7 次会议，主要负责为监事会准备解决方案，尤其是与管理委员会的合同问题；提名委员会负责推荐监事会候选人；协调委员会根据需要召开会议；审计委员会每年召开 4 次会议，专注于财务报表审计、风险管理和公司规章的遵守，并负责发布公司的季度和半年财务报告以及审计中发现的问题。

④管理委员会

管理委员会作为企业的日常管理机构，承担着执行监事会决策和对监事会负责的重要职责。它可以确保公司的日常运营与监事会制定的策略和目标保持一致，同时对公司的长期发展和短期目标的实现起到关键作用。

2. 企业与政府的关系

大众集团严格遵守德国的公司法和上市公司法，同时遵循国际劳工组织的劳工公约，确保其运营符合法律和国际劳工标准。尽管下萨克森州政府在大众集团的股份仅占 12%，但根据德国的公司治理规定，它在监事会中拥有 2 名代表，并享有 20% 的投票权，这体现了政府在公司决策中的重要影响力。

3. 总结

大众集团的股权结构虽然复杂，但公司治理和政企关系依然保持清晰。这种结构确保了多元化的股东利益得到平衡，同时通过明确的治理机制和透明度，保障了公司决策的效率和公正性。下萨克森州政府虽然持股比例不是最高，但通过其在监事会中的代表和投票权，对公司有一定的影响力。这种治理模式有助于平衡各方利益，促进公司的稳定发展。

德国的公司治理结构具有其独特性，特别是监事会制度。根据德国法律，监事会是公司的决策机构，这与大多数国家的董事会功能相似，但与中国的监事会存在本质区别。在中国，监事会主要负责监督董事会和管理层的行为，而在德国，监事会直接参与公司的重大决策。

地方政府虽然持有大众集团的股份，但并不干预公司的日常运营，只是通过派出监事参与监事会，这两名监事在决策过程中保持独立性。此外，监事会中还包括职工代表，确保员工利益得到体现。监事会的组成要求多元化，包括外籍代表和女性监事，以促进其决策能综合不同视角并实现平衡。

德国作为一个法治国家，公司运营受到严格的法律约束，即使出现违法行为，政府也无法提供庇护。这种法律框架确保了公司治理的透明度和公正性，同时保护了所有股东的利益。

3.2　中国混合所有制企业实践及实例

3.2.1　中国混合所有制企业实践现状

自改革开放以来，中国经济体制改革的核心内容之一便是国有企业改革，而混合所有制改革作为国有企业改革的重要组成部分，一直是改革发展的主旋律之一。自 1978 年改革开放至今，中国政府颁布了一系列与混合所有制改革相关的政策，这些政策对深入研究中国混合所有制改革具有重要意义。混合所有制改革的发展历程可以划分为三个重要阶段。

第一阶段是初步探索阶段。这一阶段始于 1978 年。国务院在 1986 年颁布了《关于深化企业改革增强企业活力的若干规定》，提出各地可以选择少数有条件的全民所有制大中型企业进行股份制试点。

第二阶段是制度创新阶段。1992 年，党的十四大确立了建立社会主义市场经济体制的改革目标，标志着中国经济进入市场化阶段。1999 年，党的十五届四中全会首次提出发展股份制，开始探索混合所有制。2003 年，党的十六届三中全会明确提出大力发展混合所有制经济，并在实践中大力贯彻实施。

第三阶段是新一轮国企改革阶段。2013 年 9 月 6 日，国务院常务会议提出在金融、石油、电力、铁路、电信、资源开发、公用事业等领域向民间资本推出一批符合产业导向、有利于转型升级的项目，形成示范带动效应，并在推进结构改革中发展混合所有制经济。同年 11 月 12 日，党的十八届三中全会通过的《中共中央关于全面深化改革若干重大问题的决定》首次提出积极发展混合所有制经济，强调国有资本、集体资本、非公有资本等交叉持股、相互融合的混合所有制经济，是基本经济制度的重要实现形式。2014年的《政府工作报告》进一步强调加快发展混合所有制经济，并制定相关政策。2015年9月13日，《关于深化国有企业改革的指导意见》发布，明确提出以促进国有企业转换经营机制，放大国有资本功能，提高国有资本配置和运行效率，实现各种所有制资本取长补短、相互促进、共同发展为目标，稳妥推动国有企业发展混合所有制经济。在2022年党的二十大报告中，国资国企改革被赋予了新的战略定位和任务，明确了改革的背景、方向、使命、目标、方法和要求，展现出了鲜明的时代特色。随着2023年6月《国有企业改革深化提升行动方案（2023—2025年）》的发布，国有企业改革迈入了新的发展阶段，目标是进一步提升国有企业的核心功能和竞争力。

3.2.2 中国混合所有制企业：中信集团

中国中信集团有限公司，通常简称为"中信集团"，是中国的一家大型国有企业，其历史可以追溯到1979年由荣毅仁创建的中国国际信托投资公司。随着时间的推移，中信集团经历了多次变革和发展，特别是在2002年更名为现在的名称。近年来，中信集团通过多种方式，积极推动混合所有制的发展，以适应市场经济的需求。2014年和2015年，中信集团通过将大部分资产注入到在香港上市的子公司中国中信股份有限公司（以下简称"中信股份"），实现了一种类似于整体上市的模式。这种模式有助于集团的资产结构优化，提高资本效率，同时也促进了公司治理结构的现代化和经营机制的转变。整体上市通常指的是将一个集团的大部分或全部资产和业务通过资本市场公开上市，以提高透明度和市场竞争力。中信集团的这种发展策略不仅有助于其自身的发展，也为中国国有企业改革提供了有益的参考。通过这种方式，中信集团能够更好地利用资本市场，增强自身的竞争力和影响力。

1. 中信集团混合所有制改革

2014 年，中信集团在香港市场的类整体上市和引入战略投资者的举措，不仅成为央企上市的焦点案例，也被视为新一轮国企改革的典范。通过利用原中信泰富的平台实现整体上市并出让部分股份，中信集团不仅探索了完善国有资产管理和提升国有资本流动性的新途径，还开创了国家通过国际资本市场减持国企股份并回收现金的先河，展示了国企改革和资本市场运作相结合的创新模式。

（1）上市过程

2011 年，中信集团完成了重要的转型，整体改制为国有独资公司，并更名为中国中信集团有限公司。同时，集团发起设立了中国中信股份有限公司，将大部分资产注入其中，为整体上市做好了准备。这种上市方式，虽然在形式上可能称为"整体上市"，但实际上，许多国企的所谓整体上市，往往只包括主业资产或企业绝大部分资产的上市，而母公司依然保持国有全资状态。因此，我们可以将这种模式理解为一种"类整体上市"，它既体现了国企改革的深入，也反映了中信集团对国有资产管理和资本流动性提升的积极探索。

中信泰富有限公司（以下简称"中信泰富"）作为中信集团下属的上市公司，其在 2014 年 3 月 26 日的公告中提出的收购计划，标志着中信集团在资本市场上的一个重要步骤。通过收购中国中信股份有限公司 100% 的已发行股份，中信泰富实质上成为中信集团主要资产的控股平台。这一举措不仅加强了中信集团在资本市场的地位，而且通过整合集团内部的优质资产，提高了集团整体的运营效率和市场竞争力。收购完成前的股权架构展示了中信泰富与中信股份之间的关系，以及中信集团如何通过这次收购实现对中信股份的完全控制。这种股权结构的调整，是中信集团类整体上市战略的一部分，通过这种方式，中信集团能够在保持国有资本控制力的同时，利用资本市场的力量，优化资源配置，增强企业的活力和竞争力。收购完成前的股权架构如图 3-4 所示。

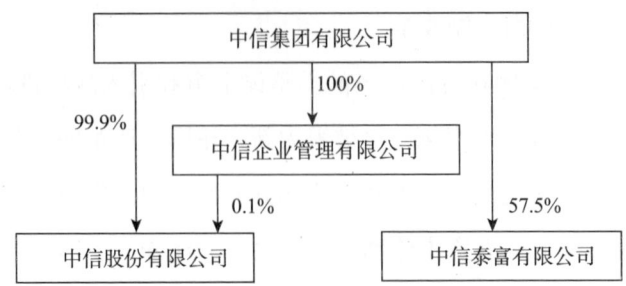

资料来源：中信泰富有限公司 2014 年 4 月 16 日公告。

图3-4 收购完成前的股权架构

2014 年 4 月 16 日，中信泰富、中信集团及其子公司中信企业管理有限公司签订了一份重大的股份转让协议，标志着一项规模庞大的收购行动。根据中信泰富有限公司 2014 年 4 月 16 日公告，这次收购的总对价高达 2 269.3 亿元人民币，相当于约 28 650 229.53 万港元，其中现金对价为 499.2 亿元人民币，股份对价为 1 770.1 亿元人民币。

2014 年 7 月 14 日，中信泰富宣布引入中国烟草总公司和正大光明投资有限公司（以下简称"正大光明"）作为新的投资者。到了 8 月 25 日，中信泰富完成了向中信集团的两家全资子公司——中信盛荣有限公司（以下简称"中信盛荣"）和中信盛星有限公司（以下简称"中信盛星"）配发 173 亿股对价股份，作为收购的部分转让对价。同时，27 位投资者以每股 13.48 港币的价格购买了约 3.95 亿股配售股份，占收购完成后中信泰富总发行股份的 15.87%，募集资金总额和净额分别约为 532.74 亿港币和 530.42 亿港币。收购完成后，中信泰富更名为中信股份，并以 00267.HK 为股票代码在香港联交所完成中信集团的整体上市。

上市后，中信集团通过中信盛荣和中信盛星两家全资子公司持有中信股份 77.9% 的股份，而其他股东持有 22.1% 的股份。这些其他股东包括了在中信集团整体上市时成功引入的 7 家境内外投资者，他们的结构多元化，涵盖了社保基金等 11 家国有大型机构，以及淡马锡控股公司、卡塔尔投资局、正大光明等 13 家境外机构，还有腾讯、中国泛海控股集团有限公司（以下简称"中国泛海")、雅戈尔时尚股份有限公司(以下简称"雅戈尔集团")等国内民营企业。从这些新投资者的股比结构来看,国资占比 70.2%,外资占比 26.2%,国内民资占比 3.6%,体现了混合所有制经济的特点,即国有资本、集体资本、非公有资本等交叉持股、相互融合。这次收购和上市不仅加强了中信集团的资本实力,也展示了中国国有企业混合所有制改革的深化和发展。

（2）进一步混合所有制改革

中信股份在 2015 年 1 月 20 日通过一系列股权交易和战略合作,标志着其混合所有制改革的深化。中信股份与正大光明签订了认购协议,以 459.2 亿港币的价格发行了 33 亿多股可转换优先股,同时中信盛星以 34.37 亿港币的价格出售了 2.49 亿股股份给正大光明,使其持股比例达到 10%。交易完成后,中信集团间接持有 67.9% 的股份,正大光明持有 10% 的股份,其他公众股东持有 22.1% 的股份。正大光明在满足条件后,可将优先股转换为普通股,持股比例可能增至 20%,进一步推动股权结构的多样化、国际化和市场化。此外,中信股份还与正大集团和伊藤忠商事株式会社(以下简称"伊藤忠")签署了战略协议,共同设立战略合作委员会,探索金融、制造、房地产、资源能源、信息技术等多个领域的合作机会。这一系列举措不仅优化了中信股份的股权结构,增强了公司治理,还为其带来了资金支持和全球业务拓展的新机遇。

2015 年 8 月 12 日,中信股份宣布雅戈尔集团通过完成对中信股份 859 218 000 股新股份的认购,其持有的股份比例从 0.54% 显著增加至 3.85%。这次股权变动不仅增强了中信股份的资本实力,也体现了雅戈尔集团对中信股份未来发展的信心和支持。

2. 总结

中信集团在香港的类整体上市举措具有深远意义。它不仅将中信集团置于成熟的法治和公司治理环境中,接受更为严格的监管,促进了中信集团治理结构的完善,而且通过引入国际战略投资者,为国有企业的市场化和国际化发展开辟了新路径。混合所有制改革的核心在于挑选合适的合作伙伴，实现国有资本与不同所有制资本的优势互补和协同效应，以在市场上、技术上、管理上或资源上创造共赢的结果。中信股份在整体上市之后，通过进一步深化混合所有制改革，成功引入了伊藤忠和正大集团等战略投资者，构建了一个以中信集团作为主要股东，正大集团和伊藤忠为中型股东，以及众多小股东参与的多元化股权结构。这不仅增强了中信集团的市场竞争力，还有助于提高国有企业的公司治理水平。

3.2.3　中国混合所有制企业：联想控股

联想控股股份有限公司（以下简称"联想控股"），在 40 多年的发展过程中，通过实施科研和管理骨干持股策略，以及随后的股权多元化改革，有效地激发了企业的内在活力。这些举措不仅增强了员工的归属感和积极性，还提升了公司的创新能力和市场竞争力，使联想控股逐步发展成为一个在全球 IT（信息技术）行业享有盛誉的企业。

1.联想控股混合所有制改革

联想控股的发展得益于多方面因素，其中中国科学院的大力支持是关键之一。通过向技术骨干和管理骨干分配股份，联想控股成功地激发了员工的积极性和创造力，这种股权激励机制在很大程度上提高了企业的创新能力。此外，联想控股的主要领导还提出了一个独特的理念，即探索如何将企业建设成为一个没有家族的"家族企业"。这种理念强调了企业文化和价值观的传承，以及对企业长期发展的重视，即使在没有传统家族企业结构的情况下，也能保持企业的凝聚力和竞争力。通过这种方式，联想控股不仅在科技领域取得了显著成就，还在企业管理和文化建设方面树立了典范。

（1）早期的股权变动

在联想控股的发展历史中，股份制改造和股权多元化是关键的里程碑。

2001 年，联想控股在中国科学院的大力支持下，成功实施了股份制改造，职工持股会通过购买方式拥有了公司 35% 的股权。2009 年，联想控股进一步引入了中国泛海控股集团有限公司（以下简称"中国泛海"）作为新股东，股权结构得到优化，中国科学院国有资产经营有限责任公司（以下简称"国科控股"）、联想控股职工持股会和中国泛海分别持有 36%、35% 和 29% 的股权。这不仅完善了联想控股的治理结构，也为联想控股带来了新的发展动力。到了 2012 年，联想控股通过股份转让完成重组，形成了国科控股、中国泛海、联想员工持股平台、北京联持志远管理咨询中心（以下简称"联持志远"）和北京联恒永信投资中心（以下简称"联恒永信"）以及几位个人股东的持股格局，其中柳传志、朱立南等高级管理人员也直接持股，增强了管理层与公司的利益一致性。2014 年，联想控股改制为股份有限公司，股权结构保持稳定，为公司的长期发展奠定了坚实的基础。

（2）整体上市

2015 年 6 月 29 日，联想控股在香港联合交易所主板成功完成了首次公开发售，并正式挂牌交易，实现了联想控股整体上市的重要里程碑。此次全球发售吸引了 24 名基石投资者，他们认购了 1.71 亿股股份，占全球发售后已发行股本的 7.28%。这些基石投资者包括首都旅游集团（香港）控股有限公司、中国人寿富兰克林资产管理有限公司等知名机构。上市后，联想控股的股权结构经历了显著变化。国科控股作为最大股东，其持股比例降至 29%；联持志远持股 20%；中国泛海持股 17%；联恒永信持股 7.56%；柳传志持股 2.89%；公众股东及其他小股东持股 23.55%。这次上市不仅显著增强了联想控股的资本实力，还优化了其股权结构，为联想控股的未来发展提供了坚实的基础。通过引入多元化的投资者和优化股权结构，联想控股能够更好地利用资本市场的资源，促进公司战略的实施和业务的扩展。同时，员工持股平台的设立也有助于激励员工，增强公司的凝聚力和竞争力。联想控股的成功上市，是中国企业混合所有制改革和资本市场发展的一个缩影，展示了中国企业在全球化背景下的活力和潜力。

2. 总结

联想控股在 40 多年的发展中，通过不断的实践、探索和总结，在多个关键领域取得了显著成就，为科技类企业提供了宝贵的学习借鉴，具体如下。

（1）科研院所高科技产业化。联想控股通过其独特的科研院所高科技产业化道路，为中国科技企业的快速发展提供了显著的推动力。联想控股不仅在联想集团的发展历程中展现了其强大的创新和产业化能力，还在风险投资、创业培训和天使投资等业务领域中发挥了积极作用。通过这些举措，联想控股不仅推动了自身业务的多元化和国际化，也为中国科研院所高科技企业的机制改革和股份制改造提供了可行的路径，为中国企业的国际化发展积累了丰富的经验，并为"走出去"战略提供了实践案例。

（2）股份制改造。联想控股在实施国有高科技企业的股份制改造方面取得了显著成就。这不仅为联想控股的长期稳定发展奠定了坚实基础，同时也为国内科研院所高科技企业的机制改革开辟了新的途径。通过股份制改造，联想控股优化了公司治理结构，增强了市场竞争力，提高了运营效率和盈利能力。这一改革举措不仅提升了企业的创新动力和市场适应性，还为中国科研院所高科技企业的转型提供了实践案例和经验借鉴，推动了整个行业向市场化、现代化的方向发展。

（3）本土市场与国际竞争。联想控股凭借其在中国本土市场的深厚基础，在与国际 PC（个人电脑）巨头的激烈竞争中实现了持续成长和壮大。联想集团的国际化战略取得了成功，其海外扩张和并购活动不仅增强了自身的全球竞争力，也为联想控股旗下其他成员企业的国际发展提供了宝贵经验。通过这些国际化实践，联想控股积累了丰富的跨文化管理知识、市场洞察力和国际运营能力，成为中国企业"走出去"战略的典范。

这些经验对其他中国企业拓展国际市场、参与全球竞争具有重要的参考价值，展示了中国企业在全球经济一体化背景下的活力与潜力，同时也体现了联想控股在推动中国企业国际化进程中的引领作用。

3.3　本章小结

本章深入探讨了国内外混合所有制企业的实践与实例，展示了混合所有制作为一种企业模式在不同国家和行业中的广泛应用与实践成果。在国际层面，美国、日本、法国和德国的混合所有制企业通过多样化的合作模式，在军工、公益性企业、通信卫星、汽车制造等行业中发挥重要作用。美国的混合所有制企业以其高稳定性和在特定领域的专注而著称；日本以其历史悠久和分布广泛的混合所有制企业为特色；法国的雷诺汽车公司和德国的大众汽车集团分别通过政府入股和多元化股东结构，实现了公司治理的现代化和国际化发展。在中国，混合所有制企业的发展与国家改革开放政策紧密相连。自 1978 年改革开放以来，中国混合所有制企业经历了初步探索、制度创新到新一轮国企改革的三个阶段。中信集团和联想控股作为中国混合所有制企业的代表，通过股份制改革、战略投资者引入和整体上市等举措，不仅优化了公司治理结构，增强了市场竞争力，而且为国有企业的市场化、国际化探索提供了宝贵经验。总体而言，混合所有制企业通过国有资本与非国有资本的交叉持股和相互融合，实现了资本的取长补短和共同发展，推动了企业创新和市场竞争力的提升，对促进国家经济的多元化和可持续发展具有重要意义。

第4章 国有企业改革与混合所有制企业形成及现状

　　中国的混合所有制企业是国有企业改革的必然产物，这一改革自1984年以来一直是中国经济转型的核心。国有企业改革的特殊性不仅体现在改革的进程上，更体现在改革的方式上，彰显了中国特有的经济体制和政治体制的结合。混合所有制经济作为公有制与多种非公有资本通过股份制形式共同参与生产经营活动的一种经济形态，其产权结构多元、治理结构优化，是国有企业改革深化的重要标志。随着中国经济进入"十四五"时期，混合所有制改革更加注重国有资本监管体制的完善、公司治理机制的健全，以及党建工作与企业生产经营的深度融合。这些改革措施的目的是融合不同所有制资本的优势，提高国有企业的资源配置效率，加速国有经济的布局优化和结构调整。同时，这些改革也致力于促进国有经济与民营经济之间的协调发展，共同推动国家经济向更高质量的发展阶段迈进。当前，混合所有制企业发展态势良好，通过"分层分类"原则，推动了国企改革。然而，混合所有制改革面临定位模糊、阻力大、政策变动及融合难题等挑战。为应对这些问题，需从立法、政策、治理结构和外部环境等方面提出建议与对策。本章对国有企业的改革历程进行了梳理，总结出中国国有企业改革的特殊性，并且在此基础上分析混合所有制企业形成的必然性，以及当前中国混合所有制企业的发展现状。

4.1　国有企业改革的历程及中国特色

中国国有企业改革的历程，是一个由浅入深、由点到面、由局部到整体的逐步深化过程，其大致可以分为四大阶段。1978 年到 1992 年是国有企业改革的探索阶段，这一时期标志着国有企业改革的起步。改革的核心是放权让利，即政府向企业下放经营自主权，让企业在一定程度上拥有自主经营的权利。同时，这一时期也开始了对非国有企业发展的探索，为后续的多元化经济结构打下基础。1993 年到 2003 年进入了制度变革阶段，也是全面改革的时期。进入 20 世纪 90 年代，国有企业改革进一步深化，以建设现代企业制度为中心，推动企业转换经营机制，实现产权清晰、权责明确、政企分开、管理科学。这一阶段的改革是全面性的，涉及企业的各个方面，为国有企业的市场化、公司化奠定了基础。2003 年，国务院国有资产监督管理委员会的成立，标志着国有企业改革进入深化阶段。这一阶段的改革重点是治理结构的调整和改进，通过建立和完善公司治理结构，加强国有资产监管，推动国有企业更加规范、高效地运作。2013 年以后，国有企业改革步入了所谓的"深水区"，面临着更加复杂和艰巨的任务。这一时期的改革攻坚战，更加注重在监管、产权、经营等多个方面的全面深化改革，推动国有企业转型升级，提高核心竞争力。同时，也更加强调混合所有制经济的发展，促进国有资本与民间资本的有效融合。

1. 改革前阶段（20 世纪 70 年代末）

在 20 世纪 70 年代，中国的国有企业与计划经济是紧密联系在一起的。当时，非公有制经济在 GDP 当中的比重几乎为 0。如图 4-1 和图 4-2 所示，在 1979 年，在中国工业总产值中，国有企业和集体企业的比重各占 79% 和 21%，非公有制企业的占比为 0。到了 1980 年，非公有制企业的占比仅为 1%，而国有企业的占比下降到了 76%，集体企业的占比为 23%。这个时候的个体和私营企业处于刚刚萌芽的状态。

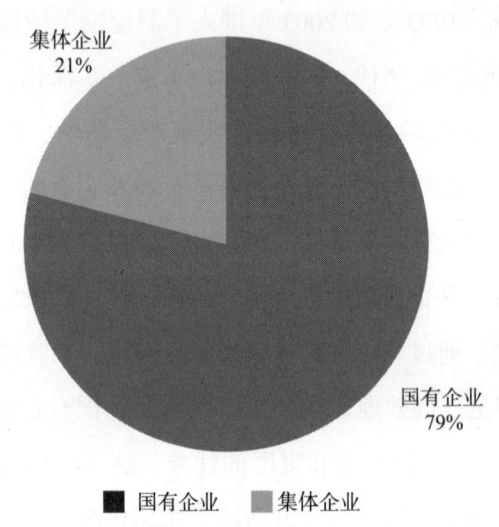

资料来源：中国统计年鉴（1980 年）。

图4-1　1979年中国工业总产值中各类企业的比重

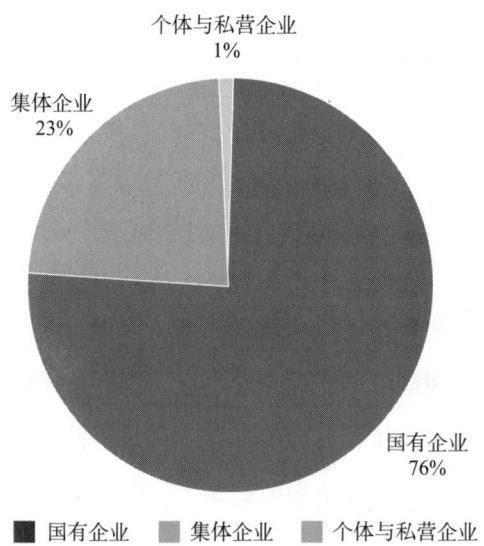

个体与私营企业
1%

集体企业
23%

国有企业
76%

■ 国有企业　　■ 集体企业　　■ 个体与私营企业

资料来源：中国统计年鉴（1981 年）。

图4-2　1980年中国工业总产值中各类企业的比重

在中国早期的国有企业体系中，政府对企业的控制是全方位的，从生产到销售，从工资到福利，每一个环节都由政府的计划来决定。企业的生产数量和产品品种不是基于市场需求，而是由政府的计划指令来确定，产品销售的对象和价格也是由政府规定，缺乏市场调节的灵活性。管理人员和员工的工资标准同样是由政府统一制定，与企业的经济效益没有直接联系，员工一旦进入企业，就能享受到终身就业的保障，以及由政府或企业分配的住房和养老福利，这种"铁饭碗"制度在当时被视为稳定社会的重要措施。国有企业的利润全部上缴国家，而亏损则由政府补贴。在这种模式下企业没有足够的激励去追求利润最大化，风险也不需要自身承担。企业的招工标准和员工的福利待遇都是由政府规定，政府会分配招工指标，员工的待遇和福利与企业的经营状况脱钩。

在治理结构上，国有企业是典型的行政型治理，管理人员拥有一定的行政级别，由政府或党组织任命，属于国家的干部序列。企业的管理人有一定的行政权力和责任，但他们的决策权受行政级别的限制，重大决策往往需要上级政府的批准。在企业中，党委书记或厂长是最高领导人，他们负责企业的日常运营和管理，但在出现分歧或问题时，最终的决策权在政府手中。

这种高度集中的计划经济体制在一定程度上保证了社会的稳定和就业，但同时也带来了效率低下、缺乏竞争力等问题。企业缺乏市场导向，创新和灵活性不足，难以适应市场的变化和需求。随着市场经济的逐步引入和改革开放的深入，国有企业开始进行一系列改革，以提高效率、激发活力，并逐步建立起与市场经济相适应的现代企业制度。这些改革包括放权让利、建立现代企业制度、股份制改革、混合所有制改革等，旨在使国有企业更加市场化、规范化，提高其在市场经济中的竞争力，同时也推动了中国经济的整体转型和发展。

2. 探索改革方向阶段（1978—1993 年）

在这一阶段，中国国有企业改革的核心目标是解决经济中的直接问题，即通过改革激发企业的活力，提高生产效率，以应对当时普遍存在的产品短缺问题。这一时期的改革具有明显的功利性特点，即追求实际的经济效果和解决具体的经济问题。为了实现这一目标，国家采取了一系列措施来调动国有企业的积极性。首先是放权让利，即政府向企业下放一部分经营自主权，允许企业在完成国家计划指标后，对超额部分的利润拥有一定的分配权，以此激励企业增加生产，提高效率。随后，实行了利改税政策，将国有企业向国家缴纳的纯收入由利润上缴形式改为缴纳所得税和调节税，减轻了企业的负担，使企业能够留存更多的利润用于自身发展。承包制的引入是另一项重要措施，通过将企业的经营权承包给企业管理层或个人，明确承包指标，超额完成指标后可以获得奖励，这一制度进一步激发了企业和职工的生产积极性。此外，股份制试点也在一些企业中开始实施，通过引入社会资本，实现了股权多元化，改善了企业的治理结构，提高了企业的市场竞争力。这一阶段的改革也是一个探索和试错的过程。由于缺乏成熟的经验可以借鉴，改革者们在实践中不断尝试、总结经验、发现问题并进行调整。但正是这些尝试和探索，为后续的国有企业改革积累了宝贵的经验，指明了方向。

（1）放权让利

在 20 世纪 70 年代末，中国正处于经济转型的关键时期，国家将工作重心转移到经济建设上，面临着重建和发展经济的巨大挑战。当时，商品短缺是制约经济发展的主要问题，政府迫切需要解决这一问题。为了激发企业的生产积极性，政府采取了放权让利的策略，这是提高企业生产动力的直接且有效手段。放权让利的实质是将原本集中于政府手中的一些关键经济权力下放给企业，包括决定生产品种、数量和价格的自主权。企业在完成国家规定的生产任务和利润指标后，可以根据自身对市场需求的判断来扩大生产规模，并自主确定产品价格。此外，企业还可以留存超出规定指标的利润，这些资金不仅可以用于企业的再投资，增强生产能力，还可以作为员工的奖金，进一步提高员工的工作积极性。放权让利的实践并非一蹴而就，而是从基层企业自发探索开始，逐步得到政府的认可和推广。1978 年，四川的 6 家企业成为扩大企业自主权的试点，这一尝试很快取得了成功，并迅速被其他地区和行业所模仿。1979 年，国家经济贸易委员会（已撤销）和财政部等六部委选择了包括首都钢铁公司在内的 8 家企业进行试点，进一步推广四川省的成功经验。同年 7 月，国务院颁布了《关于扩大国营工业企业经营管理自主权的若干规定》，明确在全国范围内的国营工业企业中扩大经营自主权。到了 1980 年，试点企业数量迅速增加，涵盖了大量的大中型工业企业，其产值占到了全国工业总产值的相当比例。

1984 年，福建省 55 位国有骨干企业的厂长、经理在《福建日报》上联名发表的呼吁书《请给我们松绑》对全国的国有企业改革产生了深远的影响，成为改革的重要推动力。这一事件促使国务院于 1984 年 5 月 10 日颁布了《关于进一步扩大国营工业企业自主权的暂行规定》，进一步扩大了国营工业企业的自主权，明确在生产计划、产品销售、产品价格等十个关键方面给予企业更大的自主决策空间。放权的深化和扩展不仅体现在企业经营自主权的扩大上，还体现在经济责任制的多样化建立上，例如，通过实行以税代利、自负盈亏、利润留成等制度，进一步激发了企业的活力和市场竞争力。放权让利的政策在当时有效地打破了计划经济体制对企业的束缚，极大地激发了国有企业的生产热情，提高了生产效率和经济效益。这一政策的成功实施，不仅解决了商品短缺的问题，促进了经济的快速增长，而且对国有企业改革的后续路径产生了深远的影响。这些改革措施不仅为后续的改革奠定了坚实的基础，而且有效推动了中国经济体制的转型和升级，促进了经济结构的优化和市场机制的完善，为中国经济发展注入了新的活力。

（2）利改税和承包制

放权让利政策通过增加企业的自主权和激励机制，成功地激发了企业的生产积极性，提高了经济效益。然而，这一政策的实施也不可避免地带来了一些新的问题。由于缺乏明确的利润上缴标准，企业与政府之间出现了讨价还价的现象，导致企业留存的利润不断增加，而国家的财政收入在1979年到1982年期间却未能实现同步增长。这种情况促使国家对利润分配制度进行了重新思考。1983年，国务院对原有的利润分配制度进行了调整，停止了利润分配制度，并于同年4月推出了利改税政策。根据这一政策，企业需按照每年利润的55%上缴所得税，剩余部分还需根据企业实际情况征收利润调节税。这一改革虽然减少了企业的利润结余，但同时也影响了国有企业的生产积极性，未能达到预期的财政收入增长目标。进入20世纪80年代，中国经济环境发生了显著变化。乡镇企业、私营企业和外资企业的迅速发展，给国有企业带来了前所未有的挑战。国有企业面临着市场竞争加剧、经济效益下滑等问题，一大批企业甚至陷入了亏损状态。为了应对放权让利政策带来的新问题并进一步激发企业活力，1986年12月，国务院颁布了《关于深化企业改革增强企业活力的若干规定》，其中提出了推行企业承包经营制度。承包制的实施，通过明确企业与承包者之间的责任、权利和利益关系，激发了企业的生产经营活力，在一定程度上扭转了国家财政收入下滑的局面。然而，承包制在执行过程中也暴露出一些问题。一些企业为了追求短期利益，忽视了长期发展和投入，导致了资源的过度开发和环境的破坏。此外，承包制的实施也加剧了企业内部的收入分配不公，影响了企业的长期稳定发展。随着 1991 年承包制到期，许多企业进入了第二期承包。但随着国家财政和税收体制的改革，承包制逐渐暴露出与市场经济不相适应的问题，最终在 20 世纪 90 年代全面终止。

总体来看，放权让利、利改税和承包制等一系列改革措施，都是中国在特定历史时期对国有企业进行的积极探索和实践。这些改革在一定程度上促进了国有企业的发展，但也存在一些问题和局限性。随着市场经济体制的逐步建立和完善，国有企业改革也在不断深化，探索更加适应市场经济要求的改革路径。

（3）股份制试点

在中国国有企业改革的早期阶段，放权让利、利改税和承包制等措施虽然带来了短期的积极效应，比如提高了企业的生产积极性和一定程度的自主权，但它们并没有从根本上解决国有企业效率低下和市场竞争力不足的问题。随着时间的推移，这些措施的局限性逐渐显现，长期效应并不理想，甚至带来了新的问题，如利润分配不均、短期行为盛行、资源过度开发等。面对这些挑战，在 20 世纪 80 年代后期，中国政府开始探索更为深入和根本的改革措施。理论界提出了实行股份制的想法，认为股份制能够更好地界定产权、明确权责、分离政企，从而提高企业的市场竞争力。政府对此表示支持，并在一些企业中开展了股份制试点。

根据国家统计局 1992 年经济数据统计报告，到 1991 年年末，中国股份制试点企业的数量显著增加，达到了 3 220 家。这些企业中，法人持股企业有 380 家，内部职工持股企业有 2 751 家，向社会公开发行股票的企业有 89 家。这些试点企业的实践，为股份制改革的进一步推广积累了宝贵的经验。股份制改革虽然没有改变国有企业的所有制性质，但它开始逐步打破传统体制下国有企业的"大锅饭"现象，推动企业更加注重效率和效益，更加积极地参与市场竞争。这一改革使国有企业逐步转变为真正的市场竞争主体，更加灵活地应对市场变化。股份制改革的推进虽然取得了积极进展，但也暴露出了包括股权结构不合理、公司治理体系不完善以及内部人控制等问题。这些问题反映了传统国有企业深层次的矛盾，也为下一阶段的国有企业改革提出了新的课题。

总的来说，股份制改革是中国国有企业改革的重要探索和实践。它在一定程度上推动了国有企业的市场化、公司化进程，提高了企业的效率和竞争力。同时，这一改革也面临着一系列挑战和问题，需要在实践中不断探索和完善，以适应市场经济的要求和发展趋势。

3. 制度变革阶段（1993—2003 年）

1993 年 11 月，党的十四届三中全会提出了国有企业改革的新方向，这标志着国有企业改革迈入了新的发展阶段。全会着重强调了建立现代企业制度的紧迫性，提出构建"产权清晰、权责明确、政企分开、管理科学的现代企业制度"。这是国有企业改革中首次明确提出产权问题，意味着改革的重点开始转向产权结构的优化和企业治理结构的完善。1994 年，国务院响应全会精神，提出在全国范围内选取 2 000 家企业进行现代企业制度试点。然而，这次试点的效果并不如预期，主要原因在于试点过程中更多关注了企业法律形式的变革，而没有深入到产权结构的调整。

进入 20 世纪 90 年代后期，随着对外开放的不断扩大，国有企业面临的市场竞争压力增大，亏损面明显扩大。在这种背景下，越来越多的学者和官员开始提出新的观点，认为"搞活"国有企业并不意味着要"搞活"所有国有企业，而应该转向"搞活"国有经济。对财务状况不佳或规模较小的国有企业，可以考虑进行私有化。从 1995 年起，国有企业改革策略经历了重要转变，由原先的"整体搞活"转向更加注重"单个搞活"。这一转变在 1995 年 9 月党的十四届五中全会上得到了明确，会议指出需要对国有企业实施战略性改组。到了 1997 年，党的十五大进一步深化了这一改革方向，提出要从战略上调整国有经济布局，并通过股份合作制、出售等多种形式，加快放开搞活国有小企业的步伐。1997 年之后，大多数小型国有企业开始进行改制或整体出售。1999 年，党的十五届四中全会之后，改制的范围进一步扩大到了中型国有企业。到了 2003 年党的十六届三中全会，国家明确提出了大力发展混合所有制经济，改制开始蔓延到国有大中型企业。从 1997 年到 2003年，国有企业的数量从 26.2 万家下降到了 14.7 万家。在这六年里消失的 11.5万家国有企业中，一部分是因为破产、倒闭或被兼并，另一部分则是通过改制成为非国有企业。

这一时期的国有企业改革，虽然取得了一定的成效，但也面临着挑战和问题。改革的重点从放权让利和法律形式调整过渡到了改制阶段，更加注重产权结构的优化和企业治理结构的完善。这些改革措施为国有企业的市场化、公司化和国际化奠定了基础，同时也为后续的深化改革提供了重要的经验和启示。

4. 改革深化阶段（2003—2013 年）

中国国有企业改革的每个阶段都有其显著的特点和重点任务。如果说第一阶段的改革着重于放权让利，以解决企业活力不足的问题，第二阶段以现代企业制度建设为核心，强调产权清晰和多元股东结构的建立，那么第三阶段的改革则标志着国有企业改革从单个企业的改革向整个国有经济的战略性调整和重组的转变。2003 年 10 月，党的十六届三中全会明确指出，要加快调整国有经济布局和结构，要建立健全国有资产管理和监督体制。这一决策标志着国有企业改革进入到深化阶段。根据党的十六大的部署，从 2003 年3 月开始，国家实施了国有资产管理体制改革，其中最关键的改革措施是成立国资委，并将 196 户中央企业由原来的中央大型企业工作委员会（以下简称 "企业工委"，已撤销）移交给国资委管理（甘小军 等，2018）。国资委的成立具有双重作用：一方面，它在机构设置上实现了政企分开，弱化了过去行政部门对企业的直接干预，使企业能够更加自主地进行经营决策；另一方面，国有资产的监管得到了进一步加强，改变了以往多部门管理但无人负责的状况，确保了国有资产的保值增值。

2006 年年底，国资委发布了《关于推进国有资本调整和国有企业重组的指导意见》(以下简称《指导意见》),明确了中央企业的重组目标,以及国有资本应集中的重要行业和关键领域。这一《指导意见》为国有企业的调整与重组提供了明确的方向和目标。2007年,党的十七大进一步提出深化国有企业公司制股份制改革,优化国有经济布局和结构,增强国有经济的活力、控制力、影响力。这表明国有企业改革的重点进一步转向提高企业的市场竞争力和经济效益,同时保持国有经济在关键领域的主导地位。

总体来看,这一阶段的国有企业改革更加注重从宏观层面对国有经济进行战略性调整,通过改革国有资产管理体制,优化国有经济布局,加强国有资产监管,推动国有企业的调整与重组,以实现国有经济的整体优化和提升。这些改革措施为国有企业的长远发展和国有经济的持续增长奠定了坚实的基础。

5. 改革攻坚阶段(2013年至今)

自2013年11月党的十八届三中全会通过《中共中央关于全面深化改革若干重大问题的决定》(以下简称《决定》)以来,国有企业改革步入了攻坚期和"深水区",面对更深层次的结构性改革挑战。该《决定》系统性地部署了国有企业改革的方向,明确提出积极发展混合所有制经济,允许更多国有经济和其他所有制经济发展成为混合所有制经济,并强调完善国有资产管理体制,以提高国有资本的运营效率和效益。2015年8月,国务院发布的《关于深化国有企业改革的指导意见》进一步明确了改革的总体要求,标志着改革进入全面深化的新阶段。2017年10月,党的十九大报告再次强调深化国有企业改革,培育具有全球竞争力的世界一流企业。2022年10月,党的二十大报告中明确提出深化国资国企改革,加快国有经济布局优化和结构调整,推动国有资本和国有企业做强做优做大,提升企业核心竞争力,并强调完善中国特色现代企业制度,弘扬企业家精神,加快建设世界一流企业。

总体来看,这一阶段的国有企业改革更加注重结构调整和转型升级,通过混合所有制改革、国有资本投资运营公司试点、公司制改制等措施，推动国有企业与市场经济深度融合，提高企业的市场竞争力和经营效率。同时，改革也更加强调完善现代企业制度，激发企业家精神，培育具有全球竞争力的世界一流企业，为中国经济的高质量发展提供有力支撑。

4.2　混合所有制企业形成的必然性

中国的混合所有制企业是在国有企业改革的进程中应运而生的。它们的形成具有深刻的经济和社会背景，反映了中国经济发展的内在需求和国有企业改革的必然趋势。在混合所有制企业形成之前，国有企业面临着一些问题，如经营效率不高、市场竞争力不强、资源配置不够合理等。这些问题的存在，限制了国有企业的发展潜力，也影响了国有经济的整体效能。混合所有制企业的引入，正是为了解决这些问题，引入非国有资本可以实现产权结构的多元化，从而提高企业的经营效率和市场竞争力。混合所有制企业的形成，使得国有企业能够更加灵活地应对市场变化，优化资源配置，激发创新活力。同时，混合所有制也有助于促进国有企业治理结构的优化，提高决策的科学性和透明度，实现更加有效的风险管理和内部控制。在混合所有制企业形成的过程中，国有企业所有者的效用发生了显著变化。首先，产权结构的多元化带来了更加均衡的权力分配和利益制衡，有助于防止内部人控制和权力滥用。其次，混合所有制企业更加注重市场导向和效益最大化，推动了企业经营机制的转变和创新能力的提升。最后，混合所有制还有助于拓宽企业的融资渠道，降低融资成本，提高资本运作效率。中国的混合所有制企业是在国有企业改革的过程中形成的，而混合所有制企业的形成有其必然性。笔者接下来将通过对比混合所有制企业形成前后国有企业所有者效用的变化来阐述这一必然性。

4.2.1　混合所有制改革前国有企业所有者的效用模型

在混合所有制改革之前国有企业的所有者只有一个，那就是国家。因此，笔者对效用函数的假设条件如下。

假设条件 1：在国有企业进行混合所有制改革之前，国有企业的所有者是国家，但国家并不直接参与国有企业的管理，而是委托管理层进行管理。国有企业的经营目标是实现所有者利益最大化，而管理层的目标是实现自身利益的最大化。为了让管理层在实现自身效用最大化的同时也能够实现所有者利益的最大化，国有企业一般采用管理者持股的方法。因此，假设在国有企业进行混合所有制改革之前，国有企业所有者为 B_1，管理层为 B_2，b_1 表示所有者的持股比例，b_2 则表示管理层的持股比例。

假设条件 2：假定所有者与管理层的收入是由所占的股份比例来进行分配的，若国有企业的总收入为 m，则管理层的收入为 b_{2m}，所有者的收入为 $(1-b_2)m$。假设持股比例对管理层有激励作用，因此 b_2 越大，管理层就会越努力去创造更多的总收入 m，但 b_2 增加会减少 b_1。换句话说，m 增加所有者的收入不一定会增加，还有可能会减少。因此，对于国有企业所有者来说，如何权衡好收入与股权配比之间的关系尤为关键。

假设条件 3：国有企业的管理层常常会成为企业的"内部人"，在收入上，除了按照股份比例获得一部分收入之外，他们还会通过其他的方式来增加自己额外的收入，比如发放实物奖金、过多的在职消费等。我们把这部分收入设为 s。但 s 所引起的效用与同等的货币收入来比是有所下降的，假设这个下降的比例为 d，即收入 s 对管理层的效用为 ds，其中 d 小于 1，也就是说收入 s 会造成社会资源的浪费。

根据假设条件 1、条件 2 和条件 3，可以得出所有者与管理层的效用函数如下，其中 q 代表的是努力的程度。

$$U\ (\mathrm{B}_1) = (1-b_2)(m-s) = (1-b_2)\ m- (1-b_2)\ s \qquad (4\text{-}1)$$

$$U\ (\mathrm{B}_2) = b_2(m-s)+q = b_2m+ (d-b_2)\ s-q \qquad (4\text{-}2)$$

由式（4-1）可知，国有企业所有者由于管理层的转移收入，会导致其效用的损失，损失为（$1-b_2$）s。由式（4-2）可知，管理层的效用会随着转移收入的增加而增加，增加量为（$d-b_2$）s。因此，如果出现管理层收入转移的现象，则总效用的净损失为（$1-b_2$）$s-$（$d-b_2$）$s=$（$1-d$）s。

从上式中可以推导出，国有企业在混合所有制改革前，由于管理层的转移收入导致的效用的损失面积为 $ABDE$，如图 4-3 所示。图 4-3 又可以推导出国有企业所有者的效用变动，如图 4-4 所示。

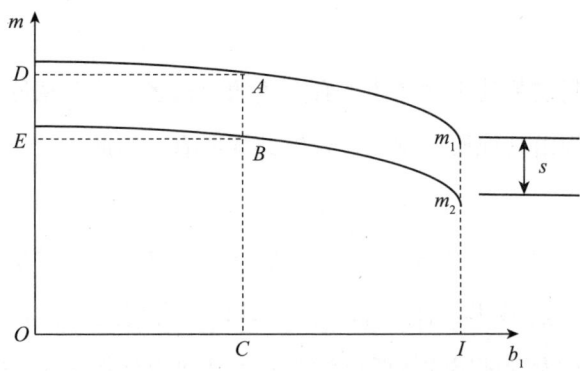

图4-3　混合所有制改革前管理层的转移收入导致的效用损失

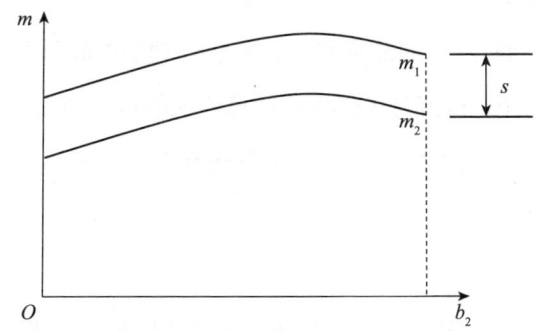

图4-4　混合所有制改革前国有企业所有者的效用变动

从图 4-3 可以看出，随着管理层持股的不断增加，国有企业的总收入 m 是逐步提高的。但总收入 m 的上升速度会变慢，这是由于股权激励的边际效用是递减的。同时，从图 4-3 中还可以看到，曲线平行下移了 s，说明管理层的转移收入也会使总收入下降 s。从图 4-4 中可以看出，当国有企业所有者的持股比例下降时，m 逐渐上升。当 $ACOD$ 的面积最大化时国有企业所有者的收入即最大化，但由于转移收入 s 的存在，国有企业所有者的收入实际为 $BCOE$ 的面积，由于监管者缺位所导致的损失为图 4-3 中 $ABED$ 的面积。

从以上分析中可以看出，国有企业在进行混合所有制改革之前由于所有者缺位，管理层的转移收入会导致所有者效用的损失。

4.2.2 混合所有制改革后国有企业所有者的效用模型

混合所有制改革其实就是使国有企业的产权多元化，从原来只有单一的国家所有者变为由其他所有制的投资者共同所有。因此，效用函数的假设条件如下。

假设条件 1：国有企业在混合所有制改制之后，企业股东包括国有企业所有者 B_1、管理层 B_2 以及有监督意愿的其他所有制投资者 B_3。b_1' 为所有者的持股比例，b_2' 为管理层的持股比例，b_3' 为其他所有制投资者的持股比例。

假设条件 2：其他所有制投资者 B_3 为了让管理层减少转移收入的行为会采取监督措施，假设监督措施所产生的成本为 c。

假设条件 3：假设 B_3 的监督有效，会使管理层的转移收入 s 减少，若监督效果佳，则 s 为 0，也就是说管理层转移收入的行为消失。

因此，在以上假设条件下，国有企业所有者、管理层以及其他所有制投资者的效用函数如下：

$$U(B_1') = (1-b_2'-b_3') \ m = (1-b_2') \ m-b_3'm \qquad (4-3)$$

$$U\ (B_2') = b_2'm - q \qquad (4-4)$$

$$U\ (B_3') = b_3'm - c \qquad (4-5)$$

若混合所有制改革是有效的，那么就意味着 $U\ (B_1') > U\ (B_2')$，也就是

$$(1-b_2')\ m - b_3'm > (1-b_2)\ m - (1-b_2)\ s$$

$$(1-b_2)\ s > (b_2'+b_3'-b_2)\ m \qquad (4-6)$$

约束条件如下：

$$U\ (B_2') = b_2'm - q > 0,\ 即\ b_2'm > q \qquad (4-7)$$

$$U\ (B_3') = b_3'm - c > 0,\ 即\ b_3'm > c \qquad (4-8)$$

假设国有企业管理者在混合所有制改革前后的持股比例不变，即 $b_2 = b_2'$，那么通过其他所有制投资者的有效监管，只要使其他所有制投资者的收入 $b_3'm$ 小于管理层转移收入所造成的损失 $(1-b_2)\ s$，那么国有企业通过混合所有制改革后的所有者效用就是提升的，混合所有制改革就是有效的。

从国有企业混合所有制改革前后所有者效用的两张图中可以看出，由于引入了其他所有制的投资者，其持股比例逐渐增大，使得管理层的转移收入 s 逐渐缩小，总收入 m 的曲线逐渐上移。从图4-5中看出损失面积 $ABED$ 渐渐缩小，国有企业所有者的收入区域呈无损状态，国有企业所有者的效用得到明显提升。可以得出的结论是国有企业混合所有制改革可以提高国有企业所有者的效用，因此混合所有制改革有一定的必然性。

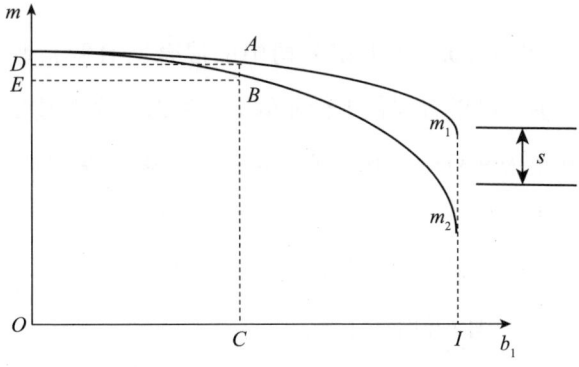

图4-5　混合所有制改革后国有企业所有者的效用变动

4.3 混合所有制企业的发展现状

4.3.1 普及度

笔者通过 Wind 数据库收集到了 2 475 家 2014 年至 2021 年的深沪市上市公司，其中混合所有制企业为 1 743 家，混合所有制企业所占比例为 70.4%（如图 4-6 所示）。

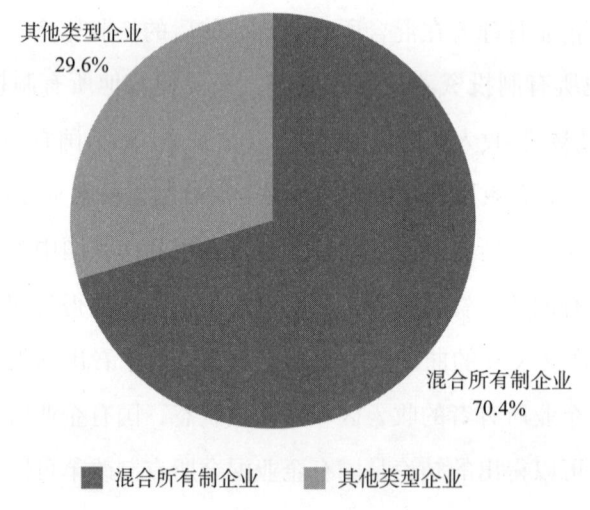

图4-6 上市公司中混合所有制企业所占比例（2014—2021年）

本章将 2019 年至 2021 年上市公司中的混合所有制企业按照行业来划分，如表 4-1 所示，可以看到化工行业的混合所有制企业数量最多（2019 年为 9.10%、2020 年为 9.37%、2021 年为 8.55%），其次是房地产、机械设备、公共事业和医药生物四个行业。从三年的变化趋势中可以看出，混合所有制企业占比逐年递增的行业有电气设备、纺织服装、机械设备、计算机、农林牧渔、汽车、食品饮料以及医药生物。

表4-1　2019—2021年混合所有制企业行业分布

行业	2019 年企业数（家）	所占比例（％）	2020 年企业数（家）	所占比例（％）	2021 年企业数（家）	所占比例（％）
采掘	39	2.86	39	2.83	41	2.67
传媒	37	2.72	35	2.54	43	2.80
电气设备	49	3.60	53	3.85	67	4.37
电子	54	3.96	48	3.49	66	4.31
房地产	92	6.75	86	6.25	96	6.26
纺织服装	22	1.62	24	1.74	32	2.09
非银金融	28	2.06	28	2.03	32	2.09
银行	14	1.03	14	1.02	14	0.91
钢铁	29	2.13	28	2.03	28	1.83
公共事业	89	6.53	89	6.46	92	6.00
国防军工	24	1.76	26	1.89	26	1.70
化工	124	9.10	129	9.37	131	8.55
机械设备	88	6.46	93	6.75	113	7.37
计算机	46	3.38	47	3.41	61	3.98
家用电器	22	1.62	21	1.53	16	1.04
建筑材料	35	2.57	40	2.90	44	2.87
建筑装饰	37	2.72	40	2.90	41	2.67
交通运输	73	5.36	71	5.16	71	4.63
农林牧渔	40	2.94	41	2.98	48	3.13
汽车	54	3.96	56	4.07	64	4.17
轻工制造	35	2.57	34	2.47	39	2.54
商业贸易	61	4.48	62	4.50	66	4.31
食品饮料	37	2.72	38	2.76	46	3.00
通信	31	2.28	28	2.03	31	2.02
休闲服务	24	1.76	24	1.74	23	1.50
医药生物	87	6.39	91	6.61	111	7.24
有色金属	65	4.77	65	4.72	65	4.24
综合	26	1.91	27	1.96	26	1.70
合计	1 362		1 377		1 533	

4.3.2 混合度

本章用混合度这一指标来描述混合所有制企业的股权结构。在混合所有制企业中，股权结构可以由国有股份与非国有股份构成，两种股份相加为100%。假设国有股份占全部股份的比例为 E_g，非国有股份占全部股份的比例为 E_p。将 E_g 和 E_p 中数值较大的作为分母，较小的作为分子，其比值为混合度 M。

如果 $E_g > E_p$，则 $M_{gp}=E_p/E_g$；

如果 $E_p > E_g$，则 $M_{pg}=E_g/E_p$。

所以，M 值越接近 1，其混合度越高；M 值越接近 0，其混合度越低。我们将混合度划为三个区间来进行探讨，当 M 在 2/3 到 1 之间时，属于混合度高的混合所有制企业；当 M 在 1/3 到 2/3 之间时，属于混合度中等的混合所有制企业；当 M 在 0 到 1/3 之间时，属于混合度低的混合所有制企业。由于 M 仅仅代表的是混合度，还不能区分是国有股份还是非国有股份占的比例较多，因此，当国有股份所占比例大于非国有股份所占比例时，混合度采用 M_{gp} 来表示，反之，则用 M_{pg} 来表示。当 $M_{gp}=0.25$ 时，国有股份的占股比例为 80%，非国有股份的占股比例为 20%；当 $M_{pg}=0.25$ 时，非国有股份的占股比例为 80%，国有股份的占股比例为 20%。这两种情况的混合度一样，但前者是国有化程度高，非国有化程度低；而后者是非国有化程度高，国有化程度低。

本章主要对 2016 年上海与深圳证券交易所中的混合所有制企业进行抽样统计，研究选取了 1 000 家上市公司作为样本，数据主要来源于 Wind 数据库和巨潮资讯网。由于混合所有制企业大多源自国有企业改制，笔者在收集样本时特别关注那些经历了国有企业改制的企业。改制本质上是所有权结构的改革，涉及国有企业或国有控股企业通过出售国有资产、增资扩股等方式引入非国有资本，实现部分非国有化，从而推动企业所有权结构的多元化。

在样本中，68.3% 的企业，也就是 683 家企业的第一大股东是国有性质，只有 31.7% 的企业，即 317 家企业的第一大股东为非国有性质，如表 4-2 所示。

表4-2　第一大股东的性质分布

第一大股东的性质	企业数（家）	占样本比例（%）
国有股东	683	68.3
非国有股东	317	31.7
合计	1 000	100

在接下来的研究中，将对这 1 000 家样本企业的混合所有制特征进行深入分析。研究首先根据第一大股东的身份将企业划分为九种不同的混合所有制类型，根据这 1 000 家样本企业前十大股东的持股比例来计算各类型企业的 E_g 和 E_p 的加权平均值，如表 4-3 所示。

表4-3　样本企业中国有股份与非国有股份的占比

第一大股东的身份	E_g（%）	E_p（%）
国有企业	73.20	26.80
国有资产经营类公司	68.45	31.55
职工	11.20	88.80
民营企业	11.80	88.20
境内自然人	9.44	90.56
管理层	4.10	95.90
政府机构	80.33	19.67
外资企业	19.21	80.79
其他	42.31	57.69

在此基础上，再计算出每种类型企业的混合度 M，如表4-4所示。

表4-4　样本企业的混合度

第一大股东的身份	混合度	混合度等级
国有企业	$M_{gp}=0.37$	中
国有资产经营类公司	$M_{gp}=0.46$	中
职工	$M_{gp}=0.13$	低
民营企业	$M_{gp}=0.10$	低
境内自然人	$M_{gp}=0.10$	低
管理层	$M_{gp}=0.04$	低
政府机构	$M_{gp}=0.24$	低
外资企业	$M_{gp}=0.24$	低
其他	$M_{gp}=0.73$	高

为了深入分析混合所有制企业的混合度，本章将通过两种不同的平均数计算方法来衡量。M 的算术平均数是将表4-4中各类型企业的 M 值进行算术平均计算出的数值。而 M 的加权平均数是将表4-3中的 E_g 和 E_p 进行加权平均得出的数值。具体的计算结果如表4-5所示。

表4-5　混合度的算术平均数和加权平均数

M 的算术平均数	M 的加权平均数
0.27	0.88

从表4-5的数据分析中可以明显看出，M 的算术平均数和加权平均数之间存在较大差异。这种差异的主要原因在于，当管理层、境内自然人或民营企业作为第一大股东时，这些企业的 M 值相对较低，意味着国有股份在这些企业中的占比较小，从而降低了 M 的算术平均值。然而，由于这些类型的企业在样本总数中所占比例较小，它们对加权平均数的影响相对较小。

综合来看，中国混合所有制企业的混合度普遍处于中等偏下水平。但是，从加权平均的混合度来看，整体上中国混合所有制企业的混合度是偏高的。此外，研究还发现，在混合所有制企业中，企业内部人与国家的混合较为普遍，而民营企业、外资企业与国家的混合则相对较少。这表明在混合所有制改革中，不同所有制形式的融合程度存在差异，国有企业与内部人之间的混合较为深入，而与外部非国有资本的混合则相对较浅。

4.4　本章小结

首先，本章深入探讨了中国国有企业改革的历程，从中提炼出了混合所有制改革的显著特色，即在控制权改革上的激进与所有权改革上的渐进。这种改革策略体现了中国特有的改革路径，既保证了改革的力度和效率，又确保了改革的稳定性和连续性。激进的控制权改革体现在国有企业在较短的时间内实现了从传统行政管理体制向现代企业治理结构的转变，这包括管理层选拔机制的市场化、决策过程的科学化以及运营效率的提升。通过这种改革，国有企业迅速建立起与市场经济相适应的管理机制，增强了企业的市场竞争力和风险应对能力。而渐进的所有权改革则表现在对产权结构调整的谨慎态度和分阶段实施策略上。在这一过程中，国有企业逐步引入非国有资本，实现了产权结构的多元化，但这一过程并非一蹴而就，而是根据市场条件和企业实际情况，逐步推进，确保了改革的平稳进行。其次，本章通过对混合所有制改革前后国有企业所有者效用模型的对比分析，证明了混合所有制企业形成的必然性。混合所有制改革通过优化资源配置、提高经营效率和增强市场竞争力，显著提升了国有企业所有者的效用，实现了国有资本的保值增值。最后，本章通过对混合所有制企业的普及度与混合度的数据分析，展示了混合所有制企业目前的发展现状。数据显示，混合所有制企业已经在多个行业和领域得到广泛应用，混合度也在不断提高。这表明混合所有制企业作为一种有效的企业组织形式，已经在中国经济发展中发挥了重要作用，并展现出广阔的发展前景。综上所述，本章不仅揭示了中国混合所有制改革的特色和必然性，也通过实证分析展示了混合所有制企业的发展现状，为理解和把握国有企业改革提供了宝贵的视角。

第5章　混合所有制企业的形成机理、实效性与影响因素分析①

　　中国的国有企业改革已经走过了40多年的时间,从最开始的"摸着石头过河",到现在终于慢慢地找到了一条以混合所有制改革为主线的改制之路。但是,在这个过程中对混合所有制改革一直存在一些质疑的声音和看法。这种质疑主要集中在两个方面:一是混合所有制改革是否会导致国有资产的严重流失;二是混合所有制改革是否能真正促进企业效率的提高。针对第一个问题的解决方案是让混合所有制改革的过程尽量透明化和公开化,引入竞争机制,防止内部人以暗箱操作的方式来购买企业。通过这些方法基本可以将国有资产的流失控制在最小的程度。但针对第二个问题,学术界还没有统一的结论,并且大部分的研究也仅仅局限在少数样本统计或是某个具体行业以及个案的研究上。因此,本章首先分析了混合所有制企业的形成机理,接着对改制企业大样本数据进行统计分析,全面地分析混合所有制改革的实效性,最后结合扎根理论和结构方程等方法,对影响混合所有制改革实效性的因素进行筛选与剖析。

---

① 本章内容取自笔者 2021 年在《安阳工学院学报》上发表的文章《混合所有制企业的实效性与影响因素研究》。

5.1 混合所有制企业的形成机理

通过分析，本章将混合所有制企业的形成机理分为三个阶段：混合动因、形成过程以及效益产出（如图 5-1 所示）。

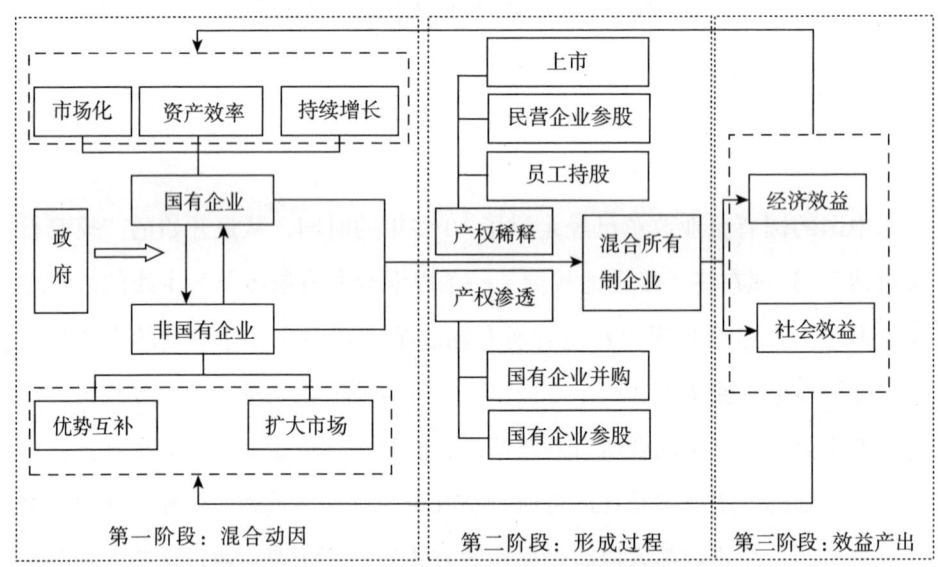

图5-1 混合所有制企业的形成机理

5.1.1 第一阶段：混合动因

1. 国有企业参与混合所有制改革的动因

国有企业是混合所有制改革中的主力军，同时也是混合所有制改革中的主导者。从国有企业的视角来看，之所以有意愿参与混合所有制改革，虽然政府的偏好和战略安排起着至关重要的作用，国有企业本身也有着内在参与的动因。

在中华人民共和国成立初期，国有企业是以发展民族经济与优先发展重工业作为战略目标的。在一段时期内，国有企业的确在经济振兴中发挥着巨大的作用。但是，随着市场经济的发展，国有经济在经济比重中占比过大带来的弊端也越发明显了。首先，国有企业在适应市场变化中的灵活性明显不足，对市场需求的反应也相对迟缓。这就导致国有企业的产品在市场上的销路不佳，生产与消费之间存在着脱节。国有企业在进行混合所有制改革之后，一方面可以将庞大的国有资本进行拆分以增加其灵活性，另一方面也可以向非国有企业借鉴市场化的经验，让国有企业以更加市场化的方式参与到竞争当中去。其次，国有企业虽然有资产总量的优势，但资产的管理效率一直偏低，由于国有资本的布局结构存在问题，国有资本的流动性也较差。引入非国有资本进行混合所有制改革之后，可以提高国有企业的资产回报率，改善国有资产的效率。最后，许多国有企业的发展都是在政府的保护之下，而进行混合所有制改革之后，有一大部分这种类型的国有企业需要自己开辟出新的发展道路。与非国有企业的合作，无疑是国有企业在抛开政府关系之后，在市场化条件下保持有盈利的持续增长的有效选择之一。

2. 非国有企业参与混合所有制改革的动因

改革开放以来，非国有企业特别是民营企业在中国的发展尤为迅速，对发展社会生产力、增加就业以及繁荣市场方面都做出了贡献。民营企业与国有企业相比，在运营的灵活性、决策的可控性以及营销的活跃性方面都有突出的优势，但资金、规模以及政策支持方面往往成为民营企业做大做强的瓶颈。因此，民营企业参与混合所有制改革的主要动因有两个：一是与国有企业实现优势互补，寻求资本上的融合只是一个开端，真正重要的是实现民营企业与国有企业在战略、管理、生产、营销等各个环节的优势互补与融合；二是希望通过参与混合所有制改革，从而得到原来无法进入的市场领域。通过发展混合所有制经济，市场准入进一步放宽，民营企业和社会资本将获得更广阔的发展空间，尤其在能源、铁路、医疗、教育等基础产业和公共服务业等重点领域，与国有企业会有更多的合作共赢的机会。

5.1.2   第二阶段：形成过程

为了实现以上目标，双方将寻求多种方式进行产权的融合，从而形成混合所有制企业。这些方式主要包括整体上市、分拆上市、民营企业参股、员工持股以及国有企业并购等，其中整体上市、分拆上市、民营企业参股以及员工持股都是将国有产权转换为非国有产权，结果是国有产权减少，非国有产权增加，也就是国有产权稀释的路径。国有企业并购则是国有产权渗透路径的一种方式，指国有企业作为主并方，通过增资换股、联合重组或是合作上市等方式主动并购民营企业，并保留一部分民营企业的产权，实现企业产权的多元化。与之前的几种方式不同，国有企业并购或是国有企业参股的方式是国有资产主动扩张的过程。有学者对这种方式提出疑问，认为这是一种"国进民退"的方式，违背了混合所有制改革的初衷。但其实从以上的分析中也可得出，混合所有制改革的最终目的是提高国有资产的活力，实现国有与民营企业的双赢，而不管是"国进民退"或是"国退民进"都只是改革的方式，并不是改革的目的。

5.1.3   第三阶段：效益产出

形成混合所有制企业之后，产出的效益也会发生变化，而效益中既包括经济效益也包括社会效益。因为作为一种经济组织，企业的利益相关者有很多，不仅包括股东，还包括消费者、员工以及政府等。每个利益相关者的期望都有所不同，股东希望从投入的资本中得到较高的回报，消费者希望能以更低的价格买到产品和服务，员工希望工资福利有所改善，政府希望从企业获得更高的税收。因此，混合所有制企业的产出效益要从利益相关者的角度来考虑，不仅要考虑企业的经济效益，还要综合考虑企业产出的社会效益。当然，国有企业与非国有企业在评估了产出的经济效益与社会效益之后，又会对它们参与混合所有制改革的动因产生一定程度的影响。

5.2 混合所有制企业的实效性分析

这里的实效性是指国有企业混合所有制改革实施后的实际效果，主要从两个方面来进行衡量，分别是财务效率和技术效率。

5.2.1 财务效率

为了研究混合所有制改革的实效性，笔者选取了 A 股市场中在上市之前是国有企业的样本共 350 家（数据来源于 Wind 数据库），调查的时间范围为2007 年至 2016 年，收集的数据为每年年报中关于财务效率的相关指标。将股票上市的年份视为混合所有制改革的当期，上市前一年为改制的前一期，上市后的第一年为改制的第一期，以此类推。对同种状态的企业进行了分类统计，计算出企业每期的每股收益和净利润率，由此得出了以下混合所有制改革前后的对比图。

1. 每股收益

从图 5-2 中可以看出，每股收益在改制的当年出现了大幅度的上涨，但在改制的第一期便出现了下降。度过了一年的调整期之后，在改制的二期，每股收益就已经超过了改制前，之后的每一期的每股收益都基本处于稳步上升的趋势，说明在改制的第二期之后，混合所有制改革的成效逐步趋稳。

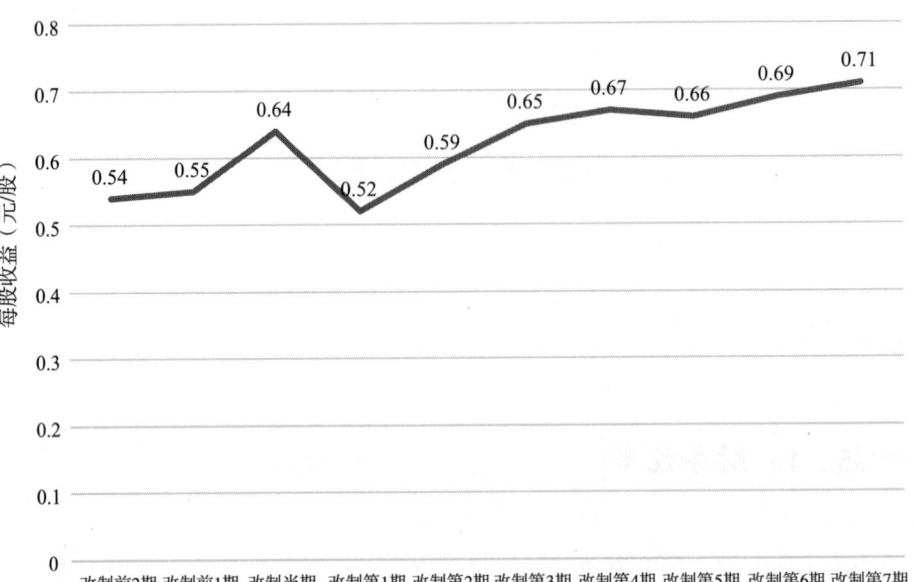

图5-2　混合所有制改革前后每股收益对比图

2. 净利润率

图 5-3 中展现的是混合所有制改革前后净利润率的变化，从中可以看到，在改制当期净利润率出现了大幅度的下滑，但经过了两期的调整之后，在改制的第三期，净利润率出现了飞跃式的增长，而后净利润率出现平稳保持的趋势。

结合这两张图可以得出，任何改革政策的执行都需要一个适应的过程，从长期的时间趋势上，混合所有制改革在财务效率的指标上具有很强的实效性。

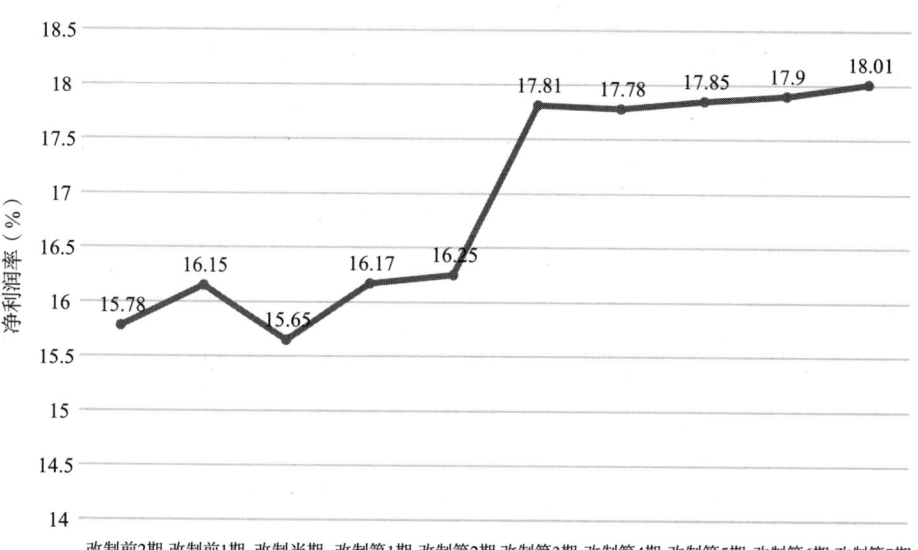

图5-3 混合所有制改革前后净利润率对比图

5.2.2 技术效率

自从 2006 年国家提出"建设创新型国家"的战略之后，技术效率也成为表征企业实效性的一个重要指标。这里笔者用研发投入与研发投入强度这两个指标来衡量一个企业的技术效率，因为这两个指标可以比较直观和具体地反映一个企业的技术能力和技术创新的水平。为了能够说明混合所有制改革对技术效率的作用，笔者选取了国有独资企业、私营企业以及混合所有制企业的三组技术效率的数据进行对比。由于国有独资企业的数据主要来自国家统计年鉴，而国家统计年鉴中只公布了工业行业在这一方面的数据，为了数据的可比性，这三组数据都选择工业行业的数据进行比较（如表 5-1 所示）。

表5-1　全国工业企业研发投入比较（2011—2015年）

年份	研发投入（亿元）			研发投入强度（%）		
	国有独资企业	私营企业	混合所有制企业	国有独资企业	私营企业	混合所有制企业
2011	409.75	944.00	1 063.31	5.24	10.18	3.57
2012	452.06	1 246.54	1 245.56	4.46	9.08	3.50
2013	588.32	1 690.14	1 385.50	3.87	8.10	3.72
2014	624.81	2 026.76	1 504.56	3.19	6.86	3.79
2015	573.45	2 363.58	1 534.74	2.73	5.68	3.36

资料来源:《中国统计年鉴（2011—2015 年)》数据统计。

　　从表 5-1 中可以看到全国工业企业研发投入的对比，从 2011 年到 2015 年，私营企业的研发投入呈现高速增长的状态，混合所有制企业的研发投入也有所增长，但增速不及私营企业，而国有独资企业在研发方面的投入一直处于较低水平，并且增长并不明显，到 2013 年甚至出现有所下降的趋势。从表 5-1 中也可以看到全国工业企业研发投入强度的对比，私营企业的研发投入强度不管是在数量上还是在增速上都远远高于国有独资企业和混合所有制企业。混合所有制企业的研发投入强度在 2013 年出现了略有下降的趋势，在数量上与国有独资企业比较接近。

　　这两组数据说明，在技术效率方面，私营企业具有比较明显的优势，混合所有制企业的研发投入出现了逐年递增的趋势，说明混合所有制企业在提高技术效率和创新能力方面有着巨大的潜力。

5.3　混合所有制企业实效性的影响因素分析——基于扎根理论的方法

5.3.1　实证研究的框架与思路

笔者从总体角度对样本企业混合所有制改革前后的实效性做了对比研究，明确了混合所有制改革具有实效性。但究竟哪些因素会对混合所有制改革的实效性产生影响，会产生何种影响，产生影响的方式以及范围又是什么，这些问题都还没有得到明确的答案。只有找出这些问题的答案，才能明确混合所有制改革究竟要抓住哪些重点环节才能保证混合所有制企业绩效的最大化，才能有针对性地对混合所有制企业进行改革与管理，本书采取扎根理论与结构方程相结合的方法来解决这些问题，如图 5-4 所示。

图5-4　研究思路

第一步，采用扎根理论方法对影响混合所有制企业实效性的因素进行初步的筛选，可以称为预调查阶段。主要通过文献查阅，对数据进行编码，提取出关键影响因素，为第二步的问卷调查奠定基础。

第二步，在扎根理论分析的基础之上提出假设并编写问卷，选择大量的样本进行调查。

第三步，结合第二阶段问卷调查收集的数据以及得出的关键因素，利用结构方程的方法，对混合所有制改革的关键因素进行验证。

5.3.2　影响因素筛选

1. 研究方法

扎根理论在 1967 年被提出，主要的目的是通过资料的获取及整理自下而上地构建理论（Glaser and Strauss，1967），也就是从系统化的资料收集与分析中发掘与发展出新的理论。本书是要探究影响混合所有制企业实效性的因素，所以先利用从文献及访谈中收集到的第一手资料进行研究分析，并应用扎根理论对现有资料进行开放式编码、主轴编码以及选择式编码，以抽象出该问题的基本概念，同时分析资料之间的内在逻辑框架，结合文献的内容进行深度分析，自下而上地构建出影响混合所有制企业实效性的关键因素。

2. 数据来源与数据收集

数据来源主要是文本资料以及访谈资料。首先，笔者在知网中检索出了主题与"混合所有制企业绩效"匹配的论文共 9 508 篇，时间跨度为 1984 年至 2016 年。其次，采访了相关的人员，人员构成如表 5-2 所示，并将访谈内容进行文字编辑（访谈题目见附录 1）。最后，利用 CiteSpace 软件进行分析，将节点过滤的频次设为 20 次，聚类分析设为 3，可以得到关键词共现网络图和频次表。与之相关的关键词有 15 个，分别是混合所有制经济、国有企业改革、混合所有制改革、公有制、股份制、改革、国有企业改革、公司治理、国有经济、市场经济、员工持股、产权、股权结构、基本经济制度以及民营企业，它们出现的频次如表 5-3 所示。

表5-2　访谈对象的基本信息

基本信息	分类标准	人数（个）
性别	男	10
	女	9
单位性质	企业	5
	政府	5
	学校	8
	其他	1

表5-3　关键词出现的频次

序号	关键词	出现频次（次）
1	混合所有制经济	193
2	国有企业改革	146
3	混合所有制改革	126
4	公有制	89
5	股份制	86
6	改革	86
7	国有企业改革	83
8	公司治理	67
9	国有经济	53
10	市场经济	49
11	员工持股	40
12	产权	39
13	股权结构	37
14	基础经济制度	34
15	民营企业	33
	合计	1 161

3. 范畴提炼与概念模型构建

（1）开放式编码

这一步骤是对原始的资料进行碎片化处理，再对碎片化的语句进行概念化和范畴化处理的过程。对收集到的资料进行逐项编码，然后再混合重组，对概念进行抽象化后，得出了11个范畴，具体的过程如表5-4所示（由于篇幅问题，没有将所有的编码过程全部列出，只列出部分）。

表5-4　开放式编码分析（部分）

原始代表语句	概念化	范畴化
在绝对控股模式下，第一大股东对公司决策具有绝对控制权和影响力，也有足够的积极性和能力治理好公司	股权高度集中	股权集中度
持股比例相当，在重大决策的制定上难以形成一致意见，也可能产生股东的内耗，可以通过建立战略委员会机制等措施来解决此问题	股权高度分散	
在相对控股模式下，第二至第五大股东持股比例增加，能够对第一大股东起到制衡作用，形成有效的内部监督机制，避免第一大股东关联交易等不当行为	股权相对集中	
充分发挥国有资本投资、运营公司的资本运作平台作用，通过市场化方式，以公共服务、高新技术、生态环保、战略性产业为重点领域，对发展潜力大、成长性强的非国有企业进行股权投资。鼓励国有企业通过投资入股、联合投资、重组等多种方式，与非国有企业进行股权融合、战略合作、资源整合	国有企业持股	股权结构
鼓励非国有资本投资主体通过出资入股、收购股权、认购可转债、股权置换等多种方式，参与国有企业改制重组或国有控股上市公司增资扩股以及企业经营管理	非国有企业持股	
稳步将党政机关、事业单位所属企业的国有资本纳入经营性国有资产集中统一监管体系，具备条件的进入国有资本投资、运营公司	政府及机构持股	
不同员工群体持股模式的目的和作用是不尽相同的。全员持股计划，客观上分散了企业股权，打破了资本的垄断。全员持股计划，使员工推荐代表参加企业的管理，较国有企业既有的政治制度安排职工参加企业管理更具经济属性，对建立和完善公司法人治理体系具有积极作用。全员持股，员工以股东身份享有参加企业管理和分享企业发展效益的权利，同时，当然也要承担企业在市场竞争中可能发生风险的义务	员工或个人持股	

原始代表语句	概念化	范畴化
董事长成为"一把手"，其本质是把董事长置于与总经理职能等同的位置，不同的只是前者是"一把手"，后者是"二把手"，于是，董事长作为董事会成员所扮演的的监督角色与作为经营者的被监督角色一体化了，在两个职务为同一人的情况下，这种一体化现象更加突出	董总分离	董事会
从中国公司的董事会构成来看，执行董事（内部董事）和外部董事（独立董事和外部非独立董事）基本上是 2:1 的比例，这也是董事会和经营层的职能混同的重要原因	独董比例	
推行职业经理人制度，实行内部培养和外部引进相结合，畅通现有经营管理者与职业经理人身份转换通道，董事会按市场化方式选聘和管理职业经理人，合理增加市场化选聘比例，加快建立退出机制。推行企业经理层成员任期制和契约化管理，明确责任、权利、义务，严格任期管理和目标考核	职业经理人制度	经理人
对市场化选聘的职业经理人实行市场化薪酬分配机制，可以采取多种方式探索完善中长期激励机制	职业经理人薪酬激励	

（2）主轴编码

主轴编码主要是对开放式编码中的范畴进行聚类分析，试图找出范畴之间在概念上的潜在联系，进而归纳出主范畴，其过程如表 5-5 所示。从 11 个子范畴中通过分析对比，得出了 5 个主范畴，分别是股权结构、治理结构、形成路径、政治环境和经济环境。

表5-5　主轴编码

主范畴	子范畴	概念解释
股权结构	股权集中度	指全部股东因持股比例的不同所表现出来的股权集中还是股权分散的数量化指标
	股权结构	指股份公司总股本中，不同性质的股份所占的比例及其相互关系
治理结构	股东大会	指公司的最高权力机关，它由全体股东组成，对公司重大事项进行决策，有权选任和解除董事，并对公司的经营管理有广泛的决定权
	董事会	指由董事组成的、对内掌管公司事务、对外代表公司的经营决策机构
	经理人	指由董事会聘任的，对董事会负责，在董事会的授权下，执行董事会的战略决策，实现董事会制定的企业经营目标的职业化企业经营管理专家

续表

主范畴	子范畴	概念解释
形成路径	私有产权对国有产权的稀释	指非国有资本投资主体通过出资入股、收购股权、认购可转债、股权置换等多种方式，参与国有企业改制重组或国有控股上市公司增资扩股以及企业经营管理的形式
	国有产权对私有产权的渗透	指国有资本以多种方式入股非国有企业的形式
政治环境	国有企业改革政策	指国家近年来颁布的关于国有企业改革的相关政策
	法律	指与混合所有制企业发展相关的法律法规
经济环境	经济制度	指国家的统治阶级为了反映在社会中占统治地位的生产关系的发展要求，建立、维护和发展有利于其政治统治的经济秩序，而确认或创设的各种有关经济问题的规则和措施的总称
	国有企业分类	指国家关于国有企业的功能界定与分类，分为商业类与公益类

（3）选择式编码

在这一阶段，将主轴编码以"故事线"的形式进行融合，发现范畴之间的内在联系及逻辑关系，进而对主轴编码进行抽象化和理论化，从而挖掘出整个研究过程中的核心范畴。本书的核心范畴就是影响混合所有制企业实效性的关键因素，主范畴之间的逻辑关系结构如图5-5所示。其中，形成路径、产权性质与变动方式和公司治理属于影响混合所有制企业实效性的关键内部因素，而政府决策属于影响混合所有制企业实效性的关键外部因素。

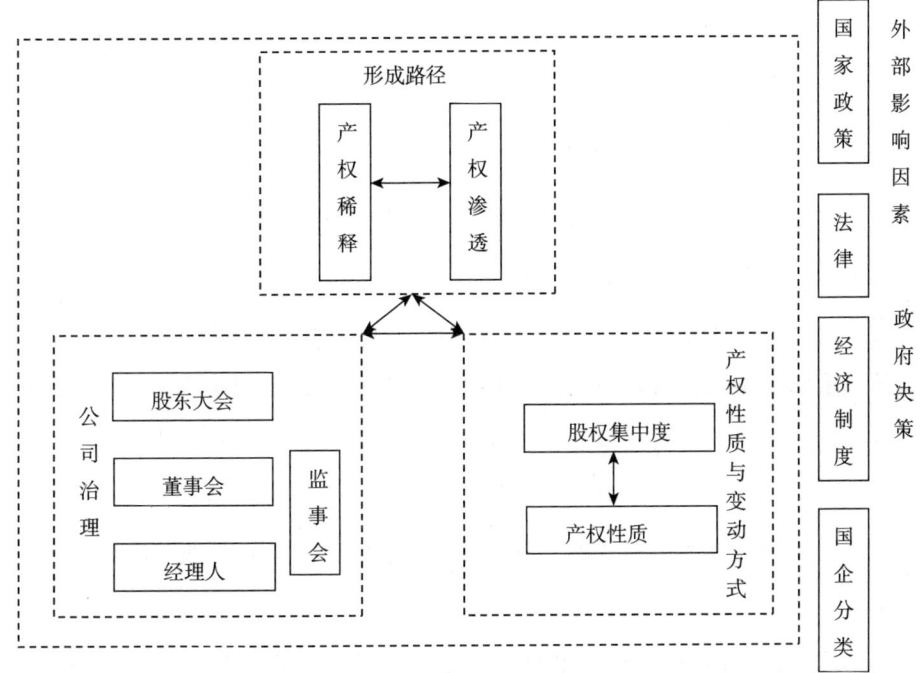

图5-5　混合所有制企业实效性影响因素模型

5.4　关键影响因素的内涵及表现方式

5.4.1　形成路径

这里的形成路径主要描述的是混合所有制企业是如何形成的，分为两种路径：一种是国有产权稀释，也就是将国有产权通过一系列的具体方式转变为非国有产权的过程；另一种是国有产权渗透，也就是国有产权主动通过一系列的具体方式将非国有产权转变为国有产权的过程。两种路径都会形成混合所有制企业，但两种路径对混合所有制企业的影响存在差异，笔者认为形成路径这一因素会对混合所有制改革起到重要影响。

据此，提出假设 H5-1：形成路径是影响混合所有制改革实效性的关键因素。

5.4.2 政府决策

国有企业的混合所有制改革是避不开政府的，因为政府主导中国国有企业改革是一个非常鲜明的特点。在中国，政府的角色比较特殊，一方面是国有企业改革政策的制定者，一方面又是国有企业中国有股份的持有人代表，这种双重的身份也让政府决策在国有企业改革中变得更加重要和复杂。并且从以上扎根理论的分析过程中，也可以看到政府在整个国有企业改革中的重要地位。因此，这里的政府决策因素指的就是政府在主导国有企业改革的过程中，是如何选择改革路径的，有哪些因素会影响政府做出改革路径选择的决策。

据此，提出假设 H5-2：政府决策是影响混合所有制改革实效性的关键因素。

5.4.3 产权性质与变动方式

简单来说，混合所有制改革主体的产权性质可以分为国有产权与非国有产权。国有产权的具体参与者包括国有企业或是政府机构等；非国有产权的具体参与者包括很多类型，比如境内民营企业、外资企业、内部管理层、员工等。这些参与者通过产权稀释与产权渗透两条路径参与混合所有制改革。具体的产权变动方式也存在多种形式，比如上市、民营企业参股、国有企业兼并、员工持股等。这些不同性质的参与者以及具体的产权变动方式对混合所有制改革实效性存在很大的影响。

据此，提出假设 H5-3：产权性质与变动方式是影响混合所有制改革实效性的关键因素。

5.4.4　公司治理

公司治理结构是一种联系并规范股东（财产所有者）、董事会、高级管理人员权利和义务分配，以及与此有关的聘选、监督等问题的制度框架。公司治理的核心是在所有权和经营权分离的条件下，由所有者和经营者的利益不一致而产生的委托－代理关系。公司治理的目标是降低代理成本，使所有者不干预公司的日常经营，同时又保证经理层能以股东的利益和公司的利润最大化为目标。中国的混合所有制企业的公司治理存在一定的特殊性，这些特殊性会让混合所有制企业的公司治理面临与一般企业不同的问题，而公司治理又是影响混合所有制改革实效性的关键因素之一。

据此，提出假设 H5-4：公司治理是影响混合所有制改革实效性的关键因素。

5.5　调研数据分析与验证

一共发出的问卷数为 260 份，回收份数为 243 份，剔除无效问卷 25 份，共获得有效问卷数为 218 份。问卷的发放对象主要有混合所有制企业的管理层和员工、参与混合所有制改革的政府官员以及对混合所有制改革进行理论研究与实践指导的学者，具体问卷调查对象的基本信息参见表 5-6。问卷内容包括 5 个潜变量因子、17 项可测指标，量表采用 5 级量度（问卷题目见附录 2）。

表5-6　问卷调查对象的基本信息

基本信息	分类标准	人数（个）	百分比（%）
性别	男	146	66.97
	女	72	33.03
年龄	20 岁~ 30 岁	83	38.07
	31 岁~ 40 岁	89	40.83
	41 岁~ 50 岁	36	16.51
	50 岁以上	10	4.59
职位	企业管理层	75	34.4
	企业普通员工	115	52.75
	政府工作人员	11	5.5
	高校教师	5	2.29
	研究员	12	5.5

5.5.1　信度分析

信度是指测量结果（数据）一致性或稳定性的程度。本书采用 SPSS 16.0 检验数据的内部一致性。信度分析结果如表 5-7 所示，显示 Cronbach's Alpha 系数为 0.852，说明所使用的数据具有较好的信度。

表5-7　信度分析结果

Cronbach's Alpha	项数
0.852	17

另外，对问卷中的每一个潜变量的信度分别检验的结果如表 5-8 所示。从表中可以看到，四个潜变量的 Cronbach's Alpha 系数都在 0.5 以上，表明此量表的可靠性较高。

表5-8　潜变量的信度检验

潜变量	可观测变量个数	Cronbach's Alpha
F（实效性）	3	0.664
A（形成路径）	3	0.690
B（政府决策）	3	0.650
C（产权性质与变动方式）	5	0.611
D（公司治理）	3	0.574

5.5.2　结构方程模型路径

根据上文扎根理论的分析结果构建的模型路径，在该模型中，F、A、B、C、D 分别代表的是实效性、形成路径、政府决策、产权性质与变动方式以及公司治理。具体的解释如表 5-9 所示。

表5-9　影响混合所有制改革实效性的关键要素测量指标

指标	选项（观测变量）
F（实效性）	F_1：混合所有制企业的财务效率与混合所有制改革实效性呈正相关关系
	F_2：混合所有制企业的经济效率与混合所有制改革实效性呈正相关关系
	F_3：混合所有制企业的技术效率与混合所有制改革实效性呈正相关关系
A（形成路径）	A_1：国有产权稀释这一路径有利于提高混合所有制企业的实效性
	A_2：国有产权渗透这一路径有利于提高混合所有制企业的实效性
	A_3：国有产权稀释和国有产权渗透两种路径结合有利于提高混合所有制企业的实效性
B（政府决策）	B_1：政府在企业形成混合所有制企业的过程中起到了主导的作用
	B_2：政府的决策对企业形成混合所有制企业的作用很大
	B_3：国家相关政策对企业混合所有制改革进程的影响很大

续表

指标	选项（观测变量）
C （产权性质与 变动方式）	C_1：企业的产权性质超过三种有利于提高混合所有制企业的实效性
	C_2：上市方式有利于提高混合所有制企业的实效性
	C_3：民营企业参股有利于提高混合所有制企业的实效性
	C_4：员工持股有利于提高混合所有制企业的实效性
	C_5：国有企业并购或兼并有利于提高混合所有制企业的实效性
D （公司治理）	D_1：企业设立股东大会、董事会和监事会有利于提高混合所有制企业的实效性
	D_2：企业在董事会中设立独立董事有利于提高混合所有制企业的实效性
	D_3：企业的经理人通过选拔竞聘的方式产生有利于提高混合所有制企业的实效性

5.5.3　结构方程模型检验与结果

整体模型的适配度指标检验结果如表 5-10 所示。CMIN/DF 指标要求数值为 10 以下，从表中可以看出符合标准。GFI 指标数值要求越接近 1 越好，表中的 GFI 指标数值为 0.807，接近 1 。RMSEA 指标表示渐进残差均方和平方根，数值要求越小越好，模型结果为 0.104。综合这三个指标来看，本章的结构方程模型通过了绝对适配检验。增值适配度统计量是一种比较性适配指标。NFI 值、IFI 值与 CFI 值介于 0 与 1 之间，越接近 1 表示模型适配度越好。当本章的结构方程模型中的 NFI 值、IFI 值与 CFI 值等适配度统计量均大于 0.9 时，表明该模型符合相关标准。PCFI 为简约适配度指数，与 PNFI 的判断标准一样，都是把数值是否大于 0.5 作为判断标准。在本章的结构方程模型中，PNFI 与 PCFI 均大于 0.5，满足模型简约标准。从上述模型检验可以看出，本章的结构方程模型通过了整体性检验，说明本章的结构方程模型具有可靠性与可信性。

表5-10　整体模型检验指标

绝对适配统计量			增值适配度统计量			简约适配统计量	
CMIN/DF（卡方自由度比）	GFI（拟合优度指数）	RMSEA（近似误差均方根）	NFI（规范拟合指数）	IFI（增量拟合指数）	CFI（比较拟合指数）	PCFI（精简卡方拟合指数）	PNFI（精简规范拟合指数）
3.316	0.807	0.104	0.981	0.965	0.956	0.555	0.591
10 以下	越接近 1 越好	越小越好	越接近 1 越好			大于 0.5	

基于表 5-11 的路径分析结果，本章提取出较为显著的路径系数，以便更直观地对本章研究成果进行观察，同时对路径系数不显著的变量进行删除，具体如图 5-6 所示。

表5-11　结构方程模型的路径分析结果

路　径	路径系数
改革路径→混合所有制改革实效性	0.359***
政府决策→混合所有制改革实效性	0.101***
产权性质与变动方式→混合所有制改革实效性	0.570***
公司治理→混合所有制改革实效性	0.432***
混合所有制企业的财务效率→混合所有制改革实效性	0.595***
混合所有制企业的经济效率→混合所有制改革实效性	0.630***
混合所有制企业的技术效率→混合所有制改革实效性	0.541***
国有产权稀释→混合所有制改革路径	0.758***
国有产权渗透→混合所有制改革路径	0.602***
国有产权稀释和国有产权渗透两种路径结合→混合所有制改革路径	0.604
政府的地位→政府决策	0.519
政府的机制设计→政府决策	0.809***
国家相关政策→政府决策	0.549
企业的产权性质超过三种→产权性质与变动方式	0.458
上市方式→产权性质与变动方式	0.532***

续表

路　　径	路径系数
民营企业参股→产权性质与变动方式	0.507***
员工持股→产权性质与变动方式	0.453**
国有企业并购→产权性质与变动方式	0.500***
企业设立股东大会、董事会和监事会→公司治理	0.666***
企业的董事会中设立独立董事→公司治理	0.585***
企业的经理人是通过选拔竞聘的方式产生→公司治理	0.441***

注：当 $P < 0.05$ 时，标 *；当 $P < 0.01$ 时，标 **；当 $P < 0.001$ 时，标 ***。

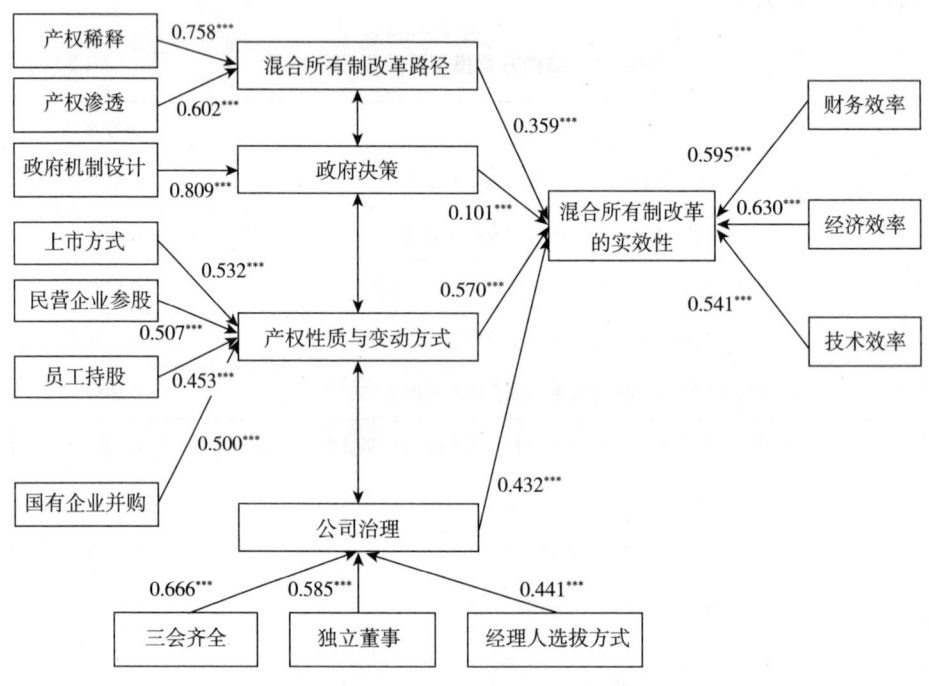

图5-6　系数显著的变量关系

　　本书提出的四个主要的研究假设 H5-1—H5-4 的结果如表 5-12 所示，四个假设内容均通过检验。因此，可以得出结论，形成路径、政府决策、产权性质与变动方式以及公司治理均为影响混合所有制改革实效性的关键因素。

表5-12　假设检验结果

序号	假设内容	检验结果
H5-1	形成路径是影响混合所有改革实效性的关键因素	支持
H5-2	政府决策是影响混合所有制改革实效性的关键因素	支持
H5-3	产权性质与变动方式是影响混合所有制改革实效性的关键因素	支持
H5-4	公司治理是影响混合所有制改革实效性的关键因素	支持

5.6　本章小结

本章深入剖析了中国混合所有制改革的实效性及其影响因素。首先，通过对比混合所有制改革实施前后企业的财务效率，结合不同所有制类型企业的技术效率分析，充分证明了混合所有制改革在提高企业效率方面的积极作用。这种对比不仅揭示了混合所有制企业在资源配置和生产效率方面的优势，也展示了改革对激发企业活力和市场竞争力的促进作用。其次，采用扎根理论的方法，对影响混合所有制改革实效性的因素进行了深入的归因分析。通过系统的文献回顾和实地调研，识别并归纳出影响混合所有制改革实效性的关键因素，包括形成路径、政府决策、产权性质与变动方式以及公司治理。形成路径关注了企业混合所有制改革的具体实施过程和方式；政府决策涉及政策导向和宏观调控对改革方向和节奏的影响；产权性质与变动方式着重于不同产权结构对企业运营和治理的实际影响；公司治理则涵盖了企业内部决策机制、监督机制和利益相关者关系等方面。最后，通过问卷调查的方式，广泛收集了来自不同所有制企业的一手数据，并运用结构方程模型等统计方法进行了实证研究。这一研究不仅验证了前述关键因素对混合所有制改革实效性的影响，也进一步揭示了这些因素之间的相互作用和协同效应。实证结果为混合所有制改革提供了有力的经验证据，也为后续改革的深化和完善提供了科学依据。综上所述，本章通过多角度、多层次的分析和研究，全面展现了混合所有制改革的实效性，系统识别了影响混合所有制改革实效性的关键因素，并通过实证研究进一步验证了这些因素的作用机制。这些发现不仅丰富了混合所有制改革的理论内涵，也为实践中的改革决策和政策制定提供了有益的参考和指导。

第6章　混合所有制企业实效性
影响因素之一——形成路径^①

　　现有对混合所有制企业的研究中普遍存在一个现象，就是将混合所有制企业统一归结为是国有企业私有化的产物，也就是只关注了以非国有股份对国有股份进行稀释所形成的混合所有制企业，而没有对第二种路径通过国有资本主动渗透形成的混合所有制企业进行关注。笔者认为，学者对第二种路径形成的混合所有制企业关注较少的原因主要有两个：一是国家在 2015 年才明确提出了这种混合所有制改革模式，虽然这种模式在政策提出之前已经存在了一段时间；二是学者普遍认为这两种不同的模式并不会对混合所有制企业产生不同的影响。本章首先对形成路径对混合所有制改革的作用机理进行了解析，接着收集了 2013 年至 2015 年沪深 A 股上市公司样本，对其进行筛选和分类，将其分为国有产权稀释与国有产权渗透两类样本进行统计分析与比较，最后得出的结论是混合所有制企业不同的形成路径对其经济效益和社会效益都会产生一定的影响，并且在不同的形成路径下，国有股权比例与其经济效益和社会效益的相关关系也会出现不同程度的变化。了解不同形成路径的不同特征对今后选择混合所有制企业的形成方式，以及针对不同路径形成的混合所有制企业采用不同的管理方法等都有很好的借鉴意义。

---

① 本章内容取自笔者 2019 年在《重庆科技学院学报（社会科学版）》上发表的文章《中国混合所有制改革不同路径效果的比较研究》。

6.1　形成路径对混合所有制改革的作用机理

　　混合所有制企业的形成路径对混合所有制改革的作用机理如图6-1所示，混合所有制企业的形成路径可以简单地分为国有产权稀释路径与国有产权渗透路径两种。国有产权稀释路径是指将企业的国有产权通过一系列的方式转变为非国有产权，具体表现形式是国有资产总额的下降。国有产权渗透路径是指将企业中的非国有产权通过一系列方式转化为国有产权，具体表现形式是国有资产总额的上升。以上两种路径都可以形成混合所有制企业，但在不同的路径下，国有资产的作用并不相同，接下来笔者将通过建立模型并通过数据验证国有资产的具体作用。

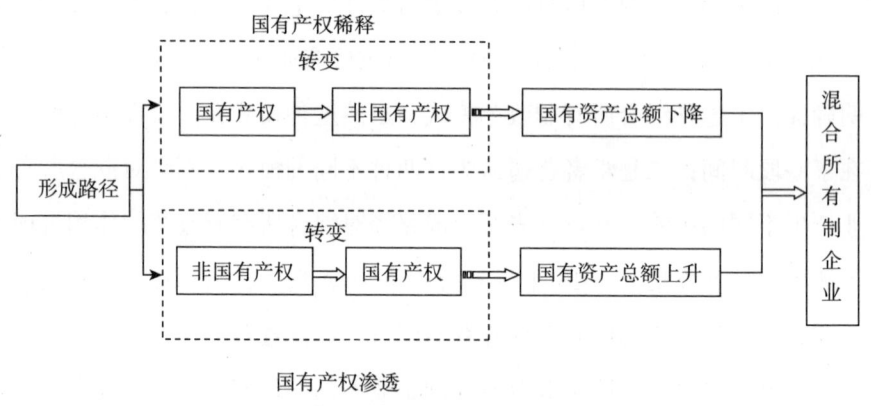

图6-1　形成路径对混合所有制改革的作用机理

6.2　模型构建与变量说明

从混合所有制企业形成动因及机理的分析中得出了混合所有制企业形成的两条路径，分别是国有产权稀释与国有产权渗透。两种路径形成的结果都是混合所有制企业，但是产权流动的路径和方向不一样，那么在两种不同路径下，国有资本的变动对混合所有制企业的经济效益与社会效益是否存在不同的影响，这些影响产生的原因又是什么，下面笔者用实证的方法来验证在不同路径下形成的混合所有制企业的产出效果的差异，并试图找出差异产生的原因及运行规律。

6.2.1　样本选取与数据特征

本章通过 Wind 数据库收集到了 2013 年至 2015 年的深沪市上市公司样本共 3 120 个，在 3 120 个企业样本中，发现有 645 个样本在 2013 年至 2015 年中至少有一年的总股本为 0，也就是意味着 645 个样本是在 2013 年之后成立或是上市的，由于笔者要对比这三年的数据指标，因此将这 645 样本剔除。在样本中，有一家企业的国有股数大于总股本数，这种情况可能因为企业在填报资本时出现了错误，故将这个样本也剔除。在剩余的 2 474 个样本中，混合所有制企业为 1 743 家，混合所有制企业所占比例为 70.45%。

本章将 2013 年至 2015 年上市的混合所有制企业分为国有产权稀释、国有产权渗透以及国有产权不变三类来分析，并用国有股比例来代表国有产权的变化。国有产权稀释型企业就是国有产权减少的企业，体现在数据中就是在 2013 年至 2015 年期间国有股比例逐年下降的企业；国有产权渗透型企业就是国有产权增加的企业，体现在数据中就是在 2013 年至 2015 年期间国有股比例逐年上升的企业；国有产权不变型企业就是国有产权占比没有变化的企业，体现在数据中就是 2013 年至 2015 年期间国有股比例保持 3 年不变的企业。根据 Wind 数据库统计，国有产权稀释型企业的占比在 2013 年至 2015 年三年里分别是 62.36%、53.97% 和 47.06%，呈现出逐年递减的趋势；国有产权渗透型企业的占比在三年里分别为 25.02%、33.53% 和 41.94%，呈现出逐年递增的趋势；国有产权不变型企业的占比在三年里分别为 12.62%、12.5% 和 11%，呈现出逐年递减的趋势。

根据以上对 2013 年至 2015 年上市企业中混合所有制企业样本的数据分析，可以总结出以下数据特征及结论。

第一，混合所有制企业在上市公司中的比例超过三分之二，一方面说明了混合所有制企业是上市公司中的重要企业类型，另一方面也说明了上市是混合所有制企业形成的主要方式。而上市的混合所有制企业可以是国有产权稀释路径的产物，也可以是国有产权渗透路径的产物。国有企业可以用上市的方式来进行国有产权稀释，从而形成混合所有制企业；国有企业也可以通过购买原有上市的非国有企业公司的股份等方式来进行国有产权渗透，从而形成混合所有制企业。

第二，就数量上来看，上市的混合所有制企业多集中在化工、房地产、机械设备、公共事业和医药生物这五个行业中，说明国家重点在这五个行业中进行混合所有制改革，并且取得了一定的成果。

第三，国有产权渗透型混合所有制企业的占比在 2013—2015 年呈现出逐年递增的趋势。特别在 2015 年，通过国有产权渗透形成的混合所有制企业在数量上呈现明显的增长趋势。这与国家推行的政策密切相关。2015 年 8 月 24 日，中共中央、国务院印发的《关于深化国有企业改革的指导意见》中明确提出了"鼓励国有资本以多种方式入股非国有企业"。这一政策与以往政策的不同之处在于，它提出了发展混合所有制经济的另一条思路和方向，也就是鼓励国有产权渗透到非国有企业中，形成国有产权渗透型混合所有制企业。

6.2.2 变量定义与描述性统计

本章使用三组绩效指标来衡量不同路径下形成的混合所有制企业的经济效益、社会效益以及对其经济效益因素的分解。三组指标的定义如表6-1所示，其中用总资产对数、销售收入对数、资产利润率、销售利润率、人均利润以及人均销售收入来衡量其经济效益，用员工人数对数、人均工资和税费来衡量其社会效益，并且将销售利润率分解为管理费用率和销售费用率来剖析其变化的原因。

表6-1 变量的定义

变 量	定 义
国有股比例（%）	国有股占总股本的比例
员工人数对数	总员工数的对数
人均工资（千元）	工资总额与员工总人数之比
税收（百万元）	上缴税收，包括增值税
总资产对数	总资产的对数
销售收入对数	销售收入的对数
资产利润率（%）	营业利润与总资产之比
销售利润率（%）	营业利润与销售收入之比
人均利润（千元）	营业利润与员工总人数之比（千元/人）
人均销售收入（千元）	销售收入与员工总人数之比（千元/人）
管理费用率（%）	管理费用与销售收入之比
财务费用率（%）	财务费用与销售收入之比

变量的描述性统计如表6-2和表6-3所示，将变量分为国有产权稀释和国有产权渗透两个样本来进行描述性统计分析。

表6-2　国有产权稀释路径下变量的描述性统计

变　量	均值	极小值	极大值
国有股比例（%）	31.08	0.12	95.73
员工人数对数	3.399 6	1.11	5.57
人均工资（千元）	125.221 6	4.67	12 911.73
税收（百万元）	1 049.591 9	0.02	327 355.0
总资产对数	9.686 8	7.02	12.68
销售收入对数	9.383 9	6.92	12.46
资产利润率（%）	6.02	−174	2 494
销售利润率（%）	43.12	0.00	39 802
人均利润（千元）	128.352 9	−15 332.48	13 494.40
人均销售收入（千元）	1 801.684 8	11.21	87 728.95
管理费用率（%）	12.60	0.00	971
财务费用率（%）	3.79	−70	306

表6-3　国有产权渗透路径下变量的描述性统计

变　量	均值	极小值	极大值
国有股比例（%）	18.385 8	0	0.903 1
员工人数对数	3.395 2	1.04	5.74
人均工资（千元）	108.583 4	11.76	974.81
税收（百万元）	1 065.283 1	0.22	408 015.00
总资产对数	9.641 6	7.40	12.39
销售收入对数	9.368 9	6.62	12.36
资产利润率（%）	4.87	−54	352
销售利润率（%）	10.18	−549	5 978
人均利润（千元）	1 550.406 3	16.94	24 353.77
人均销售收入（千元）	137.480 7	−6 613.26	12 462.89
管理费用率（%）	15.65	0.00	5 546
财务费用率（%）	2.897	−40.0	1 564.1

6.2.3　模型设计

1. 模型设计

本章主要分析的是国有产权稀释与国有产权渗透两种混合所有制改革路径对企业经济效益与社会效益的影响，因此需要对其他影响效益的因素进行控制。笔者采用固定效应模型来控制企业中不可观测到也不随时间变化的因素，具体如式（6-1）所示。对于那些观测不到并且随时间变化的因素，采用设立参照组的方法进行研究，也就是把 2013 年作为参照组，研究 2013 年至 2015 年的混合所有制改革效果，具体如式（6-2）所示。

$$y_{i,t}=\alpha_i+\alpha_t\text{Year}_t+\alpha_0 X_{i,t}+\alpha_1\text{SShr}_{i,t}+\varepsilon_{i,t} \qquad (6\text{-}1)$$

其中，$y_{i,t}$ 代表企业 i 在 t 时间的经济效益或社会效益；α_i 表示企业的固定效应；Year_t 表示年度哑变量；$X_{i,t}$ 表示在 t 时间会影响企业 i 效益的某企业特性；$\text{SShr}_{i,t}$ 表示企业中国有企业的资本比例。

$$y_{i,t}=\alpha_i+\alpha_t\text{Year}_t+\alpha_0 X_{i,t}+\alpha_k\sum_{k=1}^{3}\text{Year}_k-\text{AfterPriv}^{\circ}\text{SShr}_t+\varepsilon_{i,t} \qquad (6\text{-}2)$$

其中，α_k 表示产权稀释或是渗透后的第 k 年国有股份对经济效益和社会效益的影响；k 代表国有产权被稀释或渗透后的年份序数，由于样本数据是 2013 年到 2015 年的，因此 k 最大取值为 3；AfterPriv° 表示滞后一年的国有企业的资本比例。

2. 内生性检验

本书主要探讨的是国有产权稀释与国有产权渗透两种混合所有制改革的路径对企业经济效益与社会效益的影响，重点分析的是在混合所有制企业中，国有股比例与企业效益指标的相关性，但其前提条件是已考虑了内生性关系。笔者认为，国有股比例这一解释变量是存在内生性可能的，国有股比例与企业效益或相互影响，或两者同时受到不可观测的外生因素的影响。如果这个可能性成立，则会出现不一致的估计量。用工具变量的方法可以有效地控制内生性问题对回归模型的影响。本书采用国有股东占前十大股东比例作为国有股比例的工具变量。因为，在上市公司中，在前十大股东中国有股东的占比越大，则国有股权的持股比例越高，两者之间有着较强的正相关性，然而这一变量与企业效益指标的关系不大，从而与回归残差项不相关。

借鉴 Wooldridge（2002）的方法，在加入工具变量前先对国有股比例这一解释变量的内生性进行检验。具体步骤为：第一步，将国有股比例这一变量作为被解释变量，将国有股东占前十大股东比例这一变量和其他外生解释变量作为解释变量进行回归，得到回归残差；第二步，将残差和所有解释变量放入主回归方程进行回归，如果残差项的回归系数显著则说明内生性的存在。

表 6-4 是检验的结果，表明国有股比例的确存在着内生性问题，因此需要采用工具变量来控制内生性的干扰。

表6-4   企业效益与国有股比例的内生性检验结果

企业效益指标	残差回归系数的 t 值	P	F
总资产对数	-13.2***	0.000	54.14
销售收入对数	-14.52***	0.000	53.23
资产利润率	0.564	0.000	14.25
销售利润率	0.347***	0.000	13.23
人均利润	0.145	0.000	24.56
人均销售收入	1.56***	0.000	21.25
员工人数对数	1.78	0.000	15.21
人均工资	2.45	0.000	14.23
税收	16.98	0.000	48.78

注：*** 表明显著性在 0.01 的水平，** 表明显著性在 0.05 的水平，* 表明显著性在 0.1 的水平。

6.3　国有产权稀释形成的混合所有制企业

针对国有产权稀释路径下形成的混合所有制企业，笔者选择的样本是在2013 至 2015 年国有股比例出现持续下降趋势的 841 家 A 股上市公司，并选择了 2016 年作为参照组，研究在 2013 年到 2015 年国有产权稀释后的效果。采用两组计量模型，分别衡量的是国有股比例对企业社会效益与经济效益的影响，以及国有产权稀释后效果的时间趋势。

6.3.1　国有股比例对企业社会效益与经济效益的影响

在表 6-5 中可以看到，随着国有股比例的下降，企业总资产也在下降，但企业的资产利润率上升了。说明随着国有产权的稀释，企业的规模虽然缩小了，但资产的使用效率提高了。另外，在企业人员总数减少的情况下，企业的人均利润与人均销售收入都有所提升，说明非国有资本的加入使得企业的经济效益有明显提升。但在表 6-6 中，进一步将销售利润率进行分解发现，销售利润率提高的主要原因是管理费用率和财务费用率的下降，在影响因素中分别占 53.32% 和 32.17%。管理费用一般包括管理人员的工资和管理活动相关的税金，其中有一部分是由较高的代理成本所产生的。这说明国有产权稀释路径下形成的混合所有制企业经济效益的提高在很大程度上缘于其管理费用开支的减少，反映出非国有资本的股东们减少了管理中的代理成本，更多地关注了利润最大化的目标。当然，财务费用率的下降也从另一侧面说明了在企业加入了越来越多的非国有产权后，资金的利用效率在提升。

表6-5　国有产权稀释路径下国有股比例对其经济效益的影响

自变量	企业规模		利润水平		劳动生产率	
	总资产对数	销售收入对数	资产利润率	销售利润率	人均利润	人均销售收入
国有股比例	0.020*** (13.767)	−0.31*** (18.962)	−0.061** (0.008)	−0.017** (0.102)	−0.685** (176.068)	−0.044* (398.176)
R^2	0.236	0.476	0.786	0.001	0.014	0.003
样本量	2 523	2 523	2 523	2 523	2 523	2 523

注：*** 代表显著性在 0.01 的水平，** 代表显著性在 0.05 的水平，* 代表显著性在 0.1 的水平。

表6-6　销售利润率影响因素分解

自变量	管理费用率	财务费用率
销售收入对数	−0.345***	−0.803**
	(9.441)	(9.355)
R^2	0.12	0.035
样本量	2 523	2 523
贡献率（%）	53.32	32.17

注：*** 代表显著性在 0.01 的水平，** 代表显著性在 0.05 的水平，* 代表显著性在 0.1 的水平。

从表6-7关于员工的相关指标结果中可以看出，随着国有股比例的下降，员工人数也在下降，但同时人均工资在上升。表中的统计分析结果说明，当国有股比例从100%下降到0%时，也就是国有产权完全被稀释后，企业员工的人数会下降21.86%，而人均工资会上涨1 087元。也就是说，在国有股比例减少的过程中，企业员工的收入有所上涨，但也会伴随着裁员的风险。从税收的结果中可以发现，随着国有股比例的减少，上缴国家的税收也有一定的减少，但7.8%的幅度并不大。在经济效益的统计结果中显示，国有产权的稀释伴随着销售收入和利润水平的增加，但税收减少了，推测非国有资本占比上升后企业逃税的动机随之增强。

表6-7 国有产权稀释路径下国有股比例对其社会效益的影响

自变量	员 工		税 收
	员工人数对数	人均工资	
国有股比例	0.218 6*** （3.904）	-1.087** （143.863）	0.078** （347.756）
R^2	0.117	0.113	0.098
样本量	2 523	2 523	2 523

注：*** 代表显著性在 0.01 的水平，** 代表显著性在 0.05 的水平，* 代表显著性在 0.1 的水平。

6.3.2 国有产权稀释后效果的时间趋势

从表 6-8、表 6-9 和表 6-10 中得出以下结论：第一，国有产权稀释路径下形成的混合所有制企业，其经济效益在第一年就出现了明显的变化。这说明非国有产权的效果在第一年就显现出来了。因为上文提到，经济效益的提高很大程度上源于管理费用和财务费用的减少，而这些费用的降低是可以在短时间内实现的，所以第一年经济效益的提高就很容易理解了。而且，我们发现经济效益在第一年的提升幅度较小，后续两年的提升幅度逐年增大，而管理费用在第一年的下降幅度也较低，而后两年的下降趋势明显，这就更加验证了我们的假设。第二，员工人数的变化主要发生在第一年，后续两年基本稳定，但员工人均工资的增长趋势在后续两年仍在持续。第三，财务费用的下降也发生在第一年，说明混合所有制企业可能在当年发生了债务重组。

表6-8 国有产权稀释路径下国有股比例对其经济效益影响的时间趋势

自变量	企业规模		利润水平		劳动生产率	
	总资产对数	销售收入对数	资产利润率	销售利润率	人均利润	人均销售收入
2014 年国有股比例	0.976***（10.246）	−1.012**（10.027）	−0.004***（0.107）	−0.729***（−0.177）	−0.339***（99.365）	−9.236**（2 330.208）
2015 年国有股比例	0.398***（10.388）	−0.352***（10.096）	−0.047***（−0.027）	−0.077***（0.034）	−0.097***（250.514）	−0.071***（2 509.875）
2016 年国有股比例	0.351***（10.460）	−0.338**（10.113）	−0.038***（0.003）	−0.02***（1.555）	−0.065***（249.124）	−0.13*（2 153.125）
R^2	0.158	0.126	0.002	0.006	0.008	0.005
样本量	2 523	2 523	2 523	2 523	2 523	2 523

注：*** 代表显著性在 0.01 的水平，** 代表显著性在 0.05 的水平，* 代表显著性在 0.1 的水平。

表6-9 销售利润率影响因素的时间趋势

自变量	管理费用率	财务费用率
2014 年销售收入对数	−0.275***（9.421）	−0.177***（9.384）
2015 年销售收入对数	−0.458*（9.572）	−0.191***（9.415）
2016 年销售收入对数	−0.412**（9.585）	−0.192**（9.447）
R^2	0.209	0.037
样本量	2 523	2 523

注：*** 代表显著性在 0.01 的水平，** 代表显著性在 0.05 的水平，* 代表显著性在 0.1 的水平。

表6-10 国有产权稀释路径下国有股比例对社会效益影响的时间趋势

自变量	员　工		税　收
	员工人数对数	人均工资	
2013 年国有股比例	0.302*** （3.875）	−0.075*** （162.491）	−0.094*** （3 671.022）
2014 年国有股比例	0.301*** （3.915）	−0.113*** （147.806）	−0.1** （4 027.062）
2015 年国有股比例	0.311*** （3.972）	−0.147*** （189.586）	−0.098* （4 583.53）
R^2	0.097	0.016	0.01
样本量	2 523	2 523	2 523

注：*** 代表显著性在 0.01 的水平，** 代表显著性在 0.05 的水平，* 代表显著性在 0.1 的水平。

6.4　国有产权渗透形成的混合所有制企业

针对国有产权渗透路径下形成的混合所有制企业，笔者选择的样本是在 2013 年至 2015 年国有产权出现持续上升趋势的 717 家 A 股上市公司，并选择了 2016 年作为参照组，研究在 2013 年到 2015 年国有产权渗透后的效果。采用两组计量模型，分别衡量的是国有股比例对企业社会效益与经济效益的影响，以及国有产权渗透后效果的时间趋势。由于使用的方法与上一节一致，因此模型的意义和过程等在此不再赘述，以下所示的是国有产权渗透路径下国有股比例对其经济效益与社会效益的影响、销售利润率影响因素分解以及相关时间趋势的统计结果。

6.4.1 国有股比例对企业社会效益与经济效益的影响

在表 6-11 中可以看到，随着国有股比例的上升，企业总资产也在上升，但与企业的资产利润率仍然是负相关的关系。另外，在企业人员总数减少的情况下，企业的人均利润与人均销售收入都有所提升，说明国有资本加入非国有企业使得企业的经济效益有明显提升。但在表 6-12 中，进一步将销售利润率进行分解发现，与产权稀释的路径不一样，销售利润率提高的主要原因并不是因为管理费用率和财务费用率的下降。这说明管理费用开支的减少并不是国有产权渗透路径下混合所有制企业经济效益提高的主要原因。

表6-11　国有产权渗透路径下国有股比例对其经济效益的影响

自变量	企业规模		利润水平		劳动生产率	
	总资产对数	销售收入对数	资产利润率	销售利润率	人均利润	人均销售收入
国有股比例	1.168***（8.423）	1.273***（8.155）	−0.072***（0.066）	−0.142***（0.124）	56.144***（37.746）	143.6***（58.82）
R^2	0.182	0.133	0.09	0.123	0.124	0.247
样本量	2 151	2 151	2 151	2 151	2 151	2 151

注：*** 代表显著性在 0.01 的水平，** 代表显著性在 0.05 的水平，* 代表显著性在 0.1 的水平。

表6-12　销售利润率影响因素分解

自变量	管理费用率	财务费用率
销售收入对数	−0.078***（9.381）	−0.004***（9.381）
R^2	0.23	0.23
样本量	2 151	2 151
贡献率（%）	32.45	30.67

注：*** 代表显著性在 0.01 的水平，** 代表显著性在 0.05 的水平，* 代表显著性在 0.1 水平。

从表 6-13 关于员工的相关指标结果中可以看出，随着国有股比例的上升，员工人数在下降，但同时人均工资在上升。从税收的结果中可以发现，随着国有股比例的增加，上缴国家的税收也有上升，并且幅度达到 14.5%，说明国有产权渗透路径形成的混合所有制企业在税收方面的提升非常明显。

表 6-13　国有产权渗透路径下国有股比例对其社会效益的影响

自变量	员　工		税　收
	员工人数对数	人均工资	
国有股比例	−0.706*** （3.245）	7.365*** （2.872）	0.145** （378.94）
R^2	0.145	0.064	0.131
样本量	2 151	2 151	2 151

注：*** 代表显著性在 0.01 的水平，** 代表显著性在 0.05 的水平，* 代表显著性在 0.1 的水平。

6.4.2　国有产权稀释后效果的时间趋势

从表 6-14、表 6-15 和表 6-16 中可以得出以下结论：第一，国有产权渗透路径下形成的混合所有制企业，其经济效益在第一年就出现了明显的变化。这说明国有产权的效果在第一年就显现出来了，但后续两年的效果差别不大。通过以上的分析可以推断国有产权对经济效益的积极作用并不缘于管理费用的减少，因此平稳上升的趋势再一次检验了之前的推断。第二，员工人数的变化主要发生在第一年，但员工人均工资的增长趋势在后续两年仍在持续。

表6-14　国有产权渗透路径下国有股比例对其经济效益影响的时间趋势

自变量	企业规模		利润水平		劳动生产率	
	总资产对数	销售收入对数	资产利润率	销售利润率	人均利润	人均销售收入
2014 年国有股比例	1.187*** （9.357）	1.244** （9.116）	−0.051*** （0.062）	0.001*** （0.076）	70.003*** （19.639）	373.646*** （104.826）
2015 年国有股比例	1.093*** （9.405）	1.152* （9.157）	−0.048*** （0.069）	−0.086** （0.097）	69.663*** （20.929）	359.178** （107.908）
2016 年国有股比例	1.079** （9.548）	1.089*** （9.196）	−0.025*** （0.037）	−0.285*** （0.205）	96.156** （30.211）	328.988* （103.362）
R^2	0.199	0.161	0.05	0.006	0.06	0.023
样本量	2 151	2 151	2 151	2 151	2 151	2 151

注：*** 代表显著性在 0.01 的水平，** 代表显著性在 0.05 的水平，* 代表显著性在 0.1 水平。

表6-15　销售利润率影响因素的时间趋势

自变量	管理费用率	财务费用率
2014 年销售收入对数	−0.235** （9.353）	−0.166* （9.328）
2015 年销售收入对数	−0.186*** （9.397）	−0.336** （9.379）
2016 年销售收入对数	−0.049*** （9.423）	−0.242** （9.42）
R^2	0.209	0.019
样本量	2 151	2 151

注：*** 代表显著性在 0.01 的水平，** 代表显著性在 0.05 的水平，* 代表显著性在 0.1 的水平。

表6-16 国有产权渗透路径下国有股比例对其社会效益影响的时间趋势

自变量	员 工		税 收
	员工人数对数	人均工资	
2014 年 国有股比例	0.817*** （3.229）	13.279*** （3.726）	2 455.468*** （688.879）
2015 年 国有股比例	0.818** （3.238）	12.531*** （3.765）	2 398.903*** （720.701）
2016 年 国有股比例	0.767*** （3.278）	12.37* （3.886）	1 921.871** （603.819）
R^2	0.103	0.067	0.19
样本量	2 151	2 151	2 151

注：*** 代表显著性在 0.01 的水平，** 代表显著性在 0.05 的水平，* 代表显著性在 0.1 的水平。

6.5 两种路径下混合所有制企业的比较

接下来笔者通过对比国有产权稀释路径和渗透路径下形成的混合所有制企业的统计数据，来剖析两种路径对混合所有制企业的影响。

从不同路径形成的混合所有制企业的样本统计结果对比中（如表 6-17 所示），我们可以看到，在国有产权稀释路径下形成的混合所有制企业中，国有股比例只对总资产、员工人数以及税收起正向的作用，也就是在这种路径下形成的混合所有制企业，随着国有股比例的下降，其销售收入、人均利润以及人均工资等均有上升。但是，我们在国有产权渗透路径下形成的混合所有企业中看到了不一样的结果。在这种路径下形成的混合所有制企业中，国有股比例的上升对销售收入、人均利润、人均销售收入、人均工资和税收都有正向的作用。

表6-17　不同路径下国有股比例对经济效益与社会效益的影响

自变量	国有产权稀释路径	国有产权渗透路径
总资产对数	正相关	正相关
销售收入对数	负相关	正相关
资产利润率	负相关	负相关
销售利润率	负相关	负相关
人均利润	负相关	正相关
人均销售收入	负相关	正相关
员工人数对数	正相关	负相关
人均工资	负相关	正相关
税收	正相关	正相关

对于这样的统计结果，可以得出以下结论：

第一，不管是在哪种路径下形成的混合所有制企业，国有股比例的加入对总资产的贡献都是正向的，也就是说在混合所有制改革中，国有资产的优势在数量上体现得尤为明显。但在两种路径下，国有股比例与资产利润率都呈负相关。也就是说，国有资产的加入并没有带来资产利润率的提高。但是，提高国有资产的回报率，改善国有资产效率，是国家进行混合所有制改革的重要目的之一。这也许是当前混合所有制改革中存在的亟待解决的重要问题之一。当然，也可以从另一个侧面分析出，非国有资本虽然在总量上不占优势，但在资本活力方面要远远超过国有资本。

第二，在人均利润和人均销售收入上，不同路径产生了相反的结果。在国有产权稀释路径下形成的混合所制企业中，人均利润和人均销售收入与国有股比例呈负相关的关系，但在国有产权渗透路径下形成的混合所有制企业中，它们呈正相关的关系。在国有产权稀释路径下形成的混合所有制企业中，非国有股比例的增加有利于企业劳动效率的提升，而国有股比例成为劳动效率提升的障碍。这也再一次验证了国有企业在未改制之前存在着人员冗余、劳动效率低下以及"吃大锅饭"的现象,而非国有资本的引入为这类企业带来了活力,使劳动效率出现了一定程度的提升。

在国有产权渗透路径下形成的混合所有制企业中,国有股比例与劳动率指标呈现正相关的关系,说明国有股比例的上升有利于劳动效率的提高。国务院发布的《关于国有企业发展混合所有制经济的意见》明确提出"鼓励国有资本通过投资入股、联合投资、并购重组等多种方式与非国有企业进行产权融合、战略合作、资源整合,发展混合所有制经济。"本书的研究结果也说明,国有资本进入非国有企业有助于提高其劳动生产率,实现了混合所有制改革中使国有企业和非国有企业"双赢"的目的。

不同路径下国有股比例对其员工人数和人均工资的影响也有区别。在国有产权稀释路径下形成的混合所有制企业中,国有股比例与员工人数对数呈正相关,与人均工资呈负相关。而在国有产权渗透路径下形成的混合所有制企业中,国有股比例与员工人数对数呈负相关,与人均工资呈正相关。究其原因,笔者认为,在国有产权渗透路径下形成的混合所有制企业中,国有资本投资运营公司代表国家行使出资人的权益,参股或者控股其他类型的企业,将身份回归到股东,而不干预企业的日常经营活动,从过去的"管资产"向"管资本"转变,从而产生了这种良性的效果。

6.6　本章小结

本章的研究聚焦于混合所有制改革,旨在解答两个核心问题。第一,探究混合所有制企业形成的内在动因与机理,即分析何种经济、政策、市场因素推动了混合所有制企业的产生和发展。第二,考察混合所有制改革中,国有产权稀释与国有产权渗透对企业经济效益与社会效益的影响是否存在差异,以及这些差异的原因。在研究方法上,本章采取了定性分析与定量分析相结合的方式。通过定性分析,构建了混合所有制企业形成的机理框架,深入探讨了影响混合所有制企业形成的多重因素，如政策导向、市场需求、企业自身发展需求等。此外，定性分析还涉及了混合所有制改革的路径选择，包括国有产权稀释和渗透两种不同模式。借助计量经济分析方法，本章进一步定量研究了不同形成路径对混合所有制改革效果的具体影响。研究发现，在国有产权渗透的路径下，国有资本的正面效应更为明显，这可能与国有资本在资源获取、政策支持等方面的优势有关。与此同时，在国有产权稀释路径下，虽然促进了企业治理结构的多元化，但其正面效应可能受多种因素的制约。通过比较分析，本章剖析了造成不同改革路径效果差异的原因，包括市场环境、企业内部治理、外部制度安排等。这些差异的原因分析为理解混合所有制改革的复杂性和多样性提供了新的视角。本章基于研究结论，为中国混合所有制改革提出了相应的政策建议，旨在优化改革路径选择，提高改革效果，促进混合所有制企业的健康发展。这些建议包括加强政策引导、优化国有资本布局、完善公司治理结构、提高市场竞争力等，为混合所有制改革提供了理论依据和实践指导。综上所述，本章通过深入的分析和严谨的研究，不仅揭示了混合所有制企业形成的内在动因与机理，也评估了不同改革路径的经济与社会效应，为中国混合所有制改革的深化提供了有力的理论支撑和政策建议。

第7章 混合所有制企业实效性
影响因素之二——政府决策[①]

    除了企业内部的因素之外,混合所有制改革中的政府决策机制是影响混合所有制企业实效性的关键因素之一。本章在第 5 章研究的基础之上,首先运用博弈论方法,建立混合所有制改革中参与双方的控制权博弈矩阵,分析双方在参与混合所有制改革中的决策选择,得出混合所有制也存在失效的状态这一结论。因此,混合所有制改革需要国家政府的参与来降低过程中失效的风险,从而证明了政府的改革路径选择与制度设计在混合所有制改革中的重要性。接着引入改良后的 BSV(Barberis-Shleifer-AVishny)模型(Barberis et al.,1998),分析在国有企业改革中政府对产权稀释路径与产权渗透路径决策的选择偏好和决策区间,找出影响政府决策的关键因素。最后,通过实证检验来验证其提出的假设模型。

---

① 本章内容取自笔者 2018 年在《商业研究》上发表的文章《混合所有制改革下政府对改革路径选择的决策机制》。

7.1 政府决策对混合所有制改革的作用机理

7.1.1 混合所有制改革中的控制权博弈

混合所有制企业是混合所有制改革的产物，它是指两种不同所有制资本共存的一种企业类型。假设在混合所有制企业中，某一资本类型掌握了控制权，那么另一种资本类型只能掌握监督权。本章在此基础上进行控制权博弈模型的构建。

在博弈模型中，假设拥有控制权的一方可以有两个选择策略，分别是侵占对方资产与不侵占对方资产，即"侵占"与"不侵占"。拥有监督权的一方也同时有两个选择策略，分别是行使监督权与放弃行使监督权，即"监督"与"不监督"。在此博弈模型中，还将提出如下六个假设。

第一，在混合所有制改革之前，国有和私有两种所有制企业的收益均为 P。

第二，在混合所有制改革之后，国有和私有两种所有制企业的预期收益均为 E。

第三，拥有控制权的一方选择侵占对方资产策略时的收益为 N。

第四，丧失控制权但拥有监督权的一方选择行使监督权所要付出的成本为 C。

第五，丧失控制权的一方选择行使监督权所要付出的成本与拥有控制权的一方选择侵占对方资产所减少的收益相等。

第六，只有当 $E > P$ 时，混合所有制改革才有可能进行。而且要在 $P > C$ 的情况下，丧失控制权的一方才会继续参与混合所有制改革。因此，$E > P > C$。

如表 7-1 所示，可以看到四种不同的策略组合，其中"不侵占，不监督"这种策略组合是帕累托最优组合。因为在这种策略组合中，双方收益为 $2E$，而 $2E > 2E-C$，$2P > 2P-2C$，$2E > 2P$，因此 $2E$ 是四种策略组合中最大的收益。从丧失控制权的一方来看，不管对方选择的是"侵占"还是"不侵占"，这方选择的都是"不监督"的策略，因为 $P-N > P-N-C$，$E > E-C$。而对于拥有控制权的一方来说，选择是否侵占对方资产的策略，取决于 $P+N$ 和 E 之间的大小。若 $E > P+N$，则选择"不侵占"的策略；若 $E < P+N$，则选择"侵占"的策略。

表7-1　控制权博弈矩阵

		拥有控制权方	
		侵占	不侵占
丧失控制权方	监督	$(P-N-C,\ P+N-C)$	$(E-C,\ E)$
	不监督	$(P-N,\ P+N)$	$(E,\ E)$

因此，通过上述控制权的博弈模型，可以得出如下结论：第一，对于丧失控制权的一方，其占优决策是选择"不监督"；第二，能否实现帕累托最优，取决于拥有控制权的一方；第三，拥有控制权的一方决策的灵活性更强；第四，拥有控制权的一方，决策取决于 $P+N$ 与 E 之间的大小。

7.1.2　混合所有制改革的失效风险

从 7.1.1 的分析中可以发现，混合所有制改革是存在失效风险的。在混合所有制企业中，不管是国有资本还是私有资本获得控制权，只要是 $E < P+N$，也就是预期收益小于原有收益与侵占对方资产收益之和，拥有控制权的一方都会选择"侵占"的策略，这样就不可能实现双赢，而是拥有控制权的一方获得更多的利益，无法实现帕累托最优。若国有资本拥有控制权，则国有资本就会出现由"一股独大"带来的种种隐患；若私有资本拥有

控制权，则会出现私有资本侵吞国有资产，导致国有资产严重流失的现象。

因此，混合所有制改革是会出现失效的，但让人乐观的是这种失效是可以预防的，关键就在于控制预期收益（E）和原有收益与侵占对方资产收益之和（$P+N$）之间的大小。而要控制这一关键点，单单依靠国有企业、私有企业或是市场都没有办法很好地解决，还需要政府的介入。综合以上的分析，我们可以认为政府决策对混合所有制改革的作用在于将混合所有制企业的预期收益扩大，并且要大于混合所有制企业中参与各方的原有收益与侵占收益之和（如图 7-1 所示）。

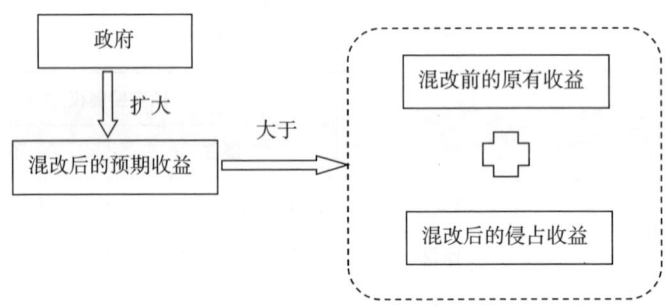

图7-1 政府对混合所有制改革的作用机理

7.2 混合所有制改革中政府决策的理论模型

假定企业的雇佣水平为 L，其中有效雇佣水平为 E；企业也可以选择聘用更多的雇员，雇佣水平将上升为 H，但若 $H > E$，说明出现了"冗余人员"。

在此博弈模型中，博弈双方分别是企业管理者和政府决策者（官员），双方对劳动力的偏好不同。假设企业管理者所代表的是股东的利益，企业中私有股东和管理者拥有企业利润的比例为 α，则国家分享利润的比例为（$1-\alpha$），政府决策者（官员）本人没有利益。因此，在国有企业中，α 接近于 0 或等于 0；在私营企业中，α 接近于 1 或等于 1。

假设政府决策者的效用函数为

$$U_g = bL - c(1-\alpha)L \qquad (7\text{-}1)$$

其中，b 为高雇佣水平带来的边际政治收益；$c(1-\alpha)$ 为相应的边际政治成本。如果 $b > c(1-\alpha)$，则政府决策者会倾向于高雇佣水平，因为这样可以为他们带来更多的政治收益，例如更多的政治控制力或更高的就业率等。但是如果一味追求高雇佣水平，可能会影响企业的盈利水平，进而影响国家的经济效益和税收，这样又会给政府决策者带来更高的政治成本。因此，从政府决策者的效用函数中可以看出，政府决策者其实就是在高雇佣水平带来的边际政治收益 b 与相应的边际政治成本 $c(1-\alpha)$ 之间做出权衡。

假设仅考虑劳动力指数对企业管理者效用的影响，企业管理者的效用函数为

$$U_e = -\alpha L \qquad (7\text{-}2)$$

假设对国有企业（包括国有参股或是国有控股）来说，政府对企业的雇佣情况有控制和影响的权力，那么当 $b < c(1-\alpha)$ 时，政府决策者更关心企业的经济利润而不是雇佣水平；当 $b > c(1-\alpha)$ 时，政府决策者则会选择高雇佣水平 H。用 $\Delta L = H - E$ 来表示高雇佣水平为政府决策者带来的政治收益。

假设私有企业的雇佣水平完全由企业管理者决定，政府决策者无从干涉。则企业管理者一定会选择有效或是相对较低的雇佣水平，在这种情况下，$L = E$。政府决策者虽然不能干涉雇佣决策，但可以通过补贴来让企业管理者增加雇佣数量。假设政府补贴为 s，由于国家分享利润的比例为 $(1-\alpha)$，因此可得到的有效补贴为 αs。假设政府决策者为私营企业提供补贴的边际成本为 k（$0 < k < 1$），在这种情况下，政府决策者的效用函数可以表示为

$$U_g = bL - c(1-\alpha) - k\alpha s \qquad (7\text{-}3)$$

那么，企业管理者的效用函数则可以表示为

$$U_e = -\alpha L + \alpha s \tag{7-4}$$

当政府没有给企业补贴时，企业管理者选择的雇佣水平为 E。企业管理者与政府决策者会对补贴的多少和劳动力指数进行博弈。当企业选择高雇佣水平 H 时，政府决策者的效用增量为

$$q\Delta L - c(1-\alpha)\Delta L - k\alpha s \tag{7-5}$$

企业管理者的效用增量为

$$-\alpha\Delta L + \alpha s \tag{7-6}$$

此时的纳什均衡解为

$$s = \Delta L[-c(1-\alpha) + b + k\alpha]/2k\alpha \tag{7-7}$$

将式（7-7）代入式（7-5）和式（7-6）中，当（7-5）和（7-6）都小于 0 时，可得出以下结论：企业管理者与政府决策者均不会获益，结果如下：

$$k\alpha + c(1-\alpha) > b \tag{7-8}$$

因此，当式（7-8）成立时，政府决策者不会通过补贴来使企业保持较高的雇佣水平。只有当 $k\alpha + c(1-\alpha) < b$ 时，政府决策者才会从高雇佣水平中获得更多的政治收益，那么他们才会采用对企业补贴的方式。

以上是改良后的 BSV 的理论模型，该模型回答了政府决策者在何种情况下会用补贴的形式来提高雇佣水平，从而提高其政治收益。但该模型并没有回答政府决策者是如何做出国有产权稀释或是国有产权渗透两种路径的决策，以及在什么情况下政府决策者会更倾向于某种决策。接下来，我们就将这个此理论模型拓展到决策层面。

当 $k\alpha + c(1-\alpha) < b$ 时，高雇佣水平会带来较高的政治收益，无论政府决策者选择国有产权稀释还是国有产权渗透，他都会选择高雇佣水平 H。那么，如果政府决策者选择的是将国有产权少量稀释或是将国有产权渗透进私

有企业中，则他的效用函数为 $bH-c(1-\alpha)H$；如果政府决策者选择将国有产权全部稀释，则他的效用函数为 $bH-c(1-\alpha)H-k\alpha s$，两者之间的差异就在于补贴成本。很明显，在这种情况下，政府决策者一定会选择前者的决策，而不会全部稀释。我们也可以这样理解，当政府决策者面临较大压力来维持高就业水平的时候，他会选择用部分稀释国有产权将国有产权渗透进私有企业的方式，因为如果全部稀释国有产权，也就是完全私有化，这样会迫使政府决策者通过补贴的方式来提高其雇佣水平，而这样的成本会高出许多。

当 $k\alpha+c(1-\alpha)>b$ 且 $b>c(1-\alpha)$ 时，政府决策者在选择部分稀释国有产权将国有产权渗透进私有企业时，依然会选择高雇佣水平，因为高雇佣水平带来的政治收益是大于成本的，因此此时的效用函数为 $bH-c(1-\alpha)H$；若政府决策者选择全部出售国有产权，则会由于补贴成本太高而放弃选择补贴，选择较低的雇佣水平，效用函数为 $bE-c(1-\alpha)E$。由于 $H>E$，因此，前者的效用大于后者，政府决策者仍然会选择部分稀释国有产权将国有产权渗透进私有企业的方式。

当 $b<c(1-\alpha)$ 时，由于边际政治收益低于相应的边际政治成本，政府决策者会选择维持较低的雇佣水平，因此政府决策者的效用函数为 $bE-c(1-\alpha)E$。但在其他条件不变的情况下，一个更关注经济效率的政府决策者也许会选择大量稀释国有产权来提高经济效率。

综上所述，我们可以将政府决策者的决策象限画出来，如图 7-2 所示。在图 7-2 中，横坐标为 b，也就是高雇佣水平带来的边际政治收益；坐标的原点为 $c(1-\alpha)$，也就是相应的边际政治成本；纵坐标代表的是私有化程度，越接近上方，政府决策者就越容易选择国有产权渗透或是少量国有产权稀释的决策，反之，则越容易选择大量或是全部稀释国有产权的决策。因此，纵坐标越往上，说明政府决策者越倾向于选择非私有化；纵坐标越往下，说明政府决策者越倾向于选择私有化。也就是当 $b>c(1-\alpha)$ 时，政府决策者的决策点位于第一象限；当 $b<c(1-\alpha)$ 时，政府决策者的决策点位于第三象限。

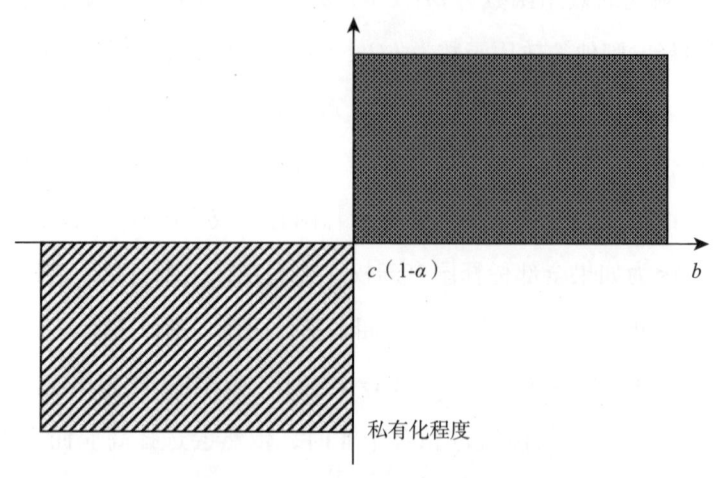

图7-2　政府决策者的决策象限

于是，可以得出以下三个推论。

推论 1：b 越高，则私有化程度越低，或是国有化程度越高。

推论 2：c 越大，则私有化程度越高，或是国有化程度越低。

推论 3：$c(1-\alpha)$ 越大，则私有化程度越高，或是国有化程度越低。

7.3　混合所有制改革中政府决策模型的实证分析

7.3.1　研究假设

根据上文的理论分析，我们在理论模型推论 1—推论 3 的基础上提出相应的研究假设。

假设 H7-1：在其他条件相同的情况下，政府能获得更多的政治收益（政治控制力或就业率），则更倾向于选择国有产权渗透的路径。

假设 H7-2：在其他条件相同的情况下，政府的财政压力越大，越倾向于选择国有产权稀释的路径。

假设 H7-3：在其他条件相同的情况下，企业的国有资本占比越高，政府越倾向于选择国有产权稀释的路径。

7.3.2　研究设计与实证分析

1. 样本选取及描述

本章选取的样本是 2006—2015 年中国的工业企业，数据来源于《中国工业统计年鉴》，部分辅助数据来源于 Wind 数据库。

表 7-2 中统计了三种不同类型工业企业的相关指标，分别是国有企业、私营企业和混合所有制企业。其中，混合所有制企业统计的对象为《中国统计年鉴》中除了国有独资外的有限责任公司和股份有限公司，就是企业中既有国有资本又有非国有资本的企业类型。

表7-2　全国规模以上的工业企业基本情况

A. 国有独资工业企业（规模以上）					
年份	企业单位数（家）	企业单位数所占比率(%)	平均用工人数（万人）	平均用工人数所占比率(%)	工业增加值（亿元）	工业增加值所占比率（%）
2006	14 555	4.82	1 956.23	26.58	7 209	15.53
2007	10 074	2.99	1 942.88	24.67	5 659	9.15
2008	9 682	2.27	1 648.14	18.65	10 470	13.38
2009	9 105	2.10	1 600.37	18.12	-1 209	-1.94
2010	8 726	1.93	1 560.55	16.35	11 365	11.46
2011	6 707	2.06	1 453.78	15.86	9 660	11.65
2012	6 770	1.97	1 433.67	14.99	35 362	38.18
2013	6 831	1.85	1 300.45	13.28	7 967	7.79
2014	3 450	0.91	1 245.43	12.48	-43 047	-50.04
2015	3 234	0.84	1 043.78	10.68	4 560	6.84

续表

B. 私营工业企业（规模以上）					
年份	企业单位数（家）	企业单位数所占比率（%）	平均用工人数（万人）	平均用工人数所占比率（%）	工业增加值（亿元）	工业增加值所占比率（%）
2006	149 736	49.59	1 971.01	26.79	10 189.71	21.95
2007	177 080	52.58	2 252.91	28.61	12 790.12	20.69
2008	245 850	57.70	2 871.89	32.50	22 574.64	28.84
2009	256 031	58.94	2 973.84	33.67	15 296.01	24.52
2010	273 259	60.34	3 312.06	34.70	25 692.23	25.90
2011	180 612	55.47	2 956.41	32.25	10 882.03	13.12
2012	189 289	55.06	3 121.3	32.62	24 798.27	26.77
2013	208 409	56.36	3 359.39	34.31	35 156.27	34.36
2014	213 789	56.57	3 505.32	35.13	25 410.02	29.54
2015	216 506	56.51	3 463.98	35.44	15 892.06	23.85

C. 混合所有制工业企业（规模以上）					
年份	企业单位数（家）	企业单位数所占比率（%）	平均用工人数（万人）	平均用工人数所占比率（%）	工业增加值（亿元）	工业增加值所占比率（%）
2006	52 948	17.53	1 804	24.52	31 607	68.07
2007	59 779	17.75	1 742.99	22.13	23 351	37.77
2008	70 859	16.63	1 794.1	20.30	28 240	36.08
2009	73 747	16.98	1 803.37	20.42	8 857	14.20
2010	78 161	17.26	1 836.34	19.24	43 474	43.83
2011	65 848	20.22	1 811.98	19.77	56 843	68.56
2012	74 523	21.68	1 892.77	19.78	24 156	26.08
2013	77 038	20.83	1 889.49	19.30	32 625	31.88
2014	96 436	25.52	1 842.67	18.47	86 322	67.56
2015	102 181	26.67	1 777.83	18.19	35 011	42.22

续表

D. 规模以上工业企业总计		
年份	企业单位数（家）	平均用工人数（万人）	工业增加值（亿元）
2006	301 961	7 358.43	46 430.26
2007	336 768	7 875.2	61 822.86
2008	426 113	8 837.63	78 268.18
2009	434 364	8 831.22	62 387.31
2010	452 872	9 544.71	99 189.03
2011	325 609	9 167.29	82 914.97
2012	343 769	9 567.32	92 624.34
2013	369 813	9 791.46	102 329.9
2014	377 888	9 977.21	86 026.13
2015	383 148	9 775.02	66 620.92

从表 7-2 中可以看出，从 2006—2015 年，国有独资工业企业工业增加值占比从 15.53% 下降到了 6.84%，数量占比从 4.82% 下降到了 0.84%；私营工业企业工业增加值占比从 21.95% 上升到了 23.85%，特别在数量上，到 2015 年，占比已经达到了 56.51%，超过了总量的一半，平均用工人数也是在十年里稳步上升；混合所有制工业企业工业增加值占比在这十年里有所波动，在 2015 年达到了 42.22%，企业单位数占比也从 2006 年的 17.53% 上升到了 26.67%。从这组数据中可以看出，私营企业和混合所有制企业在这十年里发展迅猛。

2. 对于假设的变量描述及实证模型构建

为了研究中国国有企业改革中政府对混合所有制改革路径选择的决策问题，我们假设混合所有制企业和私有企业的形成都源于混合所有制改革的过程，两者的区别主要是私有企业是国有资本全部退出的结果，而混合所有制企业又分为产权稀释和产权渗透两种类型。研究主要解决的核心问题是：什么情况下会选择产权稀释路径？什么情况下会选择产权渗透路径？国有产权稀释的程度受哪些因素的影响比较大？为了解决这些问题，证明之前提出的三个假设，变量设置和模型构建如下。

本章的被解释变量 $PrivMixed_t$ 是混合所有制改革中国有资产退出和进入的程度（由于在统计年鉴的数据中，无法区分混合所有制企业是产权稀释还是产权渗透形成的，因此将被解释变量简化），笔者采用两个指标来表示，一个指标用每年度的私营企业数量与混合所有制企业数量占所有企业数量的比例来表示，定义为 $PrivMixedN_t$，另一个指标用每年度的私营企业工业增加值与混合所有制企业工业增加值占所有企业工业增加值的比例来表示，定义为 $PrivMixedV_t$。我们之所以采用数量和价值占比两个指标来表示，是由于数量占比的变化更多反映的是中小企业的情况，而价值占比的变化主要反映的是大型企业的情况。

解释变量之一是政府面临的就业压力，我们将每年的人均 GDP 表示为 GDP_t，用 GDP_t 和私营企业数量占所有企业数量的比例 $Priv_t$ 的交叉项来表示政府在混合所有制改革中面临的就业压力。人均 GDP 反映的是国家当年的经济状况，当经济状况好时劳动力往往会供应不足，也就是国家潜在劳动力供给不足。而私营企业数量所占的比例越大，说明劳动力需求越高，表示私营企业对国有企业多余劳动力的吸收能力较好。这个交叉项越大，政府面临的就业压力就越小。

解释变量之二是政府面临的财政压力，我们用亏损企业数量 $Loss_t$ 与企业总数的比值和政府财政赤字与该年 GDP 的比值 $Deficit_t$ 的交叉项来表示。因为亏损企业数量占比越大，财政赤字占比就越大，政府面临的财政压力就越大。

解释变量之三是企业中国有资本的占比（$1-\alpha$），我们用 $GovOwn_t$ 来表示第 t 年企业中国有资本的占比。但我们将这个指标再分为两个指标：一个指标是 $GovOwnL_t$，表示的是规模以上（大型）企业的国有资本占比；另一个指标是 $GovOwnS_t$，表示的是中小型企业的国有资本占比。之所以要将指标拆分，是由于国家政府对不同规模的企业进行私有化的方式有所区别。

在模型中，我们还要设置一些控制变量。第一个控制变量是企业的平均规模 Size$_t$，鉴于政府可能会"抓大放小"，小型企业更容易受到更多私有化政策的影响。第二个控制变量是表示企业经营状况的变量，因为政府很可能会把一些经营状况差的企业先出售出去，导致经营状况好的企业私有化的情况较少，为了控制这一情况，我们用企业的净资产收益率（ROE）来表示企业的经营状况。

综上所述，模型构建如下（验证假设 H7-1—假设 H7-3）：

$$\text{PrivMixed}_t = \beta_0 + \beta_1 \times \text{GDP}_t \times \text{Priv}_t + \beta_2 \times \text{Loss}_t \times \text{Deficit}_t + \beta_3 \times \text{GovOwnL}_t +$$

$$\beta_4 \times \text{GovOwnS}_t + \beta_5 \times \text{Size}_t + \beta_6 \times \text{ROE}_t + e_t$$

$$(7\text{-}9)$$

变量名称与变量定义描述、变量的描述性统计如表 7-3、表 7-4 所示。

表7-3　变量名称与变量定义描述

变量名称	变量定义解释
PrivMixed$_t$	年份 t 的混合所有制企业国有资产退出和进入的程度
PrivMixedN$_t$	年份 t 的私营企业数量与混合所有制企业数量占所有企业数量的比例
PrivMixedV$_t$	年份 t 的私营企业工业增加值与混合所有制企业工业增加值占所有企业工业增加值的比例
GDP$_t$ × Priv$_t$	年份 t 的人均 GDP 和私营企业数量占所有企业数量的比例的交叉项
Loss$_t$ × Deficit$_t$	年份 t 的亏损企业数量占所有企业数量的比例和政府财政赤字占当年 GDP 的比例的交叉项
GovOwnL$_t$	年份 t 的大型企业中国有资本的比例，按大型企业中国有资本 / 所有者权益合计
GovOwnS$_t$	年份 t 的中小型企业中国有资本的比例，按中小型企业中国有资本 / 所有者权益合计
Size$_t$	年份 t 企业的平均规模，取平均账面资产的对数
ROE$_t$	年份 t 企业的净资产收益率
GDP$_t$	年份 t 的人均 GDP

表7-4　变量的描述性统计

变量名称	极小值	极大值	均值	标准差	方差	偏度	
$PrivMixedN_t$	2.12	3.50	2.855 2	0.501 62	0.252	0.039	0.687
$PrivMixedV_t$	0.19	1.73	0.733 6	0.454 51	0.207	1.114	0.687
GDP_t	1.67	5.00	3.359 2	1.162 02	1.350	0.000	0.687
$Priv_t$	0.50	0.60	0.559 1	0.030 73	0.001	−0.812	0.687
$GDP_t \times Priv_t$	0.83	2.82	1.889 7	0.673 79	0.454	−0.166	0.687
$Loss_t$	0.09	0.16	0.124 6	0.021 08	0.000	0.169	0.687
$Deficit_t$	0.00	0.24	0.035 5	0.070 81	0.005	3.119	0.687
$Loss_t \times Deficit_t$	0.000 6	0.029 8	0.004 403	0.008 939 3	0.000	3.123	0.687
$GovOwnL_t$	0.11	0.18	0.147 8	0.025 08	0.001	−0.046	0.687
$GovOwnS_t$	0.05	0.11	0.073 9	0.018 98	0.000	0.391	0.687
$Size_t$	12.58	13.84	13.299 6	0.430 46	0.185	−0.387	0.687
ROE_t	0.06	0.09	0.076 0	0.008 98	0.000	0.609	0.687

3. 回归结果分析

回归结果如表 7-5 至表 7-8 所示。

表7-5　模型回归结果（企业数量）

模型	R	R^2	调整 R^2	标准估计的误差
1	0.849[a]	0.720	0.160	0.459 72

预测变量:（常量），企业的净资产收益率，每年的人均 GDP 和私营企业数量占所有企业数量的比例的交叉项，亏损企业数量占所有企业数量的比例和政府财政赤字占当年 GDP 的比例的交叉项，中小型企业中国有资本的比例，大型企业中国有资本的比例，企业的平均规模。

表7-6 系数结果（企业数量）

模　型		非标准化系数		标准系数	t	Sig.
		B	标准误差	试用版		
1	（常量）	−61.333	101.359		−0.605	0.588
	$GDP_t \times Priv_t$	−3.983	4.980	−5.350	−0.800	0.482
	$GDP_t \times Priv_t$	18.848	29.763	0.336	0.633	0.572
	$GovOwnL_t$	−33.884	28.009	−1.694	−1.210	0.313
	$GovOwnS_t$	36.813	31.050	1.393	1.186	0.321
	$Size_t$	5.689	8.155	4.882	0.698	0.536
	ROE_t	−22.996	48.488	−0.412	−0.474	0.668

因变量：私营企业数量与混合所有制企业数量占所有企业数量的比例。

表7-7 模型回归结果（工业增加值）

模型	R	R^2	调整 R^2	标准估计的误差
1	0.946[a]	0.896	0.687	0.254 38

预测变量：同表 7-6。

表7-8 系数结果（工业增加值）

模　型		非标准化系数		标准系数	t	Sig.
		B	标准误差	试用版		
1	（常量）	−153.629	56.084		−2.739	0.071
	$GDP_t \times Priv_t$	−8.420	2.756	−12.483	−3.055	0.055
	$GDP_t \times Priv_t$	4.649	16.468	0.091	0.282	0.796
	$GovOwnL_t$	−36.670	15.498	−2.023	−2.366	0.099
	$GovOwnS_t$	33.421	17.181	1.396	1.945	0.147
	$Size_t$	13.526	4.512	12.810	2.998	0.058
	ROE_t	−87.922	26.829	−1.737	−3.277	0.047

因变量：私营企业工业增加值与混合所有制企业工业增加值占所有企业工业增加值的比例。

表 7-5 至表 7-8 分别是当因变量为私营企业数量与混合所有制企业数量占所有企业数量的比例和私营企业工业增加值与混合所有制企业工业增加值占所有企业工业增加值的比例时的回归结果。回归采用的是 2006 年至 2015 年全国工业企业的面板数据。在表 7-5 中 R^2 为 0.72，在表 7-7 中 R^2 为 0.896，均大于 0.5，说明两次回归的结果拟合度都比较高。接下来对每个因变量的回归结果进行分析。

（1）就业压力变量

在两次回归中，政府面临的就业压力 $GDP_t \times Priv_t$ 与因变量的关系都呈负相关。本章用 GDP_t 和私营企业数量占所有企业数量的比例 $Priv_t$ 的交叉项来表示政府在混合所有制改革中面临的就业压力。因此，这个交叉项越大，政府面临的就业压力就越小。这个回归结果说明了，当政府面临的就业压力越小（政治收益越大）时，越倾向于较少地出售国有资产，也就是越倾向于在混合所有制改革中选择国有产权渗透的路径。这也就验证了本章提出的假设 H7-1。

（2）财政压力变量

政府面临的财政压力 $Loss_t \times Deficit_t$ 在两次回归中都与因变量之间呈正相关的关系。本章用亏损企业数量与企业总数的比值和政府财政赤字与该年 GDP 的比值的交叉项来表示政府的财政压力。从结果中可以推断出，当政府面临的财政压力越大时，政府在混合所有制改革中越倾向于将国有企业私有化，越容易做出国有产权稀释的决策。

（3）国有资产比例变量

本章将企业中国有资产占比变量分为两个变量，一个变量是大型企业的国有资产占比 $GovOwnL_t$，另一个变量是中小型企业的国有资产占比 $GovOwnS_t$。两个变量与因变量之间的相关关系是不同的，$GovOwnL_t$ 在两次回归中与因变量之间的关系都呈负相关，$GovOwnS_t$ 则与之相反。也就是说在大型企业中，国有资产所占的比例越大，政府在混合所有制改革中反而越不倾向于将其私有化，而是倾向于用国有产权对私有企业进行产权渗透。但是在中小型企业中，国有资产的占比越大，政府在混合所有制改革中就越倾向于选择国有产权稀释的路径。因此，在中小型企业中的结论印证了假设 H7-3，但在大型企业中，假设 H7-3 并不成立。

（4）企业的平均规模和净资产收益率

企业的平均规模 $Size_i$ 与因变量呈显著正相关，说明政府在混合所有制改革的过程当中确实考虑了企业规模的因素；而企业的净资产收益率 ROE_i 在两次回归中与因变量呈显著负相关，说明政府在进行混合所有制改革时是存在选择效应的，对质量越好的企业，政府越不会轻易地使用产权稀释的路径进行改制。

综上所述，结果基本证明了假设 H7-1—假设 H7-3，但在假设 H7-3 的证明中本章又发现了政府在进行混合所有制改革路径选择时新的特征。

7.3.3　基本结论

根据以上的分析，本章可以构建出政府在进行混合所有制改革路径选择时的决策机制。如图 7-3 所示，影响政府决策的影响因子有政府的政治收益、政府面临的财政压力、企业中国有资产的占比以及企业规模。当这些影响因子处于不同的状态时，会直接影响政府对混合所有制改革的路径选择。

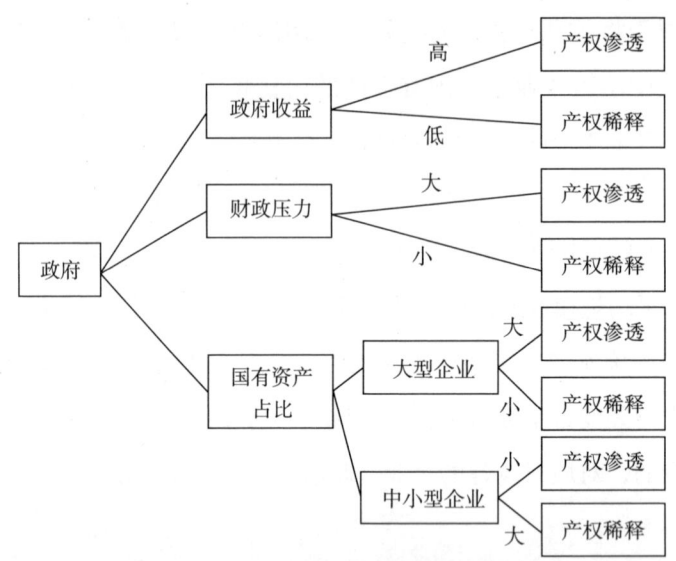

图7-3   政府混合所有制改革路径选择机制

当政府面临的政治压力小，并且期望增加政府对经济的控制力时，政府会倾向于将国有产权渗透到非国有企业来进行混合所有制改革，也就是扩大国有化的范围。反之，当政府面临的政治压力大时，比如当下需要提高就业率水平等，政府会倾向于采用将国有产权稀释的方式来进行国有企业的混合所有制改革。

当政府面临的财政压力很大时，比如政府的赤字严重等情况，政府会通过将国有企业的产权出售给非国有企业的方式来缓解财政压力。但当政府面临的财政状况好时，政府会降低将国有企业私有化的程度，从而转向通过国有产权渗透的方式来实现混合所有制改革。

当在大型企业中，国有资产的占比较大时，也就是国家对企业的控制力较强时，政府会更倾向于用产权渗透的方式进行混合所有制改革。反之，则倾向于用产权稀释的方式。而在中小型企业中，政府的决策正好相反，对国有资产占比较大的企业更倾向于进行国有产权的稀释，对国有资产占比较小的企业更倾向于进行国有产权的渗透。

7.4　本章小结

本章采用了博弈论这一强有力的分析工具,深入探讨了政府在混合所有制改革中扮演的角色和其决策的必要性。通过博弈论的分析框架,本章证明了政府在推动混合所有制改革中的积极作用,尤其是在协调不同利益相关方、制定改革政策和指导改革方向方面的关键性作用。进一步地,本章将改良后的 BSV 理论应用于政府决策过程中,识别并分析了影响政府进行混合所有制改革路径选择的四个主要因素。这些因素包括:政府的政治收益,即政府通过改革获得的政治资本和社会支持;政府财政压力,指政府在财政收入和支出方面所面临的约束,其会影响政府对改革的投入和支持力度;企业中国有资产的占比,其反映了国有资本在企业中的控制力和影响力;企业规模,企业规模的大小可能影响其对改革的适应能力和改革的潜在收益。结合实证检验,本章进一步构建了政府在混合所有制改革中的决策机制模型。通过收集相关数据,运用统计和计量经济学方法对政府的决策过程进行分析,揭示了不同因素如何影响政府的改革路径选择,并验证了理论模型的预测。研究成果为中国混合所有制改革提供了政策建议的理论基础。研究结果表明,政府在改革中应综合考虑政治收益、财政压力、国有资产占比和企业规模等多方面因素,制定合理的改革策略和路径。同时,政府需要加强与市场、企业以及其他利益相关方的沟通协调,确保改革的顺利进行和取得预期效果。此外,本章的研究还强调了政府在混合所有制改革中应发挥引导和监管作用,促进企业治理结构的优化,提高企业效率和竞争力,同时保障国有资产的保值增值,实现经济效益和社会效益的最大化。

第8章 混合所有制企业实效性影响因素之三——产权性质与产权变动方式

　　混合所有制改革最核心的部分就是市场化，从根本上讲，不管是产权稀释还是产权渗透路径，都是引入其他所有制的资本来参与国有企业产权制度的改革。因此，产权变动的具体方式与产权性质也是影响混合所有制企业实效性的另一个关键因素。混合所有制改革的本质在于通过市场化手段，引入不同经济成分的资本参与国企产权结构的调整，以此激发企业活力和提升整体效率。在中国，参与混合所有制改革的主体多样，包括国有资本、集体资本、非公经济资本以及外资等。它们各具特色，通过不同的方式参与改革，共同推动企业的多元化发展。混合所有制改革的主要参与者各自有哪些特点？参与混合所有制改革的主要方式有哪几种？在混合所有制改革中这些方式的作用是如何发挥的？本章将结合中国建材集团的案例来探讨以上这些问题。

8.1　产权性质与产权变动方式对混合所有制改革的作用机理

企业产权对混合所有制改革的作用机理如图 8-1 所示，其中可以看到企业产权通过产权性质和产权变动方式对混合所有制改革产生影响。产权性质主要分为国有产权与非国有产权，国有产权的主要所有者是政府机构与国有企业，非国有产权的主要所有者则主要包括境内民营企业、外资企业、内部管理者以及企业员工。国有产权与非国有产权分别通过产权稀释与产权渗透两条路径形成混合所有制企业，其中产权稀释的具体变动方式包括整体上市、分拆上市、民营企业参股以及员工持股，而产权渗透的具体变动方式则主要包括国有企业并购和国有企业参股。不同的产权性质通过不同的产权变动方式形成混合所有制企业，对混合所有制改革产生不同的作用和影响。

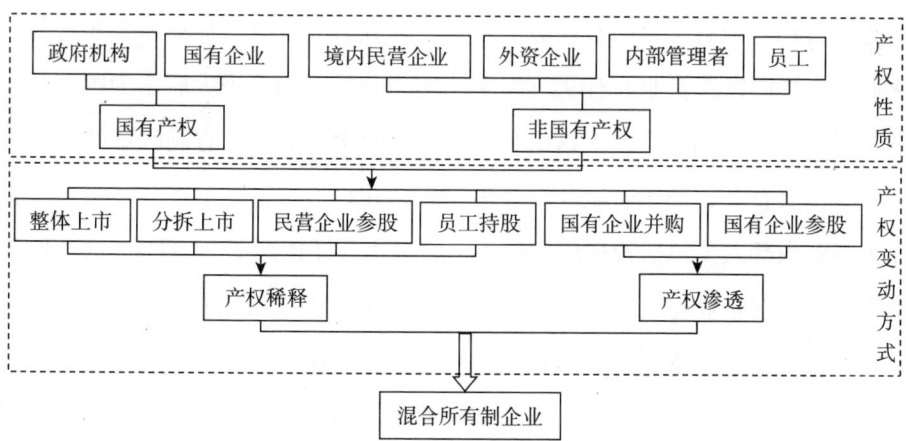

图8-1　企业产权对混合所有制改革的作用机理

8.2 混合所有制改革产权性质与产权变动的具体方式

8.2.1 混合所有制改革参与者的具体类型

1. 主要参与者类型

为了研究混合所有制改革的主要参与者类型，可以分析混合所有制企业第一大股东的具体身份。笔者将第一大股东的类型作为分类标准，将其分为境内民营企业、外资企业、内部管理层、员工、国有企业、政府机构以及其他七大类。然后通过 Wind 数据库，时间截止到 2021 年 12 月 31 日，筛选出了 1 196 家混合所有制企业的样本，针对每家混合所有制企业第一大股东的身份进行统计分析。

如表 8-1 所示，可以看到第一大股东为国有企业的占比仍然是最大的，占到了 77.17%，这里所指的国有企业包括国有资产经营类（管理、投资、控股等）公司、国有（含国有控股）企业、国有参股企业以及集体企业。第一大股东为境内民营企业的有 92 家，占比达 7.69%，与第一大股东为国有企业的数量比起来，相差巨大。这组数据足以说明中国混合所有制改革的主角仍然还是国有企业，非国有企业只是参与者，并且参与得并不充分。第一大股东为企业内部人（包括管理层和员工）的占比合计达到了 10.53%，这个比例甚至高于民营企业控股的比例。其中第一大股东为员工的占比达到了 6.77%，比第一大股东为管理层的占比更高。当然，也存在着很多第一大股东虽然是员工，但控制权仍然被管理层所掌握的情况。第一大股东为政府机构的占比为 2.59%，政府机构主要包括国有资产监督管理机构、科研机构以及为政府机构其他事业单位等。第一大股东为外资企业的仅有 11 家，占比是 0.92%。与东欧的一些国家的国有企业改革相比，外资企业对中国国有企业改制的参与程度还比较低。造成这种状况的主要原因可能有三个：第一，境内民营企业的资本已经相对宽裕；第二，政府对国有企业改制引进外资资本的政策依然没有十分清晰和明朗；第三，境外资本对参与中国国有企业改革存在一定的犹疑心理。

表8–1　混合所有制企业第一大股东具体身份分布

第一大股东身份	数量（个）	所占比例（%）
境内民营企业	92	7.69
外资企业	11	0.92
管理层	45	3.76
员工	81	6.77
国有企业	923	77.17
政府机构	31	2.59
其他	13	1.09
合计	1 196	

资料来源：Wind 数据库（截止到 2021 年 12 月 31 日）。

（1）境内民营企业

自改革开放以来，中国民营企业迅速崛起，成为国家经济的重要支柱。这一庞大的私营企业群体不仅体现了市场的高度活跃性，也代表了创新和灵活性。国家政策明确鼓励这些民营企业参与国有企业改革，支持非公有资本控股的混合所有制企业的发展，以此引入民营资本的活力和创新能力，提高国有企业的市场竞争力和经营效率。在过去十几年的发展中，民营企业已经通过股权投资、项目合作以及资产重组等多种方式，积极参与混合所有制改革，与国有企业共享改革成果，共同推动经济的高质量发展。随着改革的不断深入，民营企业在混合所有制改革中的作用愈发凸显。它们将继续作为改革的重要参与者，为中国经济发展贡献力量。

（2）外资企业

外资企业，即境外企业或外商，在中国的经济发展中扮演着日益重要的角色。早期外资进入中国市场主要通过新建独资或合资企业的形式，但自2003年起，外资参与中国市场的方式开始呈现多样化，尤其是通过并购国有企业或购买其股权的方式变得越来越普遍。这一趋势的出现，一方面是由于国家政策的积极推动，如2015年国务院发布的《关于国有企业发展混合所有制经济的意见》，明确提出将有序吸收外资参与国有企业的混合所有制改革，为外资提供了政策上的支持和引导。另一方面，地方政府也倾向于将国有企业作为招商引资的重要手段，以此吸引外商投资，促进地方经济发展。这种政策层面的鼓励和地方政府的积极态度，共同促进了外资以并购或股权投资的形式参与国有企业改革。这不仅为国有企业注入了新的活力，也为外资企业在中国市场的深入发展提供了新的机遇。

（3）管理层

管理层收购（MBO）是一种特殊的产权变动方式，管理层通过购买国有企业的国有股权来获得企业的实质性控制权。这种方式可以采取多种形式，管理层既可以以个人身份直接购买股权，也可以通过成立投资公司来进行股权的收购。MBO在国有企业改制中的作用主要体现在三个方面：首先，MBO有助于解决国有企业中"所有者缺位"的问题。通过明确产权归属，促进国有企业产权体制改革，使得企业的所有权和管理权更加统一，从而提高企业的运营效率和市场反应速度。其次，MBO有助于国有资本从竞争性行业中逐步退出。这符合国家对国有经济布局调整的战略需要，使得国有资本能够更多地集中在关键领域和重要行业，同时为非国有资本提供更多的市场空间和发展机会。最后，MBO通过将管理层的利益与企业的利益紧密绑定，可以有效地激励和约束企业经营者，降低代理成本，提高企业的经营效率和盈利能力。管理层作为股东，会更加关注企业的长期发展和市场竞争力，从而推动企业实现可持续发展。综上所述，管理层收购是混合所有制改革中一种有效的产权变动方式，它通过市场化手段优化了企业的治理结构，有助于提升国有企业的整体竞争力和市场活力。

（4）职工

员工持股计划是一种让员工通过持有公司股票的方式来分享企业所有权和未来收益的机制，同时也是一种使员工能够参与企业经营决策的方式（张孝梅，2016）。在中国，国有企业实施员工持股的历史可以追溯到20世纪80年代，最初形式为"内部职工持股"，主要目的是激发员工的积极性，改善企业的经营绩效。随着时间的推移，员工持股的目的已经从单纯的绩效改善转变为股权多元化、社会财富的重新分配以及强化员工的内部民主权利。这种转变体现了企业对员工作为企业重要利益相关者的认可，以及对员工参与企业管理、分享企业成长价值的重视。员工持股的实施形式具有多样性，可以是员工个人直接持股，单独行使股东权利；也可以通过工会或职工持股会等组织形式集体持股，以团体的身份参与公司治理；还可以通过设立投资公司，由员工集体投资并持有股份；甚至在某些情况下，以车间主任、班组长等管理层的名义代持股份，以简化管理流程并保护员工的权益。无论采取哪种形式，员工持股计划都旨在建立员工与企业之间的利益共同体，通过让员工在企业中拥有一定的经济利益，增强他们对企业的归属感和忠诚度，同时促进企业的长期稳定发展。通过这种机制，员工能够更直接地参与企业的经营，分享企业的成功，同时也会更加关注企业的长期健康发展。

（5）其他国有企业

其他国有企业入股混合所有制改革，通常指的是国有控股的股份制企业参与投资，而非那些完全由国家持有100%股份的国有企业。这种入股行为能够间接地将非国有资本引入改制企业，从而实现企业股权的多元化，增加企业的市场竞争力和活力。这种股权多元化不仅带来了更加复杂的股权结构，也为公司治理和决策带来了新的视角和动力。在混合所有制企业的定义中，交叉持股的混合所有制企业是一个特殊类型，它由两个或两个以上的混合所有制企业共同投资形成。在这种模式下，不同的国有企业通过相互持股，形成了一种紧密的资本和利益联结，增强了企业间的协同效应，促进了资源和优势的互补。这种"其他国有企业主要入股"的混合所有制企业类型，展示了国有企业之间通过资本纽带进行合作的新模式。它不仅有助于优化国有企业的资本结构，还有助于提高企业的市场适应性和创新能力。通过这种方式，国有企业能够在保持国有资本控制力的同时，充分利用市场机制，激发企业的内在潜力，实现更加高效和灵活的运营。

2. 主要参与者的特点对比

上述的五种入股方式并不是全部，但算是比较典型的五种入股方式。国有企业究竟会采用哪种或哪几种入股方式来进行改制，取决于各方的博弈结果。每种入股方式都有它本身的优势，也存在着可以预见的可能出现的隐患，如表8-2所示。

表8-2　各具体入股方式优劣对比

具体入股方式	优势	可能出现的问题
境内民营企业	本土优势	筛选成本高
	经营机制	内部人抵制
外资企业	资金与项目	调查难度
	规范的治理机制	谈判困难
	国际化战略	文化冲突
管理层	化解内部人抵制	暗箱操作
	降低筛选成本	贱卖国有资产
职工	政治风险低	关联交易
	员工激励	过度分红
其他国有企业	政治风险低	未来不确定性强
	内部抵制弱	机制未转变

（1）境内民营企业

选择境内民营企业作为主要入股方参与国有企业改革，具有其独特的优势。第一，与外资企业相比，境内民营企业对中国的文化和商业环境有更深入的了解，更熟悉国内的法律法规和商业惯例，因此在与政府及国有企业的谈判和合作中能够更加得心应手。第二，民营企业在处理国有企业的人员安置、历史债务和管理层调整等问题上，通常会展现出更大的灵活性和适应性。第三，民营企业的参与有助于引入新的经营机制，推动国有企业的经营状态发生积极变化。民营企业通常具有较灵活的管理方式和创新的商业模式，能够促进国有企业重建，增强其作为市场主体的竞争力和活力。

然而，民营企业入股国有企业改革也存在一些不确定性。一方面，由于民营企业的注册信息、经营状况、财务报表和违法记录等资料可能不够齐全和公开，或者存在准确性问题，国有企业在筛选合作伙伴时可能需要付出较大的成本，且存在选择失误的风险。另一方面，民营企业的加入可能会遭遇国有企业内部人员的抵制，特别是那些担心改革带来不稳定因素和利益变动的内部人。

因此，境内民营企业入股国有企业是一项充满机遇和挑战的改革举措。国有企业在推进混合所有制改革时，需要综合考虑民营企业的优势和潜在风险，通过审慎的筛选和科学的管理，确保改革能够顺利进行并取得预期效果。同时，也需要通过有效的沟通和利益平衡，减少内部抵制，确保改革的平稳过渡和社会稳定。

（2）外资企业

在国有企业混合所有制改革中，外资企业的参与确实存在一定的优势和挑战。外资企业，尤其是国际知名企业，被认为能为国有企业带来资金、优质项目以及先进的公司治理和经营管理体系。这些因素不仅能提升企业的运营效率，还能帮助企业更好地融入国际市场，增强其全球竞争力。然而，如果入股的外资企业并非世界知名企业，那么对其进行尽职调查的难度会显著增加，因为可能缺乏足够的信息和透明度。此外，外资企业的战略意图可能会增加改革过程中的不确定性。例如，它们可能对改制企业的未来发展路径有不同的规划，包括是否保留原有品牌或将其作为加工基地等问题。外资企业通常对接受国有企业的历史遗留问题持谨慎态度，如人员冗余、不良资产和债务等，这些问题可能会成为谈判的难点。同时，外资企业可能对中国的文化和国有企业的运营环境缺乏深入理解，这可能会导致管理和文化融合上的问题，出现"水土不服"的情况。

国有企业在考虑外资企业参与混合所有制改革时，需要权衡这些优势和挑战。一方面，可以通过严格的尽职调查和明确的合作协议来降低不确定性和风险。另一方面，需要制定相应的管理策略和文化融合计划，以确保外资企业的参与能够为国有企业带来预期的正面影响，同时减少潜在的冲突和问题。通过这些措施，国有企业可以更好地利用外资企业的优势，推动自身的改革和发展。

（3）管理层

管理层入股的改制方式有其明显的优点。首先，管理层对企业的运营情况和市场环境有深刻的了解，他们的参与可以减少内部人对改制的抵触情绪，从而降低改革的阻力，促进改制过程的平稳进行。其次，管理层作为内部人，对企业的文化、团队和业务流程都有深入的认识，这有助于保持企业运营的连续性和稳定性。最后，从政府的角度来看，管理层入股可以减少寻找和筛选外部购买者的成本和时间，简化交易流程。政府可以通过与管理层的合作，快速推进改革进程，同时利用管理层的专业知识和经验来维持企业的竞争力。

然而，管理层入股国有企业混合所有制改革，确实存在一定的争议，尤其是可能会导致国有资产流失的问题。管理层作为国有企业的内部人士，在收购过程中可能会利用自身的信息优势和便利地位进行暗箱操作或低估国有资产价值，这可能会引起公众对混合所有制改革公平性和透明度的质疑。

尽管如此，为了避免国有资产流失和其他潜在问题，管理层入股的改革方式需要在严格的法律法规的框架下进行，确保整个过程的公开、公平和公正。要保证资产评估与招投标程序的透明化与公开化，建立有效的监督机制以及管理层问责制度。通过这些措施，可以最大限度地保护国有资产的安全，同时发挥管理层入股在混合所有制改革中的积极作用。

（4）职工

职工入股参与国有企业混合所有制改革具有以下积极作用。首先，它是一种有效的激励机制，能够提高员工的积极性和忠诚度，增强员工对企业的归属感和责任感。员工作为股东，会更加关心企业的长期发展和市场竞争力，从而在工作中发挥更大的主动性和创造性。其次，职工入股有助于实现企业内部的民主管理和监督，提高企业的透明度和公平性。员工作为企业的主人翁，可以更直接地参与到企业的决策过程中，对企业的经营活动进行监督。最后，在中国这样一个社会主义国家，采取"工者有其股"的改革形式，具有较低的政治风险。这符合社会主义的基本原则，即劳动者应当享有劳动成果，有助于维护社会公平正义，增强国有企业的社会主义属性。

然而，这种改革方式，由于涉及的持股者人数众多，可能会带来一些管理和监督上的挑战。例如，可能会出现过度分红以迎合多数股东的短期利益、严重的关联交易损害公司治理结构、侵占国有资产和损害其他股东利益等问题。

为了确保职工入股改革方式的健康发展，需要建立健全的法律法规和监督机制，规范职工持股的操作流程，防止可能出现的不当行为。同时，也需要加强对职工股东的培训和教育，提高他们的法律意识和风险意识，确保职工入股改革能够真正发挥其积极作用，促进国有企业的稳定发展和社会和谐。

（5）其他国有企业

采取其他国有企业入股混合所有制改革的方式，确实能够在一定程度上规避直接的国有资产流失风险，并保持较低的政治风险。这种方式由于涉及的交易双方都是国有企业，因此在政治和意识形态层面更容易被接受。对于企业内部人员而言，其他国有企业的入股可能会因为熟悉度和信任感较高而获得更高的接受度，他们可能会认为这样的改革带来的风险更可预测、更易管理。

然而，这种改革方式也面临着挑战。如果国有企业的内部机制和治理结构没有得到根本性的改善和创新，仅仅通过国有企业之间的资本重组，可能无法真正解决企业深层次的问题，如效率不高、市场竞争力不强等。此外，如果改制后的国有企业仍然依赖于政府的扶持和政策倾斜，而不是依靠自身的竞争力和市场适应性，那么一旦这些外部支持减少或消失，企业的发展前景可能会变得不确定。

8.2.2 国有产权稀释的具体方式

1. 整体上市

整体上市是国有企业改革中的一种重要资本运作方式，它既可以狭义地理解为母公司将全部控股资产纳入上市公司，也可以广义地包括母公司的控股资产或主营业务资产上市，涵盖法人整体上市和主营业务整体上市两种情形。实现整体上市的途径多样，主要包括定向增发、吸收合并、要约收购、以资偿债、无偿赠予、购买资产和复合上市七种模式。整体上市不仅有助于提高企业的资本效率和市场竞争力，还能增强企业的透明度和规范性，为国有企业的持续发展和市场化改革提供了有力支撑。

2. 分拆上市

分拆上市是一种企业结构调整策略，它允许一个母公司将其在子公司中的股份按比例分配给现有股东，实现子公司在法律和组织上的独立运营。这种操作使母公司股东在持股比例和数量上保持不变，但能分享到子公司净利润的分成，从而可能获得更专业化的投资回报和市场估值（高彦如，2011）。分拆上市的类型多样，主要包括：基于行业或产品进行的分拆，这种方式常见于航天军工、电子信息、装备制造等领域的企业，例如，中国航空工业集团公司的多家子公司就是根据行业和产品进行的分拆；基于地区进行的分拆，这种方式多见于电子能源类公司，例如，中国电力投资集团公司按照地区分拆为多家地方电力公司；结合行业和地区进行的混合分拆，允许集团公司先按行业分拆，然后在不同地区上市。这些分拆方式有助于企业更精准地定位市场，提高管理效率和市场竞争力。

3. 民营企业参股

民营企业参股国有企业是一种市场化改革行为，通过这种方式，民营企业能够购买国有企业的部分或全部资产，成为其股东或所有者。这种参股行为不仅能让民营企业获得国有企业原有的资源优势，还能弥补自身的不足，通过协同效应提升竞争力，从而实现利益最大化（邱霞，2015）。然而，民营企业在考虑参股国有企业时也存在一些顾虑。他们担心参股后可能失去一定的决策权和发言权，影响其在企业中的影响力。此外，信息不对称的问题也可能增加投资风险，因为民营企业在购买国有企业资产的过程中可能难以全面了解资产状况和潜在问题。还有一部分民营企业担心国有企业中可能存在的资产专用性问题，这可能导致其投资变成难以回收的沉没成本。这些担忧可能会影响民营企业参与混合所有制改革的积极性。为了解决这些问题，需要建立更加透明和公平的交易机制，加强信息披露，保护民营企业的合法权益，同时为他们提供参与企业治理的机会，确保他们能够在混合所有制企业中发挥积极作用。通过这些措施，可以鼓励更多的民营企业参与国有企业改革，共同推动经济的高质量发展。

4. 员工持股

员工持股是一种激励机制，它允许员工通过购买企业的股票或股权，成为企业的股东之一，从而拥有企业的部分产权和相应的管理权。这种机制的实施旨在构建企业与员工之间的产权纽带，促进形成多元化的股权结构，包括国家股、法人股、社会公众股以及员工持股，以此增强员工的归属感和责任感，提高企业的凝聚力和市场竞争力。在混合所有制改革的背景下，员工持股被看作一种有效的监督和激励手段，能够缓解因投资主体缺位导致的监督弱化和内部人控制问题，通过员工对企业运营的共同参与和监督，提升企业的治理水平和运营效率。尽管员工持股具有诸多潜在优势，但在中国，这一领域仍处于探索阶段，缺乏明确的法律法规指导（谢军、黄建华，2012）。由于中国正处于改制和经济转轨的特殊时期，加之企业所有制结构的多样性，员工持股计划的实施面临着模式和方案不统一的挑战。这导致在实际操作中存在诸多不确定性，需要企业根据自身情况和市场环境，逐步摸索适合自身的员工持股模式。为了推动员工持股计划的健康发展，需要政府、企业和社会各界共同努力，通过立法、政策引导和实践探索，逐步完善相关法律法规，明确操作流程和监管机制，确保员工持股计划能够在公平、公正、透明的环境下实施，真正发挥其在激发企业活力、促进企业可持续发展方面的积极作用。

8.2.3　国有产权渗透的具体方式

1. 国有企业并购

国有企业并购作为国有产权渗透的一种方式，涉及国有企业作为主并方，通过增资换股、联合重组或合作上市等手段，主动并购民营企业，并保留民营企业的部分产权，以此实现企业产权结构的多元化（FAN et al., 2004）。这种并购方式标志着国有资产的主动扩张，是推动混合所有制改革的一种手段。然而，这种改革方式也面临着一些质疑，部分观点认为这可能导致"国进民退"，与混合所有制改革的初衷相违背。但从混合所有制改革的最终目的来看，无论是"国进民退"还是"国退民进"，都应视为改革的不同路径而非最终目标。改革的核心在于激发国有资产的活力，提高企业的市场竞争力和运营效率。在实际操作中，国有企业并购模式也存在一些挑战。例如，许多国有企业在进行大规模并购后，虽然在子公司层面实现了混合所有制，但在母公司层面往往仍然是单一国有股权结构。

这种状况提示我们，在推进混合所有制改革的过程中，需要更全面地考虑如何在各个层面实现真正的多元化和市场化，而不仅是停留在子公司层面。为了实现这一目标，国有企业需要进一步深化改革，优化公司治理结构，提高透明度和效率，确保各种所有制资本能够平等参与、公平竞争，并共同推动企业的持续健康发展。同时，也需要加强对并购活动的监管，确保改革过程中国有资产的保值增值，防止国有资本的无序扩张。

2. 国有企业参股

国有企业通过购买非国有企业的股份进行产权渗透，是实现混合所有制改革的有效途径之一。这种参股模式虽然有其局限性，比如，可能会面临管理和文化融合的挑战，但它也会给国有企业带来一系列积极影响。首先，国有企业参股能够促进行业竞争秩序的改善。通过引入国有资本，可以增强市场的稳定性和公平性。其次，这种模式有助于推动产业结构的升级。国有企业通常拥有较强的资源整合能力，能够带动产业向更高端方向发展。再次，国有企业参股还有利于企业的扩张。通过获取非国有企业的股份，国有企业能够快速扩大市场份额，提高自身的竞争力。最后，国有企业参股增强了政府对经济的把控能力。这不仅有助于实现宏观经济的稳定，也能为政府带来政治收益，增强其服务公众和社会管理的能力。在实践中，国有企业可以灵活运用多种方式推进混合所有制改革。除了单纯的参股外，国有企业还可以结合整体上市、分拆上市、民营企业参股等多元化的改革手段，实现从母公司到子公司各个层面的混合所有制。这种综合运用多种方式的策略，可以使国有企业在保持自身优势的同时，吸收和融合非国有资本的活力，促进企业治理结构的优化，提高运营效率和市场竞争力。

总之，国有企业参股是混合所有制改革中的一种重要方式。通过这种方式，国有企业能够与其他所有制形式的企业实现资源共享、优势互补，共同推动经济的持续健康发展。

8.3 混合所有制改革案例分析

本章案例选择的是中国建筑材料集团有限公司（2016 年更名为中国建材集团有限公司，以下简称为"中国建材集团"）混合所有制改革实践，本章案例的文字与数据资料来源主要是网络相关资料、公司年度报告、董事长讲话、专家学者的评价、Wind 数据库等。

8.3.1 公司概况

1. 中国建材集团与中国建材概况

中国建材集团起源于 1984 年年成立的中国新型建筑材料公司，初期隶属原国家建筑材料工业局，主营石膏板、轻钢龙骨等新型建材；1999 年，首次重组更名为中国新型建筑材料（集团）公司，升级为集团公司并扩展业务范围；2003 年，更名为中国建筑材料集团公司，在国资委的推动下整合传统建材企业资源，业务向水泥、玻璃等基础建材延伸，同期宋志平出任总经理并启动市场化改革，探索混合所有制模式；2016 年，与中国中材集团有限公司（以下简称"中材集团"）实施"两材合并"，更名为中国建材集团有限公司，业务覆盖水泥、琉璃纤维、复合材料及工程服务，成为全球最大的建材企业。中国建材股份有限公司（以下简称"中国建材"）（股票代码：HK3323）于 2006 年 3 月在香港联交所上市，是中国建材集团的核心上市企业。

中国建材集团的股权构成如图 8-2 所示。之所以选择中国建材集团作为案例企业来解析混合所有制企业的产权性质与产权变动方式，是因为中国建材集团在发展混合所有制经济的过程中，应用了多种产权变动方式。

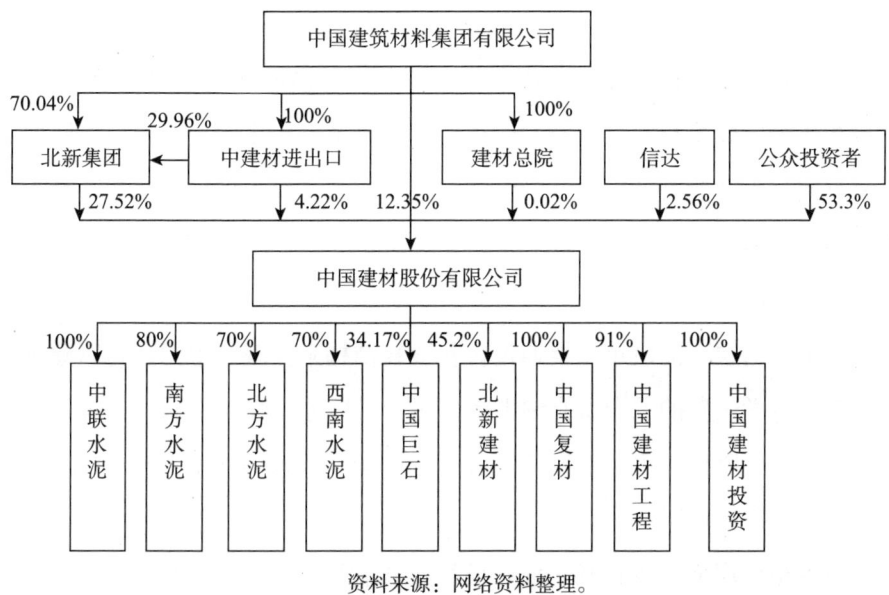

资料来源：网络资料整理。

图8-2　中国建材集团与中国建材的股权结构

2. 混合所有制改革的分层介绍

如图 8-3 所示，中国建材集团的混合所有制改革可以分为四个层面，分别是集团公司层面、上市公司层面、业务板块层面和生产经营层面。

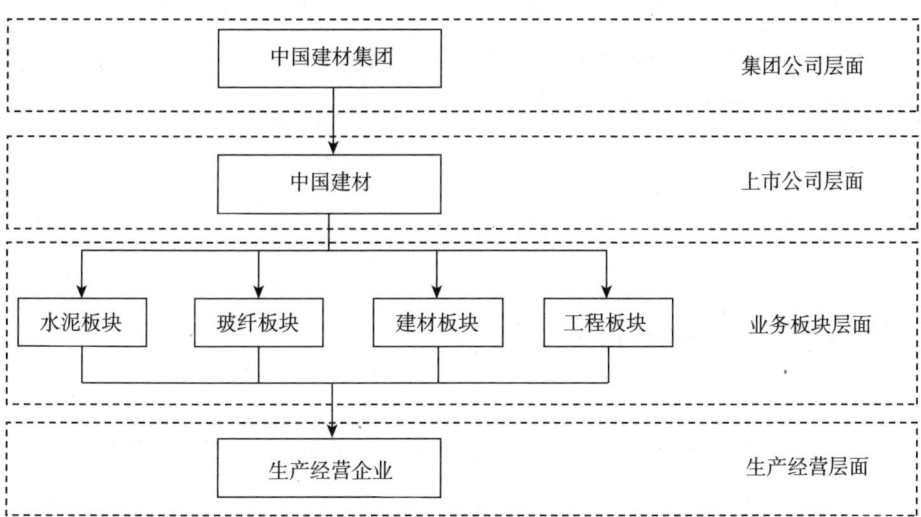

图8-3　中国建材集团混合所有制改革四大层面

（1）集团公司层面

在混合所有制改革中，集团公司主要负责整体的战略规划和指导工作，逐步在各个层面推行混合所有制改革，确保改革方向正确。集团公司层面的改革方向是由"管资产"向"管资本"转变，将主要工作集中在选聘高级经理人员、业绩考核以及管理薪酬等方面，真正释放企业的活力。

（2）上市公司层面

上市公司层面的改革主要通过优化股权结构来实现。中国建材以建设规范管理、科学运营的混合所有制上市公司为目标进行股权改革。2016年，中国建材中国有股权的比例占到了46.67%，非国有股权的占比为53.33%。

（3）业务板块层面

业务板块层面主要包括水泥、玻纤（玻璃纤维）、建材和工程四个板块，每个板块都有不同的公司，每个板块都引入了非国有资本进行了混合所有制改革。

（4）生产经营层面

目前，生产经营层面的混合所有制改革进行的范围很广，但仍然未实现理想中的改革效果，因此未来在这一层面的改革空间仍然很大。

接下来，本书将以中国建材作为研究对象进行案例研究，所以接下来主要是对上市公司层面以及以下层面的混合所有制改革的研究，结合案例分别对上文提到的上市、民企参股、员工持股以及国有企业并购等主要混合所有制改革中股权变动的具体方式进行分析。

8.3.2　公司混合所有制改革

1. 国有产权稀释路径：上市与民企参股——以玻璃纤维板块为例

中国巨石股份有限公司（以下简称"中国巨石"）是一家以玻璃纤维及制品的生产与销售为主营业务的企业。1998年至2016年，中国巨石股东占股情况变化如表8-3所示。

表8-3 1998—2016年中国巨石股东占股情况

单位：%

股东	中国建筑材料集团有限公司	中国建材股份有限公司	振石控股集团有限公司	江苏永联集团公司	江阴市长江钢管有限公司	星后（北京）日用品有限公司	索理思（上海）化工有限公司	其他流通股股东
1998	56.68	3.57	33.39	6.36				
1999	37.79	2.38	22.26	4.24				33.33
2005		40.17	22.26	4.24				33.33
2009		36.15	20.04					43.81
2011		32.79	20.68			10.02	4.33	32.19
2015		34.17	19.76			5.32	0.77	39.98
2016		26.97	15.59			4.2	0.61	52.63

资料来源：中国巨石年报（1998 年、1999 年、2005 年、2009 年、2011 年、2015 年、2016 年）。

在将近 20 年的时间里，中国巨石运用了上市与民企参股的方式实现了混合所有制改革，下面将具体来分析每一阶段这两种方式的运用情况，如图 8-4 所示。

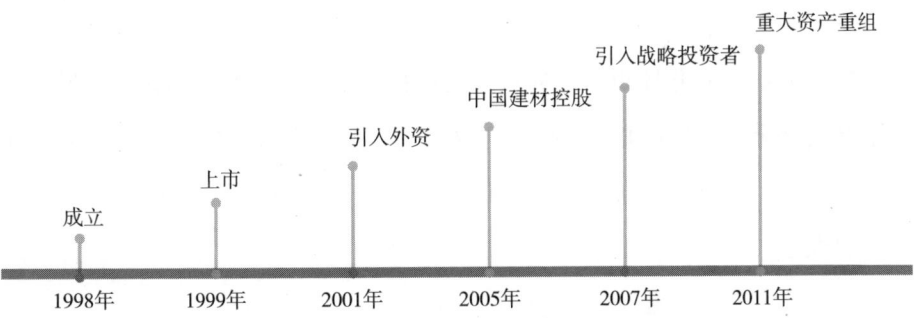

图8-4 中国巨石的混合所有制改革历程

（1）成立

中国巨石成立于 1998 年 8 月 31 日，而且成立时已经是混合所有制企业，由中国建材集团、振石控股集团有限公司（以下简称"振石控股"）、江苏永联集团公司（以下简称"江苏永联"）和中国建材四家公司设立。成立时，各股东的占股比例如表 8-3 所示，从中我们可以看出国有股的占比仍然超过 50%，也就是当时的中国巨石是一家国有控股的混合所有制企业。

（2）上市

1999 年，中国建材集团与巨石集团有限公司（以下简称"巨石集团"）通过联合上市，即国有产权稀释的路径进行了混合所有制改革。通过这次上市，中国巨石的国有股权比例有所下降。这次上市解决了巨石集团的资金问题，拓展了融资渠道，并且提升了巨石集团在玻纤行业的行业地位。

（3）引入外资

2001 年，巨石集团通过引进外资的方式，成立了中外合资公司。这次决策主要是两方面因素的考量。一方面是税收方面，因为引入外资，可以享受一定程度的税收优惠；另一方面是股权结构方面，在引入外资后，改善了企业的股权结构。

（4）控股

2005 年，中国建材股份有限公司的持股比例上升至 40.17%，这是由于中国建筑材料集团有限公司将 37.79% 的股权转给了中国建材股份有限公司，中国建材成为第一大股东。

（5）引入战略投资者

2007 年，巨石集团再一次通过产权稀释的路径进行混合所有制改革。引入了弘毅基金 7 500 万美元的投资，这样一方面使得巨石集团的股权结构进一步多元化，另一方面通过引入优质的民营资本，解决了巨石集团当时在资金上的难题。

（6）重大资产重组

2011 年，巨石集团进行了一次重大的资产重组，巨石集团成为上市公司全资子公司。中国巨石以自身股份换取战略投资者、外资机构所持巨石集团的股份，使得民营资本从子公司层面上升到上市母公司层面。这进一步实现了混合所有制改革的深化，清晰了公司治理结构，并健全了公司管理体制，也进一步统一了股东利益。

2.国有产权稀释路径：员工持股——以南京凯盛为例

南京凯盛国际工程有限公司（以下简称"南京凯盛"，2023年更名为中材国际智能科技有限公司）隶属于中国建材集团，是一家从事水泥工厂工程设计、工程总承包、信息化和智能化的技术改造、水泥窑协同处置垃圾和污泥、机械设备制造、纯低温余热发电、机电设备安装等业务的公司。

南京凯盛在混合所有制改革中有一个鲜明的特色，那就是实行员工持股机制。南京凯盛从2003年开始进行员工持股的改革，南京凯盛的混合所有制改革是一个自下而上的过程，具体操作如下。

（1）持股比例

持股比例的多少当时是由员工参与讨论决定的，从两套方案中选择一套，最后选择了一套企业领导持股较少的方案。在这份方案中，经营层7人持有的股份不足10%，其余股份则由40多位业务骨干均占。截至2016年，南京凯盛的持股比例如图8-5所示。

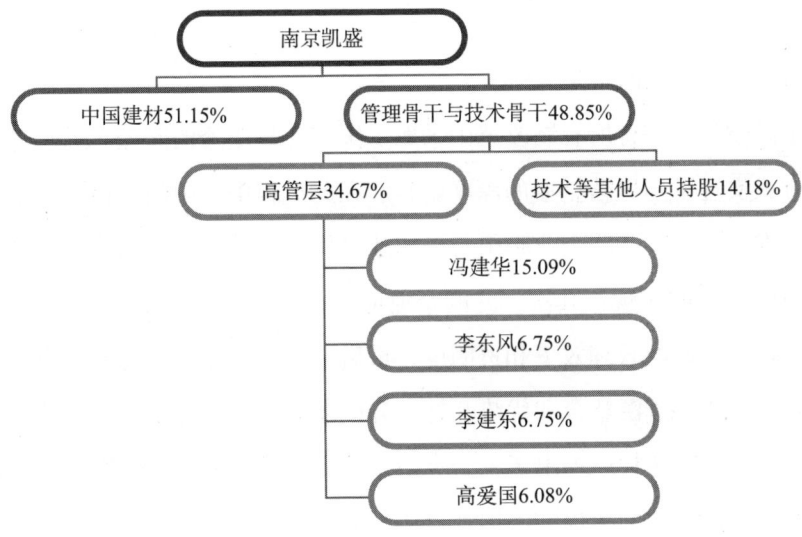

资料来源：网络资料整理。

图8-5 南京凯盛股份结构

（2）入股方式

在入股方式上，南京凯盛采取的是所有持股员工均以现金入股。这样的做法意在避免全员持股导致激励失效，因此持股对象主要是经营层和业务骨干。这种做法也借鉴了西方国家在员工持股方面的经验。

（3）取得成效

实践证明，员工持股无论对员工自身发展，还是公司可持续发展，都具有积极的意义和价值。在企业发展方面，由于员工持股极大地调动了员工的积极性，截至 2016 年，在南京凯盛成立的 15 年时间里承接的 200 多个项目中，保持着无一失败、无一亏损的纪录。南京凯盛也成为国内一流的水泥工程总承包公司，并带动和促进了行业技术的革新与进步。在员工管理方面，南京凯盛自 2001 年成立以来，公司无一核心骨干员工流失。

3. 国有产权渗透：并购——以水泥板块为例

中国建材在水泥板块采用了混合所有制改革的另一条路径，也就是国有产权渗透的路径。在与民营企业不断"混合"的过程中，实现了中国建材的包容性成长。

（1）并购对象的条件与标准

中国建材在混合所有制改革中采取了国有产权渗透的路径，通过并购重组的方式实现了与民营企业的深度融合。在此过程中，中国建材明确了三条并购标准：首先，并购企业必须与公司战略相匹配，确保并购能够推动公司整体战略目标的实现；其次，并购企业应能够接受规范化管理，运作规范，保障并购后企业的管理效率和透明度；最后，并购企业应能与现有企业产生协同效益，通过资源整合和优势互补提升整体竞争力。为了吸引民营企业的积极参与，中国建材还提出了三个吸引条件：一是确保收购价格公平，消除民营企业对被低估的担忧，保护其合法权益；二是留给被收购企业或企业家部分股权，明确产权关系，增强民营企业的归属感和积极性；三是将有意愿、有能力的民营企业总经理等管理层转变为混合所有制企业的职业经理人，继续参与企业管理，保障企业运营的连续性和稳定性。

这些措施不仅解决了民营企业在并购过程中的顾虑，还通过合理的激励机制和产权安排，促进了公有制资本与非公有制资本的有效融合。收购价格的公平性、给予部分股权的清晰产权关系以及对民营企业管理层的职业经理人制度建设，共同构成了中国建材混合所有制改革成功的关键因素。这种模式不仅提高了公司治理效率，还为公有制资本与非公有制资本的共同发展探索了新的思路，成为中国混合所有制改革的典范，为其他企业提供了可借鉴的经验。

（2）水泥板块的并购重组

①并购民营企业

在 2007 至 2008 年，中国联合水泥集团有限公司（以下简称"中联水泥"）对德州晶华集团有限公司的资产收购是一个标志性事件，涉及金额高达 8.3 亿元人民币，并由此成立了德州中联大坝水泥有限公司（以下简称"德州中联"）。中联水泥在此公司中持有 85% 的股份，如图 8-6 所示。

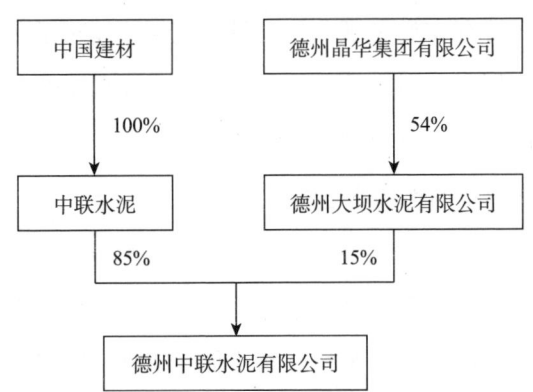

资料来源：网络资料整理。

图8-6　德州中联的股份结构

这次收购不仅加深了中国建材集团在水泥行业的控制力，而且对中联水泥的发展具有深远的战略意义。第一，这次收购显著提升了中联水泥在水泥及水泥熟料产量方面的规模，增强了其市场供应能力。第二，通过这次收购，中联水泥在山东地区的市场竞争力得到了巩固。这不仅提高了其在区域市场的占有率，也加强了其对市场的控制力和影响力。第三，收购还帮助中联水泥增加了水泥产能，这在水泥行业中是衡量竞争力的关键指标之一。第四，通过整合双方资源和运营流程，中联水泥能够利用协同效应来提升生产效率，并通过规模经济进一步降低生产成本，从而提高了整体的盈利能力和市场竞争力。这次收购案例体现了混合所有制改革中通过并购重组实现产业优化升级的典型做法，展示了国有企业如何通过资本运作来实现资源整合和行业竞争力的提升。同时，它也展示了混合所有制企业如何通过市场化手段，实现产业链的拓展和效率的提升。

②重组成立子公司

2009 年 3 月 6 日，中国建材通过与辽源金刚水泥（集团）有限公司（以下简称"辽源金刚"）和弘毅投资的合作，订立了出资协议，共同成立了北方水泥有限公司（以下简称"北方水泥"）。这一举措标志着中国建材在混合所有制改革方面迈出了新的步伐，采取了联合重组的方式，与以往的改革模式有所区别。在北方水泥的资本结构中，中国建材并没有选择绝对控股，而是与辽源金刚各自持有 45% 的股份，这种股权结构体现了混合所有制改革中对等合作的精神。同时，引入弘毅投资不仅为北方水泥带来了资金，还实现了产业资本与金融资本的有效融合。这种跨界合作有助于整合各方资源，提高资本效率，增强企业的市场竞争力。

③交叉持股

中国建材为了发展南方水泥市场，还采用了与一些民营企业交叉持股的方式实现混合所有制改革。这次参与混合所有制改革的有四家民营企业，分别是浙江水泥有限公司（以下简称"浙江水泥"）、浙江尖峰水泥有限公司（以下简称"浙江尖峰"）、虎山集团股份有限公司（以下简称"虎山集团"）和浙江三狮水泥股份有限公司（以下简称"三狮水泥"）。2007 年，中国建材与这四家民营企业订立出资协议，成立了注册资本为人民币 35 亿元的南方水泥有限责任公司（以下简称"南方水泥"）。中国建材在南方地区的并购和重组活动，通过混合所有制改革的方式，实现了行业内的资源整合和协同发展。通过与南方水泥以及其他股东的合作，中国建材进一步成立了南方万年青水泥有限公司（以下简称"南方万年青"）、南方尖峰水泥有限公司（以下简称"南方尖峰)，并收购了浙江水泥、虎山集团等企业（如图 8-7 所示）。

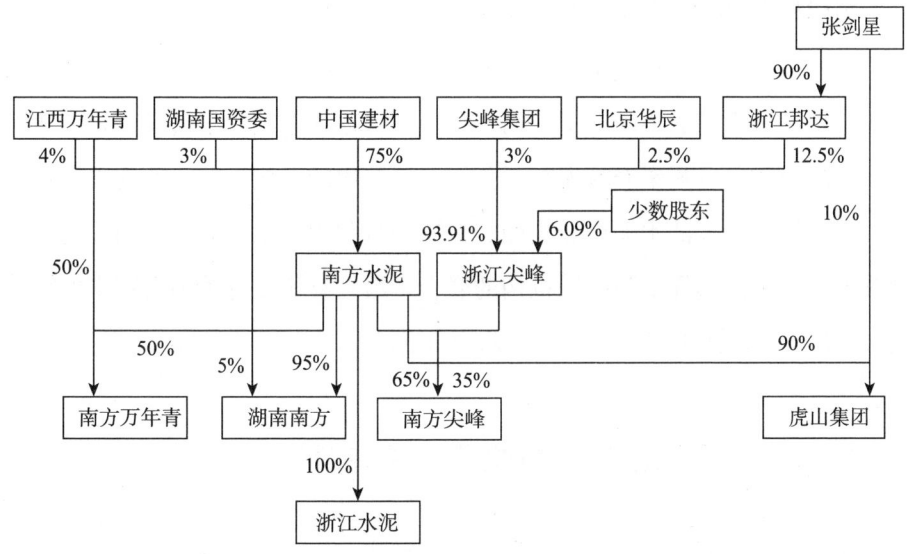

图8-7　交叉持股情况

　　这些举措不仅扩大了中国建材在南方地区的市场份额，而且通过交叉持股的方式，形成了区域内企业间的紧密联系。具体来说，这种资本结构的安排使得多家企业在保持各自独立性的同时，能够共享资源、技术和市场信息，从而实现更高效的运营和更优化的决策。在水泥行业这样一个区域市场交错严重、容易引发恶性价格竞争的领域，混合所有制改革中的交叉持股模式显得尤为重要。它有助于打破地域限制，减少行业内的无序竞争，促进企业间的合作与协同。通过这种方式，中国建材不仅能够提升自身的市场竞争力，还能够推动整个行业的健康发展。交叉持股使得企业间的利益更加一致，有助于形成统一的市场策略，避免价格战等恶性竞争行为，最终实现多赢的局面。这种模式的成功实施，为中国建材乃至整个水泥行业的混合所有制改革提供了宝贵的经验。

　　④金融机构参股

　　2011 年 12 月 12 日，中国建材联合深圳京达股权投资管理有限公司、上海圳通股权管理有限公司以及北京华辰普金资产管理有限公司（以下简称"北京华辰"）共同成立了西南水泥有限公司（以下简称"西南水泥"），标志着中国建材在混合所有制改革方面的又一重要举措。西南水泥的成立并非孤立事件，而是中国建材在全国范围内水泥市场战略布局的关键一步。通过联合重组重庆科华控股集团有限公司、四川利森建材集团有限公司、云南建峰水泥有限公司、贵州泰安水泥有限公司等区域内的龙头企业，西南水泥迅速成长为区域内最大的水泥企业集团。在这一过程中，中国建材利用混合所有制改革的契机，选择了与金融机构的联合重组，有效发挥了国有资本的杠杆效应，促进了西南地区的大规模并购重组活动。

8.3.3　公司混合所有制改革效果评价

从中国建材集团进行混合所有制改革的过程中，我们可以看到不同的企业可以根据自身不同的特点来选择混合所有制改革的路径和方法，只要是对企业的发展有利的都可以加以利用，并不存在一个所谓的标准路径。中国建材集团在混合所有制改革过程中就是根据不同子公司的行业特点、发展战略以及竞争对手的情况来设计不同的混改方式，并且都取得很好的效果。

第一，在水泥板块，中国建材集团选择的是国有产权渗透的路径，采用的是并购整合的方式。之所以这么选择，是由于中国水泥市场竞争度较高，并且水泥行业有较强的地域特点。在这种情况下，水泥行业容易出现恶性价格战。中国建材集团利用国企优势在水泥行业开展并购整合，可以吸纳许多优质民营资产进入中国建材集团阵营，这样可以适当地规避同业恶性竞争，实现规模效益，达成双赢。

第二，在玻璃化纤板块，中国建材集团选择的是国有产权稀释的路径，采用引进民营资本和外资资本上市的方式。这是由于在这一板块很多的民营企业发展缺乏相应的资金，而国有企业的资金相对充足，合作可以实现互补，产生很好的协同效果。中国建材集团与民营企业振石公司联合发起成立了中国巨石，并将其作为上市主体进入资本市场。通过这种方式，公司成功募集了大量资金，不仅用于扩大经营规模，还持续降低国有资本的持股比例。在确保国资控股的前提下，中国巨石最大限度地实现了企业股权的多元化。

第三，在南京凯盛公司采用员工持股的方式来进行混改，也是结合了该公司的特点。南京凯盛作为一家人才资本和技术要素占比较高的重要企业，通过实施员工持股计划，成功地将员工利益与股东利益紧密结合起来。这种机制不仅激励了员工为公司的发展投入更多的热情和努力，而且实现了员工与企业效益的共同增长，形成了一种对双方都有利的双赢局面。

8.4　本章小结

本章的研究内容全面覆盖了混合所有制改革的多个关键方面。首先，从改革参与者的分类入手，深入分析了不同参与者的特性和在改革过程中的作用。通过对参与者的细致分类和对比，本章揭示了各主体在改革中的利益诉求、影响力和互动关系，为理解混合所有制改革的复杂性和动态性提供了基础。其次，本章对混合所有制改革中的两种主要路径——国有产权稀释和国有产权渗透——进行了剖析，详细探讨了每种路径下产权变动的具体方式。本章不仅分析了每种方式的优势，如促进企业治理结构优化、提高市场竞争力等，也指出了它们存在的潜在缺陷，如在某些情况下可能导致的国有资本控制力下降或改革成本过高等问题。本章的分析不仅限于理论层面，还通过具体案例进一步加深了对混合所有制改革的理解。以中国建材集团及其分公司的混合所有制改革为例，本章重点研究了上市、民营企业参股、员工持股和国有企业并购这四种具体的改革方式。通过对这些方式的深入剖析，本章展示了每种方式在实际操作中的具体应用、实施过程以及所面临的挑战和机遇。最后，本章对中国建材集团的混合所有制改革效果进行了全面评价。通过定量和定性的方法，分析了改革对企业经济效益、治理结构、市场竞争力等方面的影响。评价结果不仅反映了中国建材集团改革的成效，也为其他国有企业混合所有制改革提供了可借鉴的经验。因此，本章通过分类分析改革参与者、剖析产权变动方式、案例研究和改革效果评价，构建了一个多维度、系统性的混合所有制改革研究框架。研究成果不仅丰富了混合所有制改革的理论内涵，也为实践中的改革决策提供了有价值的参考和指导，对推动中国混合所有制改革的深入发展具有重要意义。

第9章 混合所有制企业实效性影响因素之四 ——公司治理^①

公司治理模式是影响混合所有制改革效果的另一个关键因素。公司治理模式的研究框架已经相对成熟，但中国的混合所有制企业在公司治理上存在诸多的特殊性，而这些特殊性又会在很大程度上影响公司治理效率。鉴于之前的研究普遍从普通的治理结构框架来研究混合所有制企业的公司治理，本章将首先对公司治理这一影响因素与混合所有制改革之间的关系进行研究，接着对中国混合所有制企业公司治理模式的特殊性进行剖析，从中得出研究假设，并且构建出适合中国混合所有制企业公司治理模式的研究框架，最后对研究假设进行实证检验，得出特殊的公司治理结构变量对公司治理效率的影响。

9.1 混合所有制改革与公司治理

混合所有制企业是国有资本与非国有资本用各种方式进行融合形成的，那么一定会涉及一个问题，那就是"公权力"的产生。"公权力"的产生也随之会产生一系列的问题，比如，"公权力"如何维护的问题、"公权力"如

---

① 本章内容取自笔者 2018 年在《经济体制改革》上发表的文章《中国混合所有制企业公司治理特殊性及治理效率的实证研究》。

何行使的问题以及"公权力"由谁监督的问题，而这些问题都可以由一个规范的公司治理机制来解决。在混合所有制改革中，民营企业参与热情不高的一个最主要的原因就在于，民营企业担心参与混合所有制企业之后，会被国有企业控制，或是无法实现与国有企业的权利平等。因此，在混合所有制企业中，国有股东与非国有股东的权利平等，是混合所有制改革的制度保证。只有实现了权利平等，国有资本与民营资本才能有效地实现混合，并产生合力。如何在混合所有制企业中实现国有资本与民营资本之间的权利平等，主要依靠的是公司治理模式中的制度设计。

9.2 混合所有制企业公司治理的特殊性

中国混合所有制企业的公司治理有自己的特殊性，一方面是由于股份性质的多元化，另一方面是由于所处的社会环境的特殊性。它不同于传统国有企业的公司治理，也不同于一般私有企业的公司治理。中国混合所有制企业的公司治理存在着五种特殊性，如图 9-1 所示。

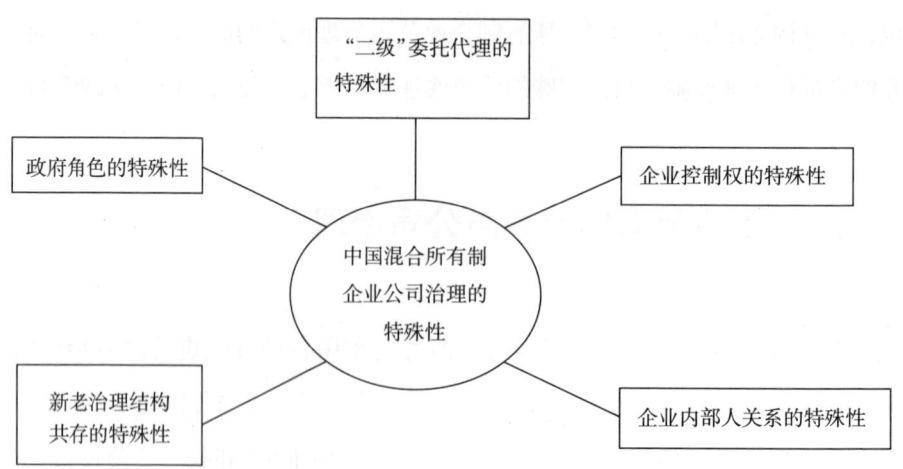

图9-1 中国混合所有制企业公司治理的特殊性

9.2.1 政府角色的特殊性

结合混合所有制企业产生和发展的过程，以及对混合所有制企业现状的调查，可以推导出政府在混合所有制企业中所扮演的角色。第一个角色是监护者，即政府会对混合所有制企业进行监护。这种监护者的角色其实是适应了中国当前经济与政治的需要。对于民营企业或是外资企业来说，他们在选择入股混合所有制企业时已经接受了政府监护的条件，由此换来的是政府的优惠政策和资金支持。第二个角色是管理者，即政府会对混合所有制企业的经营进行一定的干预和管理。这里所指的"管理者"有两层意思：第一层意思是政府会把一些社会性目标加在混合所有制企业的目标之中；第二层意思是政府也承担着一些义务，比如，回应社会舆论、满足国有企业职工群体以及其他利益相关者的要求等。第三个角色是混合所有制企业的股东之一。这三种不同角色的交织构成了混合所有制企业公司治理的特殊性之一（如图 9-2 所示）。

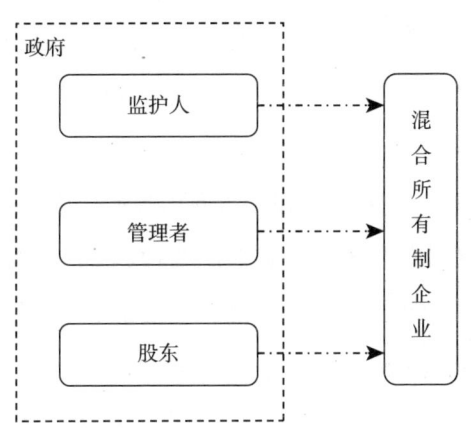

图9-2 中国混合所有制企业中政府的角色定位

政府在混合所有制企业中的这三种角色，意味着在公司治理中政府除了以股东身份的持股比例对混合所有制企业产生影响之外，还可以通过其他方式对其产生影响。政府仍然有可能干预企业的正常决策。此外，企业的一些利益相关者还会主动地将需求诉诸政府。这就使得混合所有制企业的利益相关者们在参与公司治理时多了很多不确定性，一定程度上会降低公司治理的效率，从而也加大了公司治理的复杂性。

9.2.2　企业控制权的特殊性

企业控制权是从股东所有权中派生出来的一种权利。1932年，伯利（Berli）和米恩斯（Means）提出，控制权是通过行使法定权力或施加影响，对大部分董事有实际的选择权。但后来格罗斯曼（Grossman）等人提出了不完全合同理论之后，对企业控制权的研究中心就开始转向了剩余控制权。因此，企业控制权其实有两种含义。一种是一般性的控制权，即对公司经营进行决策或是控制他人决策的权力，可以分为经营控制权、决策控制权和监督控制权三种（谢军、黄建华，2012）。另一种控制权是指剩余控制权。由于企业合同的不完备性而存在契约"漏洞"，需要有人来决定如何填补这些"漏洞"，这就是企业的剩余控制权。

第一，在混合所有制企业中，国有股东的强势地位增加了企业控制权的复杂性。不管国有股东是第一大股东还是绝对控股股东，甚至是小股东或是消极股东，都具有强势地位。强势地位体现在股东身份和监护人身份或是管理者身份合二为一上。2016年，在中央政府控股、中央直属国有企业控股、地方政府控股和地方所属国有企业控股的四种类型的混合所有制企业中，董事长和总经理有行政级别的比例都很高，也就说明了他们身份的多样性，这种多样性也进一步增强了他们在企业中的控制权。

第二，混合所有制企业中存在的金字塔结构也增强了国有资产的控制力。比如，混合所有制企业中的国有控股企业，政府对其采用"三级授权"的管理方式。国有资产监督管理委员会代表政府履行出资人职责，再通过不同形式的控股方式来控制下层的企业。这样就形成了国有控股公司的金字塔结构。国家旨在通过这种金字塔结构来实现所有权和经营权的两权分离，让国有控股公司掌握经营权，以降低政府多元化给企业带来的政治成本（FAN et al., 2004），如图 9-3 所示。

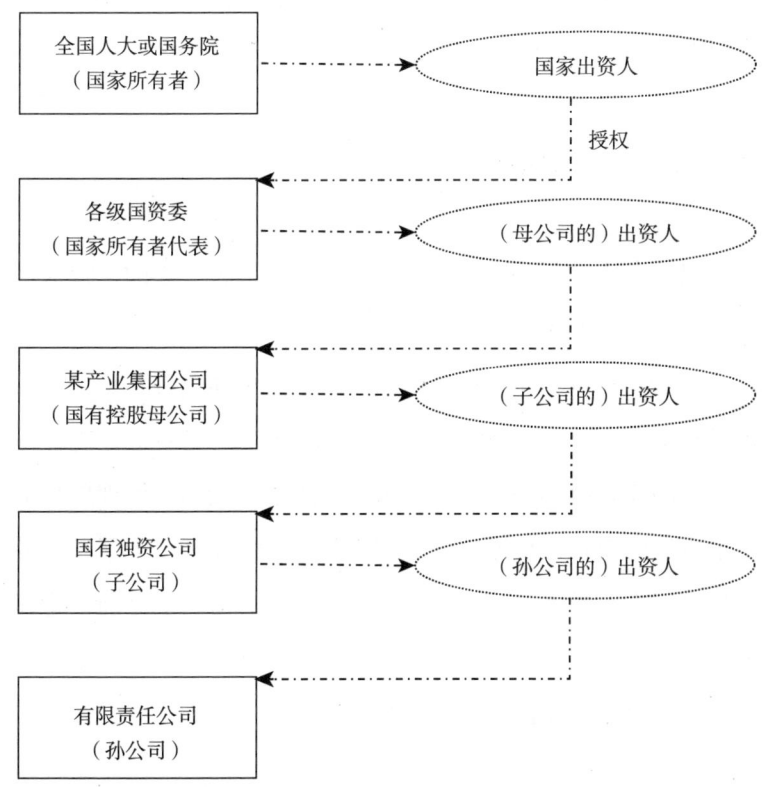

图9-3　中国国有控股企业的金字塔结构

金字塔式的股权结构一个重要的特点就是可以分离所有权和控制权。假设 U 代表国有资产的所有者国家，U 在公司 1 的持股比例为 S_1，公司 1 在公司 2 中的持股比例为 S_2，公司 2 在公司 3 中的持股比例为 S_3，以此类推，第 n 次控股之后，公司 n-1 在公司 n 中的持股比例为 S_n。这样来看，国家 U 对公司 n 的所有权的比例为

$$\text{Cas} = \prod_{i=1}^{n} S_i \quad S_i \in (0,1) \tag{9-1}$$

国家 U 对公司 n 的控制权为

$$Con=min\ (\ S_1, S_2, \cdots, S_n\ ) \tag{9-2}$$

因为 S_i 小于 1，同时 n 必然大于 1，因此控制权大于所有权。这就表明国家可以用更少的资金获得更大的控制权（陈颖、吴秋明，2015）。

9.2.3　企业内部人关系的特殊性

由于中国混合所有制改革有一大部分是由内部人主导的，特别是在混合所有制改革的早期，形成了一大批由内部人持股的混合所有制企业。内部人的身份可能是股东、董事、经理或是雇员，也有可能是各种身份的重叠。内部人持股意味着内部人权的重组（张文魁，2007）。如果是管理者持股，那么有两种关系的变化就不得不注意。由于管理者持股后，管理层与员工的关系就发生了本质的变化，从原来的管理者与员工的关系变为了所有者与员工的关系。管理层内部的关系也会发生变化。在管理者持股之前，管理者之间的权力差别与职位相关，但在管理层持股之后，他们之间的差别又与持股的多少有关，持股的多少可能也会影响未来的职位。

9.2.4　"二级"委托代理的特殊性

公有制与私有制最根本的区别在于是否存在独立的产权。公有制下不存在独立产权，而是全民所有制的国有产权，实质上就是所有者的缺位。这样就使得国有产权不能像私有产权一样由其所有者来选择合适的代理人（经营者），并对其进行监督。以国家为代表的国有产权与代理人（经营者）之间必须要多一个环节，也就是政府官员，我们把他们称为外部代理人，混合所有制企业的经营者称内部代理人。他们之间存在的委托代理关系如图 9-4 所示，国有产权与外部代理人之间的关系为第一级委托代理关系，外部代理人与内部代理人之间的关系为第二级委托代理关系。

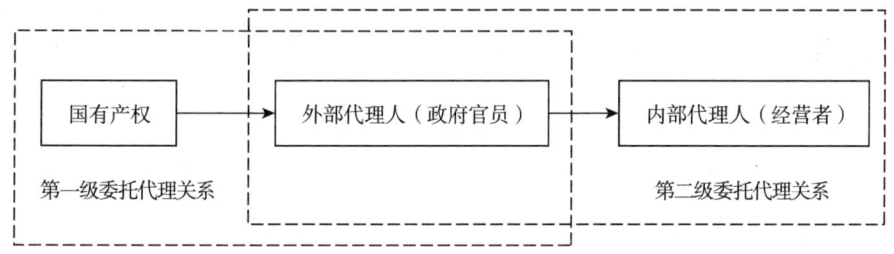

图9-4　混合所有制企业中的"二级"委托代理关系

委托代理层级的增加会加大其代理成本（陈颖、吴秋明，2015），因此"二级"委托代理关系会导致混合所有制企业的代理成本要比私有公司的更高。而这个更高的代理成本从何而来呢？从图 9-4 中可以看出，外部代理人在这"二级"委托代理关系中，既处于代理人的位置，又处于委托人的位置。在第一级委托代理关系中，外部代理人是国有产权的代理人，但是他们的利益与国有产权股东（全民所有）的利益并不完全一致，他们有自己的目标效用函数，因此就导致他们在履行职权的过程中存在机会主义行为的风险，这也就产生了代理成本的问题。在第二级委托代理关系中，内部代理人也会在代理经营权的过程中出现机会主义的行为，从而损害了国有股东的利益，这就又一次产生了代理成本（刘芍佳、孙霈、刘乃全，2003）。

9.2.5　新老治理结构共存的特殊性

在没有进行股份制改革之前，国有企业的治理体系主要由党委会、职工代表大会和工会三会构成的（以下简称"老三会"）。其中，党委会拥有决策权与领导权，在领导企业、行政管理以及保障职工权益等方面发挥着重要作用。职工代表大会是企业实行民主管理的主要形式，是员工参与企业管理、监督领导干部的权力机构；工会则是职工代表大会的常设机构，主要的职责是参与企业的民主管理，比如，代表职工与企业签订劳动合同，或是对企业的安全条件进行监督等。在相当长的一段时间里，这种治理模式在国有企业起到了巨大的作用。但在国有企业改革之后，特别是在引入了非国有股份进行混合所有制改革之后，企业的治理结构变成了《中华人民共和国公司法》中规定的股东会、董事会和监事会三会（以下简称"新三会"）。虽然新的治理机制与过去的相比有明显的优势，但也不可能马上废除旧的治理模式，必然会存在着两种治理模式共存的一段时期，而这也成为中国混合所有制企业治理模式一个十分显著的特征之一。

"老三会"与"新三会"之间存在着性质和设置目的上的矛盾。"新三会"是为了平衡产权关系与代理权力而设置的，是基于股东利益最大化的效率目的。而"老三会"则是政治体制在国民经济基层单位的具体体现，是基于实现党的领导和体现工人主人翁地位的目的。在实际工作中，"新三会"和"老三会"之间会存在机构重叠、多头领导的问题，严重影响工作效率。因此，如何处理好新旧两种治理模式之间的关系？如何平稳过渡？如何发挥旧的治理制度在现代企业中的作用等问题都亟待解决。

9.3　研究假设

在对中国混合所有制企业公司治理特殊性的分析以及公司治理理论的基础之上，笔者将提出以下假设。

（1）假设 H9-1：董事会结构因素会影响混合所有制企业的公司治理效率。

假设 H9-1-1：董事长与总经理有行政级别会降低混合所有制企业的公司治理效率。

假设 H9-1-2：独立董事所占董事会人数比例越高，混合所有制企业的公司治理效率越高。

假设 H9-1-3：当总经理与董事长为同一人时会降低混合所有制企业的公司治理效率。

假设 H9-1-4：存在"老三会"的混合所有制企业的公司治理效率更低。

（2）假设 H9-2：股权结构会影响混合所有制企业的公司治理效率。

假设 H9-2-1：实际控制人为政府或是有政府背景的企业，会降低混合所有制企业的公司治理效率。

假设 H9-2-2：股权集中度越高，混合所有制企业的公司治理效率越低。

（3）假设 H9-3：高管因素会影响混合所有制企业的公司治理效率。

假设 H9-3-1：高管的持股比例越高，混合所有制企业的公司治理效率越低。

假设 H9-3-2：由政府任命高管的混合所有制企业比非政府任命高管的混合所有制企业的公司治理效率更低。

假设 H9-3-3：前三名高管的薪酬总额越高，混合所有制企业的公司治理效率越低。

9.4　研究样本与数据

本章通过 Wind 数据库收集了 2009 年至 2016 年的深沪市上市公司样本，为了能让样本的数据分析结构更可信、更有效，本章对样本做了以下的处理：第一，由于金融类上市公司的特征与其他行业企业的差异性较大，缺乏可比性，因此本章将金融类公司的样本剔除；第二，对上市不足三年的公司予以剔除；第三，由于本章主要研究的对象是混合所有制企业，因此将上市公司中国有股份为 0 的样本剔除。

根据以上条件筛选后，得到了 3 624 个有效观测样本，其中 2016 年为 298 家，2015 年为 304 家，2014 年为 410 家，2013 年为 348 家，2012 年为 381 家，2011 年为 525 家，2010 年为 567 家，2009 年为 791 家。样本的观测数据主要来源于 Resset 金融研究数据库和 Wind 数据库,并且通过巨潮资讯(www.cnicfo.com)等公开发布上市公司年报的相关网站对数据进行了补充和修正。

9.5 变量定义与说明

9.5.1 公司治理效率变量

由于公司治理效率是一个多重属性的指标,单从某一方面来衡量都不够完整,因此,本章选择四个方面的指标来衡量公司治理效率,分别是公司运营成本、公司价值、公司收益以及公司遵守法规的情况。用期间费用率来表示公司运营成本,用常用的托宾 Q 指标来作为公司价值的测度指标,用净资产收益率和总资产报酬率来表示公司收益,用违规次数来表示公司遵守法规的情况。被解释变量如表 9-1 所示。

表9-1　公司治理效率变量定义与说明

变量名称	变量代码	变量定义
期间费用率(%)	OGR	(管理费用＋营业费用)/营业收入 ×100%
托宾 Q 值	Q	(年末流通股市场价值＋年末非流通股份 × 每股净资产＋年末负债总额)/(年末净资产＋年末负债总额)
净资产收益率(%)	ROE	(净利润/股东权益)×100%
总资产报酬率(%)	ROA	(净利润/平均资产总额)×100%
违规次数	Number-of-offence	公司被证监会或是交易所等监管机构处罚的次数

1. 期间费用率

期间费用率越高,说明公司为实现现有收入付出的成本越高,则利润就越低。之所以用期间费用率来说明公司治理的效率,是因为这一比率可以反映出管理层在经营过程中为降低公司的成本而做出努力的程度。

2. 托宾 Q 值

由于会计指标容易被操控，因此在国外的研究中公司的市场价值通常用托宾 Q 值来衡量，本章也采用这一指标。但是，由于中国股票市场存在非流通股，因此在计算这个指标时就存在非流通股的折价问题。国内研究中对托宾 Q 值的折价计算方法有两种：一种是非流通股取值用每股净资产代替；另一种是非流通股价值按照流通股市价的 20% 或 30% 折价计算。本章采用第一种方式来进行计算（刘芍佳、孙霈、刘乃全，2003）。公司治理中出现的问题越少，公司的市场价值就越高，说明公司的治理效率越高。

3. 净资产收益率

计算公式为：（净利润 / 股东权益）× 100%。净资产收益率越高，说明公司的治理效率越高。

4. 总资产报酬率

计算公式为：（净利润 / 平均资产总额）× 100%。总资产报酬率越高，说明公司的治理效率越高。

5. 违规次数

违规次数主要是指公司被证监会或是交易所等监管机构处罚的次数。这种违规的行为一般表现为管理层侵犯股东的利益，或是大股东侵害小股东利益的行为。因此，可以定义为违规的次数越多，公司治理的效率越低。

9.5.2　公司治理结构变量

结合之前的理论基础以及研究假设，本章在公司治理结构变量方面选择的解释变量如下（表 9-2）。

表9-2　公司治理结构变量定义及说明

变量名称	变量代码	变量定义
董事长与总经理是否有行政级别	Administrative	董事长和总经理之中有一个以上有行政级别的情况，取值为"1"；反之，取值为"0"
独立董事所占董事会人数比例（%）	Out-ratio	独立董事人数 / 董事会人数 ×100%
总经理与董事长是否为同一人	Ceo-topdir	当总经理与董事长是同一人时取值"1"，不同时取值"0"
是否存在"老三会"	OldandNew	企业中依然存在党委会、工会和职工代表大会的取值为"1"；反之，则取值为"0"
实际控制人性质	Nat-actucontrol	实际控制人是政府机构或是政府、国家背景企业的取值为"1"；反之，取值为"0"
股权集中度	Cstr2-10	第二到第十大股东持股量平方和的对数
高管的持股比例（%）	Stock	高管持股总数 / 总股本
高管任命方式	Selectionmethod	有一个以上的高管是由政府任命的，取值为"1"；反之，取值为"0"
前三名高管的薪酬总额	Pay	ln（前三名高管薪酬总和），薪酬的单位为元

1. 董事长与总经理是否有行政级别

如果董事长和总经理之中有一个以上有行政级别的情况，取值为"1"；反之，取值为"0"。

2. 独立董事所占董事会人数比例

这里用独立董事的人数除以董事会总人数的数值来表示。

3. 总经理与董事长是否为同一人

总经理是否兼任董事长是个虚拟变量，当总经理与董事长是同一人时取值"1"，不同时取值"0"。

4. 是否存在"老三会"

在企业中依然存在党委会、工会和职工代表大会的取值为"1"；反之，取值为"0"。

5. 实际控制人性质

企业的实际控制人是政府机构或是政府、国家背景企业的取值为"1";反之,取值为"0"。

6. 股权集中度

这里用文献中常见的 Herfindahl(赫芬达尔)指数来表示股权集中度,计算方法是第二到第十大股东持股量平方和的对数。

7. 高管的持股比例

这里用高管持股总数与总股本之间的比例来表示。

8. 高管任命方式

若有一个以上的高管是由政府任命的,则取值为"1";反之,取值为"0"。

9. 前三名高管的薪酬总额

这里用公布的前三名高管的薪酬总额的对数来表示。

9.5.3 控制变量

由于以往的研究和文献多次证明了不同规模和行业的公司治理效率会有差异。因此,本章选择公司规模与行业指标作为控制变量,以检验公司规模和行业对实证结果的影响。如表 9-3 所示。

表9-3 控制变量定义及说明

变量名称	变量代码	变量定义
公司规模	Size	公司年末总资产的对数
行业	Industry	农、林、牧、渔业 =1,采矿业 =2,制造业 =3,电力、热力、燃气及水生产和供应业 =4,建筑业 =5,批发和零售业 =6,交通运输、仓储和邮政业 =7,住宿和餐饮业 =8,信息传输、软件和信息技术服务业 =9,房地产业 =10,租赁和商务服务业 =11,科学研究和技术服务业 =12,水利、环境和公共设施管理业 =13,居民服务、修理和其他服务业 =14,教育 =15,卫生和社会工作 =16,文化、体育和娱乐业 =17,综合 =18

1. 公司规模

这里用公司年末总资产的对数来表示公司规模的大小。

2. 行业

根据中国证券监督管理委员会（以下简称"中国证监会"）《上市公司行业分类指引（2012）》制定的行业分类方式，将样本中的上市公司按照行业分为十八个大类，并分别赋值。

9.6　数据特征

9.6.1　公司治理效率的数据特征

表示公司治理效率的因变量指标分别是期间费用率（OGR）、托宾Q值（Q）、净资产收益率（ROE）、总资产报酬率（ROA）以及违规次数（Number-of-offence）。这些指标的描述性统计特征如表9-4所示。

表9-4　公司治理效率变量描述性统计

变量名称	变量代码	最小值	最大值	平均值	标准差
期间费用率（%）	OGR	-179.34	288 973.18	25.966 4	2 674.354 3
托宾Q值	Q	0.59	9.12	1.77	1.05
净资产收益率（%）	ROE	-175.33	712.3	0.075 4	7.534
总资产报酬率（%）	ROA	-2 065.06	24 556.65	2.456 5	235.475 1
违规次数	Number-of-offence	0	9	3.34	0.015

在样本中，完全没有违规的样本数占总样本数的15%，违规次数为4次的占总样本数的67%，违规次数在5次以上的样本占总样本数的3%，违规次数在1次到3次之间的样本占总样本数的15%。

9.6.2　公司治理结构与控制变量的数据特征

与公司治理结构相关的因变量的描述性统计如表 9-5 所示。

表9-5　公司治理结构变量描述性统计

变量名称	变量代码	最小值	最大值	平均值	标准差
董事长与总经理是否有行政级别	Administrative	0	1	0.533 5	0.124
独立董事所占董事会人数比例	Out-ratio	25%	56.16%	35.66%	4.48%
总经理与董事长是否为同一人	Ceo-topdir	0	1	0.818 4	0.342
是否存在"老三会"	OldandNew	0	1	0.696 7	0.322
实际控制人性质	Nat-actucontrol	0	1	0.766 3	0.231
股权集中度	Cstr2-10	11.1	27.07	16.56	2.8
高管的持股比例	Stock	0	79.83%	1.14%	7.25
高管任命方式	Selectionmethod	0	1	0.465 3	0.125
前三名高管的薪酬总额	Pay	12.03	16.18	14.23	0.66
公司规模	Size	18.19	27	22.23	1.43
行业	Industry	1	18		

1. 董事长与总经理是否有行政级别

53.35% 的样本企业存在董事长或是总经理有行政级别的情况。说明在上市的混合所有制企业中超过一半的企业存在董事长或是总经理身份多样性的问题。

2. 独立董事所占董事会人数比例

在样本企业中，独立董事人数在董事会中所占比例为 1/3 的样本企业为 1 723 个，占样本总数的 47.54%。独立董事人数在董事会中占比达到或是超过 1/3 的样本数量占总样本数的 93.54%。这与证监会的相关规定有关，规定要求上市公司董事会的成员中应当至少包括 1/3 的独立董事。但是，仍然有 6.46% 的公司未能达到这一标准。

3. 总经理与董事长是否为同一人

在总样本中，总经理与董事长为同一人的样本企业为 2 966 个，占样本总数的 81.84%（如表 9-6 所示）。

表9-6 总经理与董事长两职设置的情况分布

两职设置情况	样本数（个）	百分比（%）
总经理与董事长为同一人	2 966	81.84
总经理与董事长分开	658	18.16
总计	3 624	100

4. 是否存在"老三会"

在总样本中，有 69.67% 的企业仍然存在"老三会"，并且这些企业大部分都是由国有企业改制而来的混合所有制企业。这也从一个侧面说明了"老三会"是国有企业改制留下的产物。

5. 实际控制人性质

实际控制人为政府机构或是有政府背景的企业的占比为 76.63%，可见在上市的混合所有制企业中，政府和国家控股的比例很高，这也是国有企业通过上市途径进行混合所有制改革的必然结果（如表 9-7 所示）。

表9-7 实际控制人分布比例

实际控制人	数量（个）	所占比例（%）
境内民营企业	531	14.65
外资企业	34	0.94
内部管理层	65	1.79
员工	178	4.91
政府、国家背景企业	234 5	64.71
政府机构	432	11.92
其他	39	1.08
合计	362 4	100

6. 股权集中度

在上市的混合所有制企业中，企业国有股持股比例最高达到了 83.83%，国有股比例超过 50% 的，也就是国家绝对控股的企业数占样本总数的 19.43%；第二到第十大股东的集中度，均值为 16.56，标准差为 2.8，最低为 11.1，最高为 27.07，说明其他性质股权集中度差别较大，也就是说股权制衡作用在样本的不同企业之间差异很大。

7. 高管的持股比例

在 98% 的样本企业中，高级经理人员的持股比例低于 1%，高级经理人持股比例最高为 68%；在 97% 以上的样本企业中，董事长的持股比例低于 1%，其中有 75.14% 的样本中董事长没有持有本公司的股票，董事长持股比例最高为 79.83%。

8. 高管任命方式

46.53% 的样本企业存在一个以上的高管由政府任命的情况，这个比例非常高，说明大部分的混合所有制企业仍然没有从行政化治理中走出来。

9. 前三名高管的薪酬总额

在高管薪酬中，最高的薪酬达到 978.2 万元，最低的是 16.8 万元。前三名高管薪酬总额小于 20 万元的占到 0.57%，20 万元到 50 万元之间的占到 4.57%，50 万元到 80 万元之间的占到 10.29%，80 万元到 110 万元之间的占到 18.86%，大于 110 万元的占到 65.71%。

9.7　假设检验与结果

9.7.1　面板数据——消除多重共线性带来的影响

本章采用面板数据回归分析对假设进行实证检验，面板数据的模型与其他模型相比有两个明显的优点：第一，面板数据有不同时间截面的观测值，可以提供给研究者大量的数据，这样就增加了自由度，减少了解释变量之间多重共线性的概率，提高了检验结果的有效性；第二，面板数据对同一指标多年度的观察，可以更好地掌握研究对象的动态性。

在实证分析中，本章对模型进行了 Hausman（豪斯曼）检验，以确定模型回归采用固态效应模型还是随机效应模型。Hausman 检验结果如表 9-8 所示。

表9-8　Hausman检验结果汇总

模型	chi2	Prob > chi2
模型 1	75.54	0.000 0
模型 2	154.32	0.000 0
模型 3	33.47	0.156 7
模型 4	114.65	0.000 0
模型 5	11.87	0.764 5

注：chi2 是卡方统计量；Prob > chi2 表示在卡方分布下，观察到的统计量大于计算出的卡方统计量的概率。

根据 Hausman 检验结果，模型 1、模型 2 和模型 4 应该采用面板数据固态效应模型估计参数，模型 3 和模型 5 应该采用面板数据随机效应模型估计参数。

9.7.2　假设检验

为了检验之前提出的假设，本章将建立公司治理结构变量与公司治理效率变量关系的线性回归模型，由于表示公司治理效率的变量有 5 个，因此模型的数量有 5 个，如下所示。

模型 1：用期间费用率（OGR）来衡量公司治理效率

$$OGR=\alpha_0+\alpha_1 Adminisdtrative+\alpha_2 Out\text{-}ratio+\alpha_3 Ceo\text{-}topdir+\alpha_4 OldandNew+$$
$$\alpha_5 Nat\text{-}actucontrol+\alpha_6 Cstr2\text{-}10+\alpha_7 Stock+\alpha_8 Selectionmethod+\alpha_9 Pay+$$
$$\alpha_{10} Size+\alpha_{11} Industry$$

$$（9\text{-}3）$$

模型 2：用托宾 Q 值（Q）来衡量公司治理效率

$$Q=\alpha_0+\alpha_1 Adminisdtrative+\alpha_2 Out\text{-}ratio+\alpha_3 Ceo\text{-}topdir+\alpha_4 OldandNew+$$
$$\alpha_5 Nat\text{-}actucontrol+\alpha_6 Cstr2\text{-}10+\alpha_7 Stock+\alpha_8 Selectionmethod+\alpha_9 Pay+$$
$$\alpha_{10} Size+\alpha_{11} Industry$$

$$（9\text{-}4）$$

模型 3：用净资产收益率（ROE）来衡量公司治理效率

$$ROE=\alpha_0+\alpha_1 Adminisdtrative+\alpha_2 Out\text{-}ratio+\alpha_3 Ceo\text{-}topdir+\alpha_4 OldandNew+$$
$$\alpha_5 Nat\text{-}actucontrol+\alpha_6 Cstr2\text{-}10+\alpha_7 Stock+\alpha_8 Selectionmethod+\alpha_9 Pay+$$
$$\alpha_{10} Size+\alpha_{11} Industry$$

$$（9\text{-}5）$$

模型 4：用总资产报酬率（ROA）来衡量公司治理效率

$$ROA=\alpha_0+\alpha_1 Adminisdtrative+\alpha_2 Out\text{-}ratio+\alpha_3 Ceo\text{-}topdir+\alpha_4 OldandNew+$$
$$\alpha_5 Nat\text{-}actucontrol+\alpha_6 Cstr2\text{-}10+\alpha_7 Stock+\alpha_8 Selectionmethod+\alpha_9 Pay+$$
$$\alpha_{10} Size+\alpha_{11} Industry$$

$$（9\text{-}6）$$

模型 5：用违规次数（Number-of-offence）来衡量公司治理效率

$$Number\text{-}of\text{-}offence=\alpha_0+\alpha_1 Adminisdtrative+\alpha_2 Out\text{-}ratio+\alpha_3 Ceo\text{-}topdir+$$
$$\alpha_4 OldandNew+\alpha_5 Nat\text{-}actucontrol+\alpha_6 Cstr2\text{-}10+\alpha_7 Stock+$$
$$\alpha_8 Selectionmethod+\alpha_9 Pay+\alpha_{10} Size+\alpha_{11} Industry$$

$$（9\text{-}7）$$

以下是用 Stata 软件对以上 5 个模型进行显著性和变量参数显著性检验的结果。

从表9-9中可以看出，P值均为0或是接近0，可以得出模型1—模型5中解释变量与被解释变量之间的线性关系显著。其中模型1、2、3、5的R^2和调整后的R^2都大于0.5，说明模型对样本观测值的拟合程度很高。虽然模型4的R^2和调整后的R^2小于0.5，但数值在0.48以上，仍然是在可接受的范围之内。

表9-9　回归模型显著性汇总

检验值	模型1	模型2	模型3	模型4	模型5
R^2	0.842 3	0.798 6	0.654 3	0.489 7	0.678 5
调整R^2	0.840 8	0.765 4	0.654 7	0.481 3	0.674 5
P值	0.000 0	0.000 0	0.000 2	0.000 0	0.000 0

将数据代入Stata软件中，5个模型的估计参数与显著性检验结果如表9-10所示。

表9-10　回归模型参数估计与显著性结果汇总

变量名称	变量代码	模型1	模型2	模型3	模型4	模型5
（常量）	-43 256 7	-0.023 41	-1.678 5	-0.345 4**	-0.678 4***	0.675 6*
董事长与总经理是否有行政级别	Administrative	-0.789 6	-0.896***	-0.548**	-0.346	-0.987***
独立董事所占董事会人数比例	Out-ratio	-4.685 7	1.453 2***	0.196 7	0.026 8	-0.078 9
总经理与董事长是否为同一人	Ceo-topdir	0.405 0	-0.053 4	0.017 9	-0.003 5	-0.001 6
是否存在"老三会"	OldandNew	0.078 9	-0.767 5	0.546 7	0.786 9	-0.564 5***
实际控制人性质	Nat-actucontrol	0.058 0	0.034 5***	0.017 8	0.001 9**	0.012 0***
股权集中度	Cstr2-10	0.067 3	0.005***	0.078 6	0.896 0	0.356 7
高管的持股比例	Stock	116.004 5	8.017 6	2.775 6**	1.809 0***	-17.687
高管任命方式	Selectionmethod	-0.134***	-0.156***	-0.786 7	-0.234 1	0.784 5***

续表

变量名称	变量代码	模型 1	模型 2	模型 3	模型 4	模型 5
前三名高管的薪酬总额	Pay	60.457 8***	-0.146	0.002 2	0.000 3	-0.004 5
公司规模	Size	1.598 1	-2.987***	-0.205 6***	-0.047 8***	-0.031 6*
行业	Industry	-0.012 7	-0.004 6	0.001 2	-0.004 3	0.001 5

注：*** 代表显著性在 0.01 的水平，** 代表显著性在 0.05 的水平，* 代表显著性在 0.1 水平，未标注的为不显著。

模型 1—5 的假设检验结果汇总如表 9-11、表 9-12、表 9-13、表 9-14和表 9-15 所示。

表9-11　模型1的假设检验结果汇总

研究假设		变量	预测参数关系	模型估计参数关系	显著性	假设是否成立
H9-1	H9-1-1	董事长与总经理是否有行政级别	+	-	不显著	不成立
	H9-1-2	独立董事所占董事会人数比例	-	-	不显著	不成立
	H9-1-3	总经理与董事长是否为同一人	+	+	不显著	不成立
	H9-1-4	是否存在"老三会"	+	+	不显著	不成立
H9-2	H9-2-1	实际控制人性质	+	+	不显著	不成立
	H9-2-2	股权集中度	+	+	不显著	不成立
H9-3	H9-3-1	高管的持股比例	+	+	不显著	不成立
	H9-3-2	高管任命方式			高	成立，反向
	H9-3-3	前三名高管的薪酬总额	+	+	高	成立

注：表中的"+"代表解释变量与被解释变量之间的关系为正相关，"-"代表解释变量与被解释变量之间的关系为负相关。表中将显著水平分为"高""中""低"三档，其中"高"的显著性水平为 0.01，"中"的显著性水平为 0.05，"低"的显著性水平为 0.1。不显著是指 P 值大于 0.1。表中"成立"是指被解释变量与解释变量之间存在显著相关关系，并且正负相关性与之前的假设相同；表中"成立，反向"是指被解释变量与解释变量之间存在显著相关关系，但正负相关性与之前假设的相反；表中"不成立"是指被解释变量与解释变量之间不存在显著相关性。表 9-12、表 9-13、表 9-14 和表 9-15 均适用这些标准。

表9-12　模型2的假设检验结果汇总

研究假设		变　量	预测参数关系	模型估计参数关系	显著性	假设是否成立
H9-1	H9-1-1	董事长与总经理是否有行政级别	−	−	高	成立
	H9-1-2	独立董事所占董事会人数比例	+	+	高	成立
	H9-1-3	总经理与董事长是否为同一人	−	−	不显著	不成立
	H9-1-4	是否存在"老三会"	−	−	不显著	不成立
H9-2	H9-2-1	实际控制人性质	−	+	高	成立，反向
	H9-2-2	股权集中度	−	+	高	成立，反向
H9-3	H9-3-1	高管的持股比例	−	+	不显著	不成立
	H9-3-2	高管任命方式	−	−	高	成立
	H9-3-3	前三名高管的薪酬总额	−	−	不显著	不成立

表9-13　模型3的假设检验结果汇总

研究假设		变　量	预测参数关系	模型估计参数关系	显著性	假设是否成立
H9-1	H9-1-1	董事长与总经理是否有行政级别	−	−	中	成立
	H9-1-2	独立董事所占董事会人数比例	+	+	不显著	不成立
	H9-1-3	总经理与董事长是否为同一人	−	+	不显著	不成立
	H9-1-4	是否存在"老三会"	−	+	不显著	不成立
H9-2	H9-2-1	实际控制人性质	−	+	不显著	不成立
	H9-2-2	股权集中度	−	+	不显著	不成立
H9-3	H9-3-1	高管的持股比例	−	+	中	成立，反向
	H9-3-2	高管任命方式	−	+	不显著	不成立
	H9-3-3	前三名高管的薪酬总额	−	+	不显著	不成立

表9-14 模型4的假设检验结果汇总

研究假设		变 量	预测参数关系	模型估计参数关系	显著性	假设是否成立
H9-1	H9-1-1	董事长与总经理是否有行政级别	−	−	不显著	不成立
	H9-1-2	独立董事所占董事会人数比例	+	+	不显著	不成立
	H9-1-3	总经理与董事长是否为同一人	−	−	不显著	不成立
	H9-1-4	是否存在"老三会"	−	+	不显著	不成立
H9-2	H9-2-1	实际控制人性质	−	+	中	成立，反向
	H9-2-2	股权集中度	−	−	不显著	不成立
H9-3	H9-3-1	高管的持股比例	−	+	高	成立，反向
	H9-3-2	高管任命方式	−	−	不显著	不成立
	H9-3-3	前三名高管的薪酬总额	−	+	不显著	不成立

表9-15 模型5的假设检验结果汇总

研究假设		变 量	预测参数关系	模型估计参数关系	显著性	假设是否成立
H9-1	H9-1-1	董事长与总经理是否有行政级别	+	−	高	成立，反向
	H9-1-2	独立董事所占董事会人数比例	−	−	不显著	不成立
	H9-1-3	总经理与董事长是否为同一人	+	+	不显著	不成立
	H9-1-4	是否存在"老三会"	+	+	高	成立，反向
H9-2	H9-2-1	实际控制人性质	+	+	高	成立
	H9-2-2	股权集中度	+	+	不显著	不成立
H9-3	H9-3-1	高管的持股比例	+	+	不显著	不成立
	H9-3-2	高管任命方式	+	+	高	成立
	H9-3-3	前三名高管的薪酬总额	+	−	不显著	不成立

9.7.3   分析与讨论

1. 董事会结构因素

在董事会结构对混合所有制企业的公司治理效率的影响上，本章提出了四个假设，解释变量分别是董事长与总经理是否有行政级别、独立董事所占董事会人数比例、总经理与董事长是否为同一人以及是否存在"老三会"。

在董事长与总经理是否有行政级别对混合所有制企业的公司治理效率影响的假设中，本章假设当董事长与总经理有行政级别时，混合所有制企业的公司治理效率会更低。在模型2、模型3和模型5中，这个变量的检验结果都是显著的。但不同的是，在以托宾 Q 值来表示公司治理效率的模型2和以净资产收益率来表示公司治理效率的模型3中，检验的结果与之前的假设一致，也就是当董事长与总经理有行政级别时，托宾 Q 值与净资产收益率都会下降。但是在以违规次数来表征公司治理效率的模型5中，结果却与假设相反，当董事长与总经理有行政级别时，公司违规的次数反而是下降的。据此，可以得出的结论是，当董事长和总经理有行政级别时，对公司治理效率中的公司价值变量和经济指标变量有削弱的作用，但有助于公司减少违规的次数。

在独立董事所占董事会总人数比例对混合所有制企业的公司治理效率影响的假设中，本章假设独立董事所占董事会总人数比例越高，混合所有制企业的公司治理效率越高，这一变量只有在模型2中的检验结果显著，并且验证了之前的假设。研究结果表明，在探讨独立董事所占董事会人数比例与混合所有制企业的公司治理效率之间的关系时，不同的衡量指标可能会导致不同的结论。当使用托宾 Q 值作为公司价值的代表性指标时，研究发现独立董事所占董事会人数比例与公司价值之间存在正相关关系，即独立董事所占董事会人数比例越高，公司的市场估值越大。这反映了独立董事在提升公司治理透明度、增强投资者信心方面发挥了积极作用，从而提高了公司治理效率。然而，当采用期间费用率、违规次数、净资产收益率和总资产报酬率等更为细致的财务和运营指标来衡量公司治理效率时，假设检验的结果则显示独立董事所占董事会人数比例与这些指标之间并无显著的相关性。本章的样本数据分析并不支持独立董事所占董事会人数比例能够显著提高混合所有制企业公司治理效率的假设。这可能意味着独立董事在降低公司运营成本、提升盈利能力、减少违规行为等方面的作用有限，或者独立董事的影响力受公司其他治理机制、市场环境、行业特性等因素的影响。

总经理与董事长是否为同一人对混合所有制企业的公司治理效率的影响一直是学术界和实务界讨论的热点问题。从委托代理理论出发，本章提出的假设认为，当总经理与董事长为同一人时，可能会因为权力过于集中而导致监督机制弱化，从而与公司治理效率呈现负相关关系。然而，通过对期间费用率、托宾 Q 值、总资产报酬率、净资产收益率和违规次数等多个维度的公司治理效率指标进行模型假设检验，结果显示总经理与董事长是否为同一人与这些指标之间并无显著的相关性。这意味着在本章的样本数据中，董事长与总经理是否由同一人兼任，对公司治理效率并没有显著的影响，这与先前的一些研究结论存在差异。这一发现表明，公司治理效率的高低并非单一因素所能决定，而是由公司的整体治理结构、内部控制机制、企业文化、董事会的独立性和专业性等多方面因素共同作用的结果。在现实商业实践中，确实存在许多知名的大型公司，尽管董事长和总经理职位合一，但由于拥有健全的公司治理结构和有效的监督机制，仍然能够保持较高的治理效率。

对公司内部存在"老三会"对混合所有制企业的公司治理效率影响的研究很多，得出的结论多是当新老三会并存时会降低公司治理效率。本章的研究假设也是当公司存在"老三会"时会降低混合所有制企业的公司治理效率。在用五个模型检验后发现，公司中是否存在"老三会"对公司的期间费用率、托宾 Q 值、总资产报酬率和净资产收益率均没有显著影响，但当公司中存在"老三会"时反而会降低公司的违规次数。与之前的假设出现了相反的结论，究其原因，笔者认为"老三会"在上市企业中融入了新的公司治理机制，起到了监督与监控的作用，因此降低了公司的违规次数。

2. 股权结构因素

在股权结构因素对混合所有制企业的公司治理效率的影响方面，本章提出了两个假设，解释变量为实际控制人性质和股权集中度。

在实际控制人性质上，本章提出的假设是当公司的实际控制人为政府或是有政府背景的企业时，混合所有制企业的公司治理效率会降低。在五个模型的检验中，模型 1 和模型 3 没有显著性，因此不成立。模型 2、4 和 5 都有显著性，但模型 2 和模型 4 的结果与之前的假设相反，而模型 5 与假设一致。也就是说当公司的实际控制人为政府或是政府背景的企业时，公司的托宾 Q 值、总资产报酬率和违规次数都会有所上升。

在股权集中度上，本章假设公司的股权集中度越高，混合所有制企业的公司治理效率越低。在五个检验模型中，只有模型 2 呈现显著相关的关系，其他四个模型均不相关。模型 2 的被解释变量是托宾 Q 值，也就是代表公司价值的变量，检验得出的结果是公司的股权集中度与公司价值之间呈正相关的关系，与之前的假设相反。

3. 高管因素

在高管因素对混合所有制企业的公司治理效率的影响方面，本章提出了三个假设，解释变量为高管的持股比例、高管任命方式以及前三名高管的薪酬总额。

在高管的持股比例上，模型 1、2、5 均呈现不相关的关系，说明高管持股的比例与期间费用率、托宾 Q 值和公司的违规次数之间没有相关性。而其与模型 3 和模型 4 有显著相关性，但是与假设相反，呈现正相关的关系。也就是说高管的持股比例越高，混合所有制企业的公司的净资产收益率和总资产报酬率越高。这说明对混合所有制企业高管实行股权激励的方式，对公司的经济收益有一定的推动作用。

在高管任命方式上，模型 3 和模型 4 都呈现不相关的关系，模型 1、2 和 5 呈现显著相关的关系。但模型 1 与之前的假设相反，说明高管由政府任命，能降低公司的期间费用率。但由政府任命高管的方式，会降低公司的市场价值以及提高公司的违规次数。

在高管薪酬上，统计的是前三名高管的薪酬总额，在模型 1 中呈显著相关性，但在模型 2、3、4 和 5 中均不相关。说明高管薪酬激励对混合所有制企业的公司治理效率的影响并不大。

9.8　本章小结

本章深入分析了中国混合所有制企业公司治理的特殊性，揭示了五个核心特点：政府角色的特殊性，表现为政府在企业治理中的深度参与和政策导向；企业控制权的特殊性，体现在股权结构和控制权配置上的复杂性；企业内部人关系的特殊性，突出了内部人如高管、员工与企业利益的关联；"二级"委托代理的特殊性，指出了所有者与经营者之间存在的双层代理问题；新老治理结构共存的特殊性，展示了传统治理机制与现代企业制度的融合。基于这些特殊性，本章提出了一系列公司治理的研究假设。为了验证这些假设，本章通过 Wind 数据库收集了 2009 年至 2016 年间深沪市上市公司的数据样本，运用实证分析方法对假设进行了检验。分析结果表明，董事会结构、股权结构以及高管因素对混合所有制企业的公司治理效率有显著影响。具体来说，当董事长和总经理具有行政级别时，虽然可能会削弱公司价值和经济指标，但有助于减少公司的违规行为。此外，总经理与董事长是否为同一人对混合所有制企业的公司治理效率并无显著负面影响，这一发现与传统观点存在差异。"老三会"等传统治理机制在现代上市公司治理中起到了积极的监督作用，有助于降低违规次数。实证结果还显示，当公司实际控制人为政府、国家或具有政府、国家背景的企业时，公司的市场价值和经济效益会有所提升，但同时可能会增加违规次数。此外，公司的股权集中度与公司价值之间呈现出正相关关系，这与先前假设相悖。对高管实施股权激励可以提高公司的经济收益，但由政府任命的高管虽然能降低期间费用率，却可能降低公司市场价值并增加违规次数。高管薪酬激励对混合所有制企业的公司治理效率的影响并不如预期显著。通过这一系列分析，本章不仅深化了对中国混合所有制企业公司治理特殊性的理解，也为优化公司治理结构、提升治理效率提供了实证依据和政策建议，对推动中国混合所有制企业的健康发展具有重要的理论和实践意义。

第10章 混合所有制改革的实现模式及政策建议

在深入探究中国混合所有制改革的丰富内涵与实践经验的基础上，本章旨在构建一个系统化的改革实现模式。笔者将从决策机制、形成路径与方式、治理模式三个维度出发，对混合所有制改革的内在逻辑和操作流程进行细致梳理。为了使这一模式更加贴近实际，笔者将其实现过程划分为形成期、磨合期和成效期三个连续的阶段，以便更好地捕捉改革的动态演进和阶段性特征。本章的探讨将以前文中的实证研究结果为依据，这些结果不仅验证了混合所有制改革的积极效应，也揭示了改革过程中存在的问题和挑战。在此基础上，笔者将提出一系列具有针对性的政策建议，以期为中国混合所有制改革的深入推进提供有益的参考和指导。

10.1 混合所有制改革的实现模式

综合以上第6、7、8和9章的研究结果，本章将中国混合所有制改革的实现模式整合为三大模块，分别是决策机制、形成路径与方式以及治理模式，如图 10-1 所示。

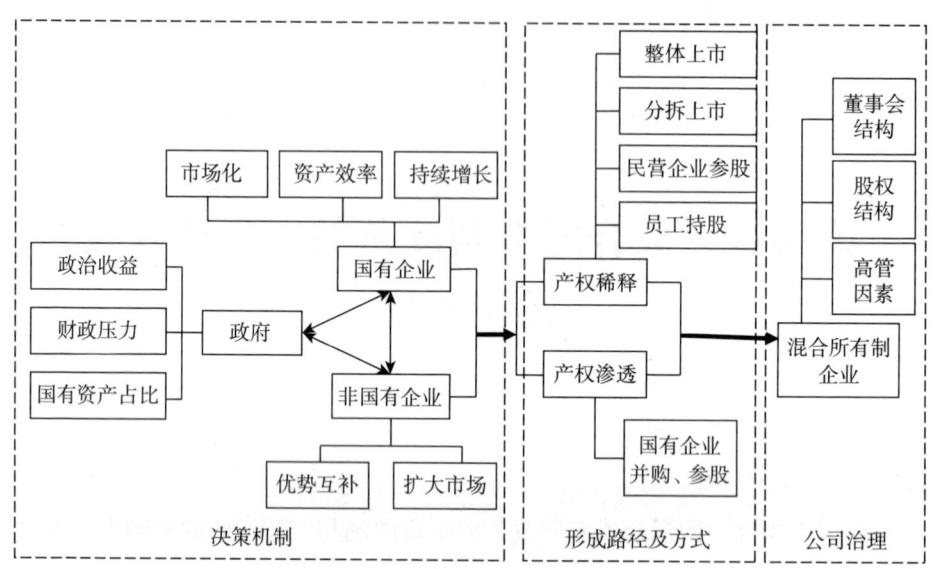

图10-1　混合所有制改革实现模式

1. 决策机制

在决策机制中包括三个主体，分别是政府、国有企业与非国有企业。影响三个决策主体决策的关键因素各不相同，影响政府决策的关键因素是政府的政治收益、财政压力和国有资产在国有企业中的占比；影响国有企业决策的关键因素是企业的市场化、国有资产的效率以及持续增长；与国有企业相比，影响非国有企业决策的关键因素是能否实现优势互补与扩大市场。

2. 形成路径与方式

混合所有制企业的形成路径有两种，一种是国有产权被民营产权稀释，另一种是国有产权主动进入民营企业中的产权渗透。两种路径分别有不同的具体实现方式，在国有产权稀释的形成路径下，常使用的方式有国有企业的整体上市、拆分上市、民营企业参股以及员工持股；在国有产权渗透的形成路径下，主要的方式是国有企业入股或是并购民营企业。

3. 治理模式

由于混合所有制企业的特殊性，导致其治理模式与纯国有企业和民营企业相比存在一些差别。根据混合所有制企业的特殊性，本书提出了与治理模式构建密切相关的三个关键因素，分别是董事会结构、股权结构和高管因素。

4. 实现过程

混合所有制改革的实现过程可以分为形成期、磨合期和成效期三个时期（如图 10-2 所示）。

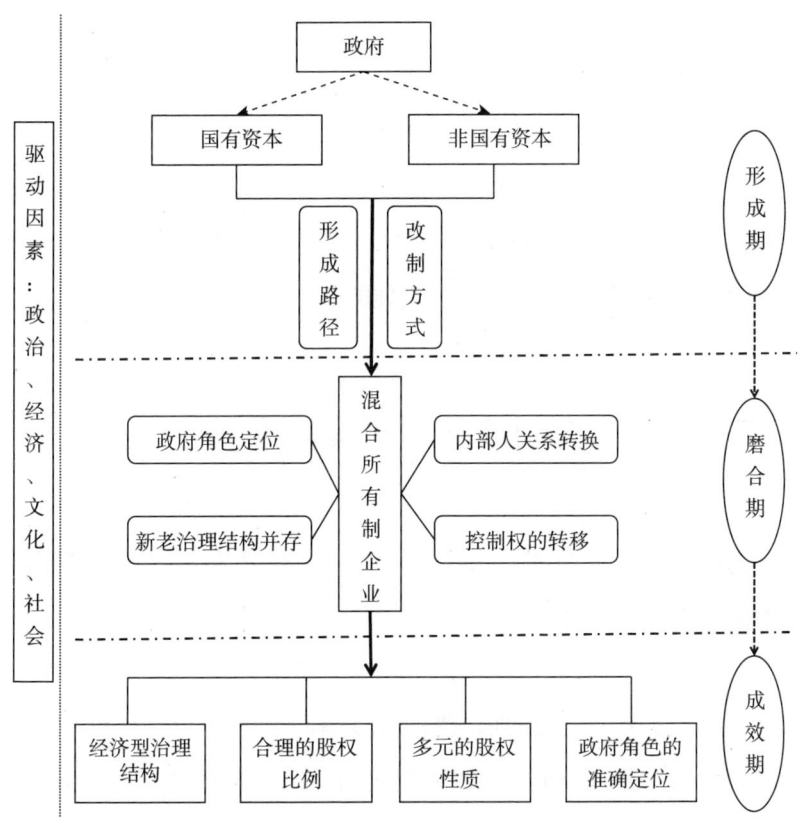

图10-2　混合所有制改革的实现过程

（1）形成期

在形成期阶段，主要是国有企业与非国有企业通过不同的形成路径和改制方式形成混合所有制企业的过程。其中政府在这一过程中起到了重要的作用，这种作用主要体现在对形成路径和对国有企业改制具体方式的选择上。

（2）磨合期

国有资本与非国有资本通过一定的方式融合之后，要经历一段漫长的磨合期。在这段磨合期中，将面临的主要问题有政府角色重新定位的问题、新老治理结构如何并存的问题、内部人关系如何转换的问题以及控制权如何转移的问题等。这些问题如果可以得到顺利解决，才有可能进入第三个阶段。

（3）成效期

在成效期阶段，国有资本与非国有资本已经实现了较好的过渡融合，开始形成稳定的结构和制度，比如，形成了经济型治理结构、合理的股权比例、多元的股权性质以及准确的政府角色定位等。在这一阶段，混合所有制企业的绩效水平和管理效率都将呈现最佳的状态。

10.2　混合所有制改革的政策建议

10.2.1　混合所有制改革需要将国有产权稀释与渗透路径紧密结合

本书将混合所有制企业的形成路径分为国有产权稀释路径和国有产权渗透路径两种类型，通过分组对其国有股比例对经济效益和社会效益的影响进行分析对比，发现两种路径下国有股比例对其经济效益和社会效益产生了不同的影响，以中国建材集团作为案例分析了混合所有制企业形成的具体方式，并以此为基础，对我国混合所有制改革在形成路径以及具体方式方面提出相应的政策建议。

1. 充分发挥国有资本优势，转变资本管理方式

在混合所有制改革的过程中，国有资本的独特优势是不容忽视的。研究

结果表明，国有股权渗透至非国有企业，即国有资本主动参与到其他所有制形式的企业中，不仅有助于提升企业的经济效益，还能促进资源的优化配置和企业治理结构的完善。然而，要实现这一目标，必须转变传统的国有资本管理模式。

（1）国有资本管理应从直接干预转向更加注重资本监管的方式。这意味着国资委等监管机构应将重点放在资本的投向和运作上，通过科学的决策和有效的监管来确保国有资本的保值增值。同时，应减少对企业日常经营活动的直接干预，保障企业的法人财产权和经营自主权，使企业能够根据市场需求灵活调整经营策略。

（2）国有资本应积极探索新的管理模式和方法。这包括采用更为市场化的手段进行资本运作，如通过资本市场使股权多元化、引入战略投资者等。国有资本还应加强与其他所有制资本的合作，通过混合所有制改革实现优势互补，提升企业的整体竞争力。此外，国有资本在混合所有制改革中应充分发挥其在资源获取、政策支持等方面的优势，为非国有企业提供更多的发展机遇。同时，国有资本也应尊重市场规律，与其他所有制资本平等竞争，共同推动市场环境的优化和经济的健康发展。

（3）混合所有制改革的成功实施需要政府的顶层设计和政策支持。政府应制定明确的改革目标和路径，为国有资本的投向和运作提供指导。同时，政府还应加强对改革过程的监督和评估，确保改革措施的有效实施和改革目标的实现。

通过上述措施，国有资本可以在混合所有制改革中发挥更大的作用，促进国有企业和非国有企业的共同发展，实现经济效益和社会效益的双赢。

2. 积极引入非国有资本，健全管理体制，放宽准入条件

积极引入非国有资本对混合所有制改革的成功至关重要。统计分析结果揭示了国有股权稀释路径下形成的混合所有制企业在经济效益和社会效益方面的积极表现，这强调了非国有资本参与的价值。然而，要充分激发非国有资本的参与热情，需要解决两大问题：管理体制的不健全和行业准

入门槛高。

（1）建立一个健全的管理体制是吸引非国有资本的关键。这需要构建一个产权清晰、权责明确、保护严格、流转顺畅的现代产权制度。通过这样的制度，可以为非国有资本提供一个稳定可预期的法律和政策环境，降低其投资风险，增强其参与混合所有制改革的信心和动力。

（2）放宽行业准入条件同样至关重要。应进一步简化行政审批流程，减少不必要的行政干预，确保非国有资本能够公平地参与市场竞争。政策制定者应审查并取消那些不符合市场经济原则的准入限制，允许非国有资本进入法律法规未明确禁止的基础设施、公用事业及其他行业和领域。

（3）政府应通过顶层设计，制定明确的政策指引和激励机制，鼓励非国有资本参与混合所有制企业。这包括提供税收优惠、财政补贴、融资支持等措施，以降低非国有资本的进入成本，提高其参与改革的吸引力。同时，加强行业监管，确保非国有资本在参与混合所有制改革过程中的合法权益得到保护，防止不公平竞争和市场垄断现象的出现。通过建立健全的市场监管体系，可以为非国有资本提供一个公平、公正、透明的市场环境。

（4）加强信息披露和透明度建设，提高混合所有制改革的公信力。通过公开透明的信息披露，可以让非国有资本更加了解国有企业的经营状况和改革进展，从而降低信息不对称带来的投资风险。

通过上述措施，可以有效激发非国有资本的活力，推动混合所有制改革向纵深发展，实现国有资本与非国有资本的有效融合，促进经济结构的优化和升级，为中国经济的持续健康发展注入新的活力。

3. 采取多种形式充分利用国有股权渗透路径发展混合所有制企业

在混合所有制改革的实践中，国有股权渗透路径展现出了独特的优势和潜力。对比分析两种路径后，发现国有股权渗透在提高企业经济效益与社会效益方面具有更加显著的正面效应。鉴于此，可以采取多种方式充分利用国有股权渗透路径，以发展混合所有制企业。

（1）可以通过兼并和收购等市场化手段，促进国有资本向具有战略意义的领域和优势企业集中。这种方式不仅可以快速提升企业的规模和竞争力，还能加强国有资本在关键行业和重要领域的控制力和影响力。

（2）接管或参与经营的方式也可以作为国有股权渗透的途径之一。在某些情况下，国有资本通过接管经营困难的非国有企业，可以帮助其改善经营状况，提升管理效率，从而实现双赢。国家可以发挥政策引导作用，为国有资本和非国有资本之间的交易提供支持。这包括制定优惠政策，提供税收减免，以及在融资、土地使用等方面给予便利，从而降低交易成本，提高交易效率。

（3）政府还可以建立和完善国有资本运营平台，为国有股权的流动和配置提供专业化服务。这些平台可以作为国有资本与非国有资本之间的桥梁，促进资本的有效对接和优化配置。

（4）加强对混合所有制企业的监管和指导，确保国有资本在改革中发挥积极作用。这包括完善公司治理结构，加强内部控制和风险管理，以及推动企业履行社会责任，实现经济效益与社会效益的有机统一。

通过这些策略，我们能够充分利用国有股权的流通渠道，加速混合所有制企业的壮大，实现国有企业资金与私营企业资金的有效结合，推动经济结构的改进与提升，为中国经济的长远稳定增长提供新的动力。

4. 通过企业经营者和员工持股等方式来推进混合所有制改革

通过分析发现，两种路径下的混合所有制改革都会减少员工的人数，也就是发生裁员的情况。为了减少员工对混合所有制改革的抵触情绪，让员工在这次改革中获利，可以探索企业经营者和员工持股的方法。党的十八届三中全会通过的《中共中央关于全面深化改革若干重大问题的决定》明确提出："允许混合所有制经济实行企业员工持股，形成资本所有者和劳动者利益共同体。"因此，要从维护国家利益、提高社会效益以及维护社会分配公平的角度出发，分类推进员工持股计划。

在混合所有制改革中，企业经营者和员工持股的方式是推进改革的关键策略之一。这种方法能够显著减少员工对改革的抵触情绪，让他们在改革中获得实际利益。为了实现这一目标，需要根据不同企业的具体情况，分类推进员工持股计划，确保国家利益得到维护，社会效益得到提高，同时保障社会分配的公平性。要制订详细的员工持股方案，明确持股的比例、条件和程序，确保计划的公平性和可操作性。另外，要加强对员工持股计划的宣传和沟通，确保员工充分了解改革的意义和自身的权益。同时，要建立配套的激励和约束机制，让员工在混合所有制改革中真正成为积极参与者和受益者，从而激发他们的积极性和创造性，实现员工与企业的共同成长。通过这样连贯的措施，混合所有制改革将更加顺利地推进，实现企业和员工的双赢。

10.2.2   混合所有制改革需要政府进行顶层设计

从混合所有制改革前后国有企业所有者效用模型的对比分析中，可以清晰地观察到改革所带来的积极变化：混合所有制改革通过引入非国有资本，优化了企业的治理结构和运营效率，从而显著提高了国有企业所有者的效用。这一发现揭示了国有企业改革采用混合所有制形式的内在必然性，其核心目的在于激发国有资本的活力，提升国有企业的整体效率和市场竞争力。然而，在混合所有制改革的控制权博弈分析中，也揭示了改革过程中可能存在的风险，尤其是改革失效的可能性。这种失效可能源于多种因素，包括治理结构的不完善、利益相关方的冲突、市场环境的不确定性等。一旦改革失效，不仅无法实现预期目标，还可能对企业造成负面影响。为了避免这种风险，确保混合所有制改革的成功，需要政府在顶层制度设计上发挥关键作用。政府需要通过制定合理的政策和制度，为混合所有制改革提供坚实的基础和保障。这包括明确改革的方向和目标、制定公平竞争的规则、加强市场监管、提供必要的政策支持等。在混合所有制改革的过程中，不仅要关注混合所有制本身的制度设计，确保其能够有效地促进企业治理结构的优化和运营效率的提升，还要重视政府顶层的制度配套设计，通过政府的合理管制和政策引导，降低改革风险，确保改革目标的实现。

1. 政府应建立混合所有制企业独立的监管机构，提高侵占行为的预期成本

在混合所有制改革中，政府的角色至关重要，特别是在监管层面。为了确保改革的效率和公正性，政府应建立一个独立的监管机构，专注于混合所有制企业的监管工作。这样的监管机构将有助于提高任何潜在侵占行为的预期成本，从而有效遏制这种行为的发生。预期中的监管压力能够改变控制权方的行为模式。当控制权方认识到侵占行为将带来巨大的成本，甚至超出其可能获得的收益时，他们将被激励选择不侵占的策略。这种机制的建立，基于一个核心原则：侵占行为的潜在成本必须足够高，以至于超出了侵占所能带来的收益，从而使得控制权方自动放弃侵占行为，实现资源配置的帕累托最优。此外，监管机构的独立性是确保监管有效性的关键。一个独立的监管机构能够避免与控制权方的利益冲突，减少合谋的可能性，确保监管决策的公正性和透明度。这样的监管机构应当具备足够的权威和资源，能够对混合所有制企业实施有效的监督和审查，确保所有利益相关者的权益得到保护。通过这种方式，政府不仅能够促进混合所有制企业的健康发展，还能够维护市场秩序，保护投资者和其他利益相关者的利益，为混合所有制改革创造一个稳定、公平、透明的市场环境。

2. 政府应当完善法律制度，降低混合所有制过程中的交易成本，提高参与改制双方的预期收益

混合所有制改革的成功实施离不开政府在法律制度上的完善与支持。由于参与混合所有制改制的双方，特别是私营企业，在企业建立、经营、转让和清算等活动中可能会面临较高的交易成本，这些成本的存在可能会减少他们在改革中的预期收益，甚至导致混合所有制改革的失效。因此，政府需要通过建立和完善相关法律法规来降低这些交易成本，保护参与各方的合法收益，确保私人财产不受侵犯。这包括简化行政审批流程、提供政策激励、加强法律执行力度，以及提高政策的透明度和可预测性。通过这些措施，政府

可以提高私营企业参与混合所有制改革的积极性，保障他们从改革中获得应有的收益，进而激发市场活力。

3. 逐步放开国家垄断的领域

混合所有制改革的一个重要方面是逐步放宽对国家垄断领域的限制，允许非国有资本以出资入股、收购股权、股权置换等多种方式参与到这些关键行业中来。这样的开放不仅能够促进市场竞争，提高行业效率，还能为非国有资本提供更多的投资机会和发展空间。在这一过程中，确保实行同股同权的原则至关重要。这意味着无论国有资本还是非国有资本，都应享有同等的权利和义务，确保各方能够在公平的基础上参与公司治理和决策。通过这种方式，可以增强非国有资本的信心，保护其合法权益，使其能够真正分享到国有企业改革带来的红利。此外，确保非国有资本的参与能够带来预期的收益，这一点对激发其参与改革的热情和积极性至关重要。当非国有资本看到参与混合所有制改革的预期收益远高于其原有收益时，他们将更愿意投入资源和资本，与国有企业共同探索新的合作模式和发展空间。政府在这一过程中扮演着关键角色，政府需要制定相应的政策和法规，为非国有资本的参与提供指导和保障。同时，政府还需要加强对混合所有制企业的监管，确保改革过程中的公平性和透明度，防止出现不公平竞争和利益输送的问题。逐步放开国家垄断领域，并确保非国有资本的合法权益，可以有效地推动混合所有制改革。

10.2.3 混合所有制改革需要规范的公司治理模式

通过前文的分析，结合第 9 章的实证研究结果，对混合所有制企业的公司治理提出以下政策建议。

1. 积极探索"新老三会"的融合途径，充分发挥"老三会"的作用

在混合所有制企业中，积极探索并实现"新老三会"即传统的党委会、工会和职代会与现代企业治理结构中的股东大会、董事会、监事会的融合，

对提升公司治理效率和确保各方利益平衡具有重要意义。根据调查结果，"老三会"在某些方面仍具有积极作用。因此，通过有效融合，可以进一步发挥其优势，同时减少职能上的重复和冲突。

（1）在融合过程中，需要明确"老三会"与"新三会"各自的职能定位。例如，党委的职能应主要集中在参与公司重大问题的决策研究，积极支持董事长依法履行职权，同时避免直接介入董事会和经理层的具体经营业务。这种界定有助于确保公司治理的专业性和效率，同时保持党组织的政治核心作用。

（2）为了加强"新老三会"之间的协调与合作，可以在职务上实现两者成员的交叉兼职。例如，允许党委的主要成员按照规定的程序进入董事会或监事会，这不仅有助于党组织的政治核心作用得到有效发挥，还能够促进企业决策的科学性和合理性。通过制度设计和创新，可以进一步优化"新老三会"的融合机制。这包括制定明确的工作程序和协调机制，确保在决策过程中充分考虑各方意见，实现民主决策和集体决策的有机结合。

通过这种融合，混合所有制企业可以更好地平衡不同利益相关者的需求，提高公司治理的透明度和公信力，同时为企业的可持续发展提供坚实的组织保障和制度基础。这种融合途径的探索和实践，将为混合所有制改革提供宝贵的经验和启示。

2. 控制高管的薪酬总额，充分利用股权激励的方式

在混合所有制企业中，高管薪酬结构的设计对激发管理层的积极性和推动公司长期发展至关重要。研究表明，虽然高管薪酬与公司治理效率之间的关系并不总是显著，但高管的持股比例与公司治理效率却呈正相关。这一发现表明，相比于高额薪酬，股权激励更能有效地将高管的利益与公司及所有者的利益绑定，从而促进公司的长期稳定发展。股权激励，尤其是股票期权等形式，由于其内在价值的实现往往与公司的长期表现挂钩，能够鼓励高管关注公司的持续增长和资产的保值增值。这种激励方式促使管理者从所有者的角度出发，考虑公司的长期利益，而不仅是短期业绩。

因此，在设计混合所有制企业高管的薪酬体系时，应控制薪酬总额，避免过度依赖短期的薪酬激励，转而更多地利用股权激励的方式。这不仅有助于降低公司运营成本，还能更有效地激发高管关注公司的长期发展。具体而言，薪酬设计应采取长短搭配的策略：从短期来看，合理的薪酬激励可以满足高管的基本需求和对其工作表现进行即时回报；从长期来看，股权激励能够确保高管与公司利益的一致性，鼓励他们为公司的长期增值和市场竞争力的提升做出贡献。通过这种平衡的薪酬结构，混合所有制企业能够更有效地利用高管团队的潜力，推动公司治理效率的提升，实现可持续发展目标。同时，这也有助于构建一个更加稳定和高效的企业治理环境，为所有利益相关者创造更大的价值。

10.3　本章小结

本章在综合考量前文分析结论的基础上，致力于构建一个全面而系统的混合所有制改革实现模式。这一模式被划分为三大核心模块：决策机制、形成路径与方式、公司治理。这三个模块相互关联，共同构成了混合所有制改革的理论架构和实践指南。第一，决策机制模块涉及改革的发起、规划和决策过程，强调了政府、市场和企业之间的互动，以及它们在改革决策中的不同角色和影响力。这一模块深入探讨了如何通过科学的决策流程确保改革目标的明确性和实施的可行性。第二，形成路径与方式模块分析了混合所有制改革的具体实施途径，包括产权结构的调整、资本的引入和融合方式等。本章对不同的形成路径进行了比较，评估了它们的优势和局限性，以指导实践中的路径选择和优化。第三，公司治理模块聚焦于改革后的企业管理和运营，包括治理结构的优化、内部控制机制的建立和风险管理的提升。这一模块强调了良好的公司治理对保障改革成效和推动企业可持续发展的重要性。本章进一步将混合所有制改革的实现过程细化为形成期、磨合期和成效期三个阶段。形成期关注改革的初期布局和启动，磨合期着重于改革过程中的调整和优化，而成效期则侧重于评估改革成果，确保改革目标的实现。在政策建议方面，本章从形成路径及具体方式、政府顶层制度设计、公司治理模式三个方向出发，为中国混合所有制改革提出了切实可行的建议。这些建议旨在促进改革的顺利进行，提高改革效率，同时确保改革成果能够持续为企业和社会发展带来积极影响。通过本章的深入分析和系统构建，期望能为中国混合所有制改革提供清晰的理论支持和实践指导，助力改革在促进企业效率提升、激发市场活力、推动经济结构优化等方面发挥关键作用。

第11章　混合所有制改革的创新视角研究

11.1　基于控制权视角的合伙人制度对混合所有制企业中"隧道效应"的影响[①]

11.1.1　文献回顾与述评

控股股东与中小股东之间的代理问题近年来一直是公司治理研究的热点，控股股东与中小股东之间的代理问题主要表现为控股股东对中小股东的利益侵占，也就是"隧道效应"（tunneling）（Johnson et al.，2000）。Johnson等（2000）甚至认为，它是亚洲金融危机的重要原因之一。中国的上市混合所有制企业公司治理模式的一个显著特征就是国有股的"一股独大"。为了维护上市国有企业的股权控制，中国资本市场一度推行"股权分置"改革，一部分国有股票不能上市流通，非流通股的国有股和法人股的非流通性折扣平均为70%到80%（Chen and Xiong，2002）。"隧道效应"在混合所有制企业中的普遍存在成为民营资本参与混合所有制改革热情不高的一个主要原因。

国内学者以上市公司的数据为基础，对"隧道效应"对其带来的影响进

---

① 本节内容取自笔者 2020 年在《西安电子科技大学学报（社会科学版）》上发表的文章《基于控制权视角的合伙人制度对混合所有制企业中"隧道效应"影响的研究》。

行了广泛研究。李增泉等（2004）指出，控股股东的"隧道效应"行为与第一大股东持股比例存在着先上升后下降的非线性关系。陈红等（2014）发现控制权与"隧道效应"行为存在着显著的相关性。蔡卫星等（2010）验证了"隧道效应"与终极股东的所有权与控制权分离度的关系。

从目前的研究现状来看，虽然部分学者从混合所有制企业的角度来研究"隧道效应"，但都只停留在"隧道效应"对公司绩效的影响层面，并没有提出切实可行的解决方案。在一些文献中有学者提到过将合伙人制度引入混合所有制企业的设想和建议（邹俊、徐传谌，2016），但对其可行性并没有做深入的探讨。本章从国有股东控制权的视角出发，提出并验证相应假设，用数据证明合伙人制度在减少混合所有制企业"隧道效应"方面的作用，为中国混合所有制改革提出有益的政策建议。

11.1.2　理论分析与假设形成

科斯定理中指出，产权制度的安排既是优化资源配置的基础，又是降低交易费用的保障。从企业理论的角度出发，现代企业中所有权和控制权是企业发展的核心议题。因此，在企业发展的过程中，由于资本的迅速介入，常常引发控制权之争。合伙人制度正是在这一背景下产生的制度创新，通过这一创新，可以实现企业的控制权与所有权分离，控制权可以掌握在所有权较少的合伙人手中。从企业的发展来看，企业一旦发展到一定的规模，所有权和控制权分离将是一个普遍的现象（邹俊、徐传谌，2016）。

借鉴合伙人制度的基本思路，在混合所有制改革中，将控制权交给具有信息优势和能够有效把握业务模式的民间资本手中，将会有以下三个优势：第一，保护民间资本股东的利益，提高其参与混合所有制改革的意愿；第二，实现政府从"管资产"向"管资本"的过渡，削弱国有股"一股独大"的消极作用；第三，所有权与控制权分离，其也是提高决策效率的重要手段。鉴于以上三点，笔者提出第一个假设。

假设 H11-1：在混合所有制企业中，国有控股股东所有权和控制权的适度分离，更有利于降低"隧道效应"的水平。

在以往的诸多研究中，学者们探讨了企业股权结构与"隧道效应"之间的关系。唐建荣和朱婷娇（2018）通过对 343 家家族上市公司的分析中得出，"隧道效应"与控制人拥有的控制权比例呈明显的正相关。陈红等（2014）发现控制权与利益掏空行为存在着显著的关联性。蔡卫星和高明华（2010）采用 A 股的相关数据，验证了终极股东的控制权越大，利益侵占的水平就越高。在中国混合所有制企业中，国有控股的混合所有制企业的占比超过了 50%。因此，国有股东在混合所有制企业中的控制权与"隧道效应"之间的关系会直接影响非国有股东参与混合所有制改革的动力。鉴于以往研究，笔者提出第二个假设。

假设 H11-2：在混合所有制企业中，国有控股股东的控制权越大，"隧道效应"的水平就越高。

诸多研究者常常把混合所有制企业绩效不高的原因归结于国有股的"一股独大"，认为要提高混合所有制企业的绩效就要降低国有股的占比，也引发了"国进民退"还是"国退民进"的争论。但是，产权性质的差异是否是影响公司绩效的显著因素一直是一个研究热点。王甄和胡军（2016）通过对 2003 年至 2011 年上市公司的实证研究证明了所有权对公司绩效的影响并不明显，因为不管是国有转民营还是民营转国有都能显著提高公司的绩效。同时，他们提出民营企业的大股东"隧道效应"与国有企业相比反而更严重的结论。因此，本书试图验证在混合所有制企业中，国有股东的所有权与"隧道效应"之间是否呈负相关，据此提出第三个假设。

假设 H11-3：在混合所有制企业中，国有股东的所有权越大，"隧道效应"的水平就越低。

11.1.3　研究设计与方法

1. 变量选取与数据来源

根据研究的目标，本书将混合所有制企业界定为在企业的股本构成中同时存在国有股份与非国有股份的企业类型。但由于本书主要对国有股东的控制权与所有权进行研究，因此研究样本主要集中在国有控股的混合所有制企业，将国有控股的混合所有制企业界定为国有股东为绝对控股股东，国有股东持股比例大于 50% 的混合所有制企业。

（1）变量定义与设计

①被解释变量

研究的主要目的是讨论在混合所有制企业中控制权与所有权的调整是否会对"隧道效应"有所影响，因此被解释变量为"隧道效应"。由于"隧道效应"具有隐秘性和复杂性的特点，因此本书采用上市混合所有制企业中实际控制人年末资金净占用额除以总资产作为"隧道效应"的度量指标。具体公式如下。

"隧道效应"=资金净占用额 / 总资产 =（应收账款 + 预付账款 + 其他应收账款 - 应付账款 - 预收账款 - 其他应付账款）/ 总资产

当"隧道效应"值为"+"时，说明在混合所有制企业中国有控股股东对企业实施了"隧道挖掘"行为；当"隧道效应"值为"-"时，说明企业不存在"隧道效应"，国有控股股东对企业采取的是支持性的行为。

②解释变量

根据上文提出的三个研究假设，本书的解释变量分别为国有股东控制权比例、国有股东所有权比例以及国有股东两权分离程度。用实际控制人在不同控制链上最小的持股比例之和来表示控制权比例；用实际控制人在每条控制链上各层级持股比例乘积之和来表示所有权比例；两权分离程度用控制权比例减去所有权比例来表示。

③控制变量

根据以往研究的经验，本书将企业规模和杠杆规模作为控制变量。企业规模用企业总资产的自然对数来表示。杠杆规模用企业的负债总额与企业资产总额的比值来表示。具体的变量定义与说明见表11-1。

表11-1　变量定义与说明

变量类型	名称	代码	定义	计算方法
被解释变量	"隧道效应"	Tunnel	资金净占用程度	（应收账款＋预付账款＋其他应收账款－应付账款－预收账款－其他应付账款）/ 总资产
解释变量	国有股东所有权比例	Cash	国有股东拥有的现金流权	在每条控制链上各层级持股比例乘积之和
	国有股东控制权比例	Control	国有股东拥有的累计投票权	在不同控制链上最小的持股比例之和
	国有股东两权分离程度	Separation	国有股东所有权与控制权之间的偏离程度	控制权比例－所有权比例
控制变量	企业规模	Size	企业资产规模	ln（企业总资产）
	杠杆规模	Leverage	资产负债水平	负债总额 / 资产总额

（2）数据来源与样本选取

本章的数据来源是 Wind 数据库，选取的样本是 2014 年至 2018 年期间，国有股东持股比例大于 50% 的 A 股上市公司，5 年共取得 5 335 家样本企业。为了数据在实证研究中的准确性，对 5 335 个样本进行了如下处理：第一，将金融保险类的企业样本剔除，因为这类企业的资产负债结构与经营现金流等特征有其特殊性；第二，将样本中 ST（特别处理）和 *ST（退市风险警示）的企业剔除；第三，将样本中财务指标有缺失或是财务指标异常的企业剔除；第四，将这 5 年内新上市或是退市的企业样本剔除，只保留 2014 年至 2018 年连续 5 年上市的企业，这样才能更好地进行持续动态的研究。

经由以上的数据处理之后，最终取得了由连续 5 年的 5 035 个观测值（每年 1 007 家混合所有制企业样本）构成的平衡面板数据。为降低极端数据对实证结果的干扰，本书对连续变量数据进行了 1% 水平上的 Winsorize（缩尾）处理。

2. 模型构建

本书采用 Hansen 固定效应回归模型，并分别考虑了个体效应和时间效应，基础模型估计中采用平衡面板数据。模型构建如下：

个体固定效应模型为

$$\text{TNNEL}_{i,t}=\varepsilon_t+\beta_i \boldsymbol{X}_{i,t}+\mu_{i,t} \tag{11-1}$$

时间固定效应模型为

$$\text{TNNEL}_{i,t}=\gamma_i+\beta_i \boldsymbol{X}_{i,t}+\mu_{i,t} \tag{11-2}$$

式（11-1）和式（11-2）两个模型都是研究国有股所有权和控制权对隧道效应的影响，其中，$\text{TUNNEL}_{i,t}$ 表示样本 i 在时间 t 表现出的"隧道效应"；$\boldsymbol{X}_{i,t}$ 是一组矩阵，表示一组的解释变量和控制变量，包括 Cash、Control、Separation、Size 和 Leverage 五个变量；ε_i 和 γ_i 分别表示个体效应和时间效应的截距项；$\mu_{i,t}$ 表示随机误差项，$1 \leqslant i \leqslant n$，$1 \leqslant t \leqslant T$。

11.1.4　实证检验与分析

本书分别采用了个体固定效应回归和时间固定效应回归，对比分析后，择优选择了个体固定效应模型来研究合伙人制度对混合所有制企业中"隧道效应"的影响。

1. 变量的描述性统计

表 11-2 所示的是混合所有制企业中国有控股股东"隧道效应"的描述性统计结果。其中通过"隧道效应"的符号可以看出，从 2014 年至 2018 年这

五年间，存在"隧道效应"的国有控股的混合所有制企业的比例一直维持在
43.2%到46.6%之间。这说明在1 007家企业中，至少有400多家企业的控
股股东实施了"隧道挖掘"行为，而且从数据可以看出，2018年还有上升的
趋势。因此，表明国有控股的混合所有制企业的"隧道效应"明显，这样会
损害中小股东的利益，进而影响私有股东参与混合所有制改革的积极性。

表11-2　"隧道效应"描述性统计

年度	2014		2015		2016		2017		2018	
符号	+	−	+	−	+	−	+	−	+	−
样本数	437	570	435	572	439	568	446	561	469	538
均值	0.098	−0.13	0.095	−0.12	0.091	−0.117	0.094	−0.118	0.094	−0.11
比例(%)	43.4	56.6	43.2	56.8	43.6	56.4	44.3	55.7	46.6	53.4
总数	1 007		1 007		1 007		1 007		1 007	

表 11-3 是主要变量的描述性统计结果。其中，Tunnel 的均值为 −0.024，
最大值为 0.57，最小值为 −1.3，偏度为左偏，这说明在国有控股的混合所有
制企业中不少国有控股股东对上市公司发挥着较大的支持作用，并且对降低
"隧道效应"存在积极效应；Cash 的均值为 39.4，Control 的均值为 53.55，
Separation 的均值为 14.14，由此可以推断出国有控股股东的控制权比较集
中，国有股东可以通过自己手中掌握的股权有效地控制上市公司，这样国有
股东就可以轻松地实施"隧道挖掘"行为。

表11-3　主要变量的描述性统计

变量	均值	最大值	最小值	标准差	偏度	峰度
Tunnel	−0.024	0.57	−1.3	0.146	−0.625	2.593
Cash	39.4	89.09	7.42	15.37	0.337	−0.417
Control	53.55	100.01	0	21.39	−0.781	0.732
Separation	14.14	67.37	−88.59	23.73	−1.569	3.539
Size	1.92	4.43	−0.02	0.64	0.523	0.569
Leverage	0.5	3.26	0.02	0.21	0.656	7.301

在控制变量的描述性统计中，可以看出国有控股上市混合所有制公司的杠杆规模为 50%。相比于一般的企业来说，国有控股上市公司的资产负债率相对较低，并且在资产规模上的差异性也比较大。

2. 固定效应回归模型及分析

本书使用 Eview 8 分析软件，采用个体固定效应模型来验证假设 H11-1—假设 H11-3，从而证明合伙人制度对混合所有制企业中国有控股股东"隧道效应"的影响。

由于样本的个数远大于时期数，截面数据极有可能会产生异方差。因此，本章在分析数据的过程中采用了截面加权法，最后的回归结果如表 11-4 所示。

表11-4 模型（1）回归结果

变量名称	系数	t 值
C	0.157 7**	4.167 2
Cash	-0.001 4**	-2.437 8
Control	0.015 6***	5.347 8
Separation	-0.028 9**	-1.589 3
Size	-0.006 4*	-2.578 1
Leverage	-0.167 3**	-13.654 3
N	5 035	
R^2	0.81	
F	101.764 9	
DW	1.59	

注：*、**、*** 分别表示显著性水平为 10%、5%、1%。

表 11-4 的结果表明，所有解释变量和控制变量均通过了显著性检验，其中 DW 值为 1.59，说明模型不存在自相关性，不需要再使用 AR（自回归）模型进行修正，模型的回归结果比较理想。国有股东所有权比例（Cash）与"隧道效应"之间呈显著负相关，说明在混合所有制企业中，国有股东的所有权越大，"隧道效应"的水平就越低，证明了之前提出的假

设 H11-3。国有股东控制权（Control）比例与"隧道效应"之间呈显著正相关，说明国有控股股东的控制权越大，"隧道效应"的水平就越高，证明了之前提出的假设 H11-2。国有股东两权分离程度（Separation）的系数为 -0.028 9，并且是在 5% 的水平上显著，说明当国有控股股东的所有权与控制权适度分离时，可以降低"隧道效应"的水平。从三个自变量系数的绝对值来看，Separation 的值大于 Control 的值，Control 的值大于 Cash 的值。这说明国有股东两权分离程度对"隧道效应"的影响是最大的。因此，引入两权分离的合伙人制度，对于国有控股的混合所有制企业来说，可以对"隧道效应"起到较大的抑制作用。

控制变量企业规模（Size）与"隧道效应"在 10% 的水平上显著负相关，说明企业的规模越小，国有控股股东越有可能实施"隧道挖掘"行为；杠杆规模（Leverage）与"隧道效应"也存在负相关的关系，表明国有控股上市公司较低的负债率有利于助长"隧道挖掘"行为，而较高的负债率反而可以抑制"隧道挖掘"的动机。

11.2　混合所有制企业与技术创新：技术创新驱动视角[①]

11.2.1　文献评述

由于中国目前正处于经济转型期，因此产权性质对企业技术创新的影响一直是学术界关注的焦点。学者们用各种方法对不同产权性质对企业技术创新的影响进行了验证，但并未得出一致的结论。这里主要有两个方面的研究，一方面是内外资企业与技术创新的关系；另一方面是不同所有制企业

---

① 本节内容取自笔者 2017 年在《哈尔滨商业大学学报（社会科学版）》上发表的文章《混合所有制企业与技术创新：技术创新驱动视角》。

对技术创新影响的区别。在内资企业与外资企业的研究中，有两派的观点比较对立。冼国名和严兵（2005）、Liu和Zou（2007）、Lee等（2011）认为，外资企业有助于内资企业提升其技术创新能力，因为外资企业可以通过竞争效应、人员流动效应以及示范效应等产生技术外溢。但另一部分学者，比如，范承泽等（2008）、王然等（2010）、Huang等（2006）认为，外资企业对内资企业技术创新的效用是负的，因为外资企业的技术研究会对内资企业的技术开发产生替代效应。在对不同所有制企业与技术创新关系的研究中，姚洋（1998）通过对14 670家企业的数据进行分析得出非国有企业比国有企业的创新效率要高。刘小玄（2000）对17万家企业的创新效率进行分析，得出的创新效率排序从大到小依次是私营企业、三资企业（中外合资经营企业、中外合作经营企业和外资企业）、股份和集体企业，最后是国有企业。赵建英（2010）的研究对象是国有控股企业与三资企业，研究结论是在创新资源的利用率上，三资企业比国有控股企业要高。余东华和王青（2010）对2007年全国国有工业企业的样本进行了数据分析，认为国有企业由于研发投入不足和资源利用效率不高等原因，导致国有企业的技术创新效率低。

以上的这些研究为本书提供了坚实的研究基础，但之前的研究鲜有以混合所有制企业作为研究对象来探讨与技术创新的关系。而混合所有制企业作为中国国企改革的一个重要产物，已经成为中国企业中的一种重要形式。这种具有中国特色的企业形式在技术创新上是否有优势？在混合所有制企业中，国有企业与民营企业对技术创新的作用是如何呢？它们的技术创新驱动力分别是什么？本书从技术创新驱动力出发，分别探究混合所有制企业中两个重要主体，即国有企业和民营企业的技术创新驱动因素，并进一步建立基于创新三维特性的技术创新驱动模型，从而得出混合所有制企业技术创新的优势及其政策建议。

11.2.2 混合所有制企业的技术创新驱动力

混合所有制企业的本质是股份制企业，一般通过大型国有企业吸收中小民营企业入股，或是员工持股，或是国有企业与民营企业合作成立股份公司等方式形成。混合所有制企业存在的目的是实现国有企业与民营企业之间的优势互补，实现生产要素的有效配置。技术创新就是通过整合内外部资源，从而改善或是颠覆企业原有的生产方式或是经营模式的过程。从这个角度来看，混合所有制企业有利于提高企业的技术创新能力。本章将混合所有制企业的技术创新驱动力分为核心驱动力、内在驱动力和外在驱动力三种，其中企业家精神是技术创新的核心驱动力，企业经营管理方式是其内在驱动力，而市场压力则是技术创新的外在驱动力。接下来本章将对混合所有制企业中两个最重要的参与主体，即国有企业与民营企业在这三个方面所呈现出的不同特征进行讨论。

1. 核心驱动力——企业家精神

在熊彼特的创新理论中，企业家创新的原因除了获得利润之外，还包括"存在着一种梦想和意志"（熊彼特，1999），这就是我们说的企业家精神。企业家精神是企业技术创新的核心驱动力。而企业家精神的核心是善于发现新技术，敢于采用新技术以及不断创新生产方式。不同的产权结构在一定程度上影响了企业家精神的发挥，因为产权结构决定了所有者的控制方式、所有者与经营者之间的关系以及资源分配的方式等（范承泽 等，2008）。在混合所有制企业中，国有企业产权结构的特征是全民委托国家管理国有资产，国家又通过政府来行使所有权，政府再把经营管理权委托给国有企业的管理者，这里其实存在着双重的委托代理关系，而且所有者是缺位的。这导致的结果就是当政府代表国家行使所有者权时，出现定位不清晰、权限模糊等现象；而当国有企业的管理者行使经营权时，间接依附于政府，激励和考核体制都非市场化，有时他们在决策时考虑的是"不求有功，但求无过"。因此，他们对技术创新这种需要承担一定风险和责任的行为更加慎重，从而导致国有企业的技术创新效率低下。

混合所有制企业中的民营企业则不同，企业是所有者自己的，企业经营业绩与所有者的利益密切相关。不管他们是把企业的经营权下放给企业的管理者，还是把握在自己手上，他们都有着更强的动力来推动企业的技术创新以及生产方式的优化，从而表现出更高的创新效率。

2. 内在驱动力——企业经营管理方式

企业经营管理方式是企业技术创新的内在驱动力，下面从资源控制、决策机制和激励机制三个方面进行讨论。

首先，资源控制。相比于国有企业，民营企业所掌握的资源相对较少。如表 11-5 所示，在受调查的 367 家民营企业中，2015 年有 53.90% 的企业认为制约它们技术创新的主要障碍是资金，虽比 2014 年下降了 2.01%，但足以说明民营企业所掌握的资金资源少已经成为民营企业技术创新中的重要瓶颈之一。当然，在制约民营企业技术创新的因素中，与资源控制相关的还有研发力量、技术交易渠道、政府扶持以及技术信息等。由于民营企业在技术创新的资源投入方面有较大的约束，因此他们常常难以承受周期长、风险大的技术创新项目。而国有企业在资源控制方面的优势十分明显，比如，在资金方面，国有企业能够较容易地从银行等金融机构获得持续性的资金支持，这样有利于独立研发和引进新技术；在社会资源方面，国有企业得到了更多政府的政策倾斜，与高校等科研机构的合作渠道也更加丰富；在人才资源方面，国有企业拥有更强的集聚能力，能够吸引更多高素质的科技人才加盟，建立独立的科研部门。

表11-5　民营企业技术创新制约因素

技术创新制约因素	2014 年（%）	2015 年（%）
资金	55.91	53.90
研发力量	41.79	44.83
采购方支持与交流	17.87	16.52
技术交易渠道	10.28	14.52
与科研机构合作渠道	11.62	22.87
与其他企业合作渠道	9.13	17.06
政府扶持力度	27.47	39.20
技术信息	25.74	26.86
知识产权保护	7.59	17.79
其他	3.36	2.36

数据来源：笔者对问卷调查数据的整理统计。

其次，决策机制。民营企业相对国有企业来说，规模较小，组织机构的层级较少，决策流程也较短，可以根据外部市场的变化迅速地调整其经营方式，找到技术创新的方向。而国有企业，特别是大型的国有企业，由于组织机构的层级多而且复杂，一项决策从立项到审批要经历一个漫长的过程，对其外部机会的反应时间过长，导致市场响应能力和技术创新的效率都不高。

最后，激励机制。大型国有企业一般在行业中处于主体地位，出于经营的稳定性与连贯性，会倾向采用相对保守的激励方式。民营企业一般在行业中处于追赶地位，为了企业的生存，或是为了占据更大的市场份额，或是为了让企业更快地成长，民营企业都会倾向于采取更加激进的激励机制，从而促进企业的技术创新。

3. 外在驱动力——市场压力

企业所面临的市场压力是企业进行技术创新的外在驱动力，市场压力包括很多方面，对技术创新有重要影响的是政策环境、市场需求以及行业竞争环境。从笔者 2015 年对 457 家民营企业的问卷调查数据中可以看出，政府在财政政策和货币政策两个方面对民营企业都有一定的支持，特别是在为企业的创新投入提供信用担保、为技术创新项目提供低息贷款或贷款贴息、为企业自主创新贷款提供担保和设立专利申请资助专项经费四个方面的支持效果较好。但选择政府"帮助企业增加在政府采购合同中所占的比重"的民营企业依然较少，只有 0.2% 的企业选择此项。如表 11-6 所示，其他几项虽然都有民营企业选择，但相比于国有企业，政策环境对民营企业来说仍然是技术创新的重要制约因素。

表11-6　政府对民营企业技术创新的支持列表

财政政策支持	民营企业占比（%）	货币政策支持	民营企业占比（%）
为企业的创新投入提供信用担保	30.84	为技术创新项目提供低息贷款或贷款贴息	32.88
设立专利申请资助专项经费	23.27	为企业自主创新贷款提供担保	29.77
设立高新技术产业专项补助资金	22.45	为种子期项目科技发展资金匹配投入	16.54
设立科技发展资金资助企业科研开发	18.16	支持引进外资	10.31
实施科技产业引导性投资	4.90	设立科技发展银行，为自主创新企业提供贷款	8.37
帮助企业增加在政府采购合同中所占的比重	0.20	建立企业信用担保机构风险补偿机制	2.14

数据来源：笔者对问卷调查数据的整理统计。

从市场需求来看，当今市场需求的变化速度较过去相比要快了许多，谁能够第一时间察觉到市场需求的变化，采用创新技术满足市场的需求，谁就是市场上的赢家。在这个过程中，民营企业相对大型国企来说，它们更接近市场，对市场需求的反应更加灵敏，而且决策链条较短，更有利于技术创新。对行业竞争环境，需要有区分地来看。李长青等（2014）在研究中发现，在垄断性行业环境中，国有企业的技术创新能力比民营企业强；而在竞争性行业环境中，民营企业又比国有企业有更强的技术创新倾向。

11.2.3　基于创新三维特性的国有企业与民营企业技术创新驱动模型构建

本章用创新的三维特性来分析技术创新的程度，分别是技术创新的可见性、新颖性和独占性。技术创新的可见性是指技术创新过程中所涉及的信息的公开性；技术创新的新颖性是指技术创新过程中包含的全新的知识与技术的数量；技术创新的独占性是指技术创新的结果是为企业股东专用，还是与利益相关者共同享有。下面以这三个维度为标准，构建混合所有制企业中的参与主体，即国有企业与民营企业的技术创新驱动模型，如图11-1和图11-2所示。

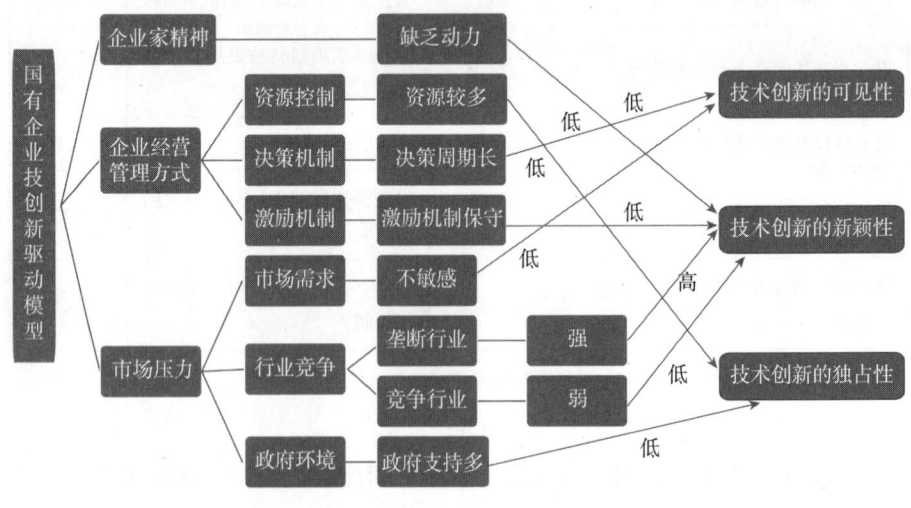

图11-1　国有企业技术创新驱动模型

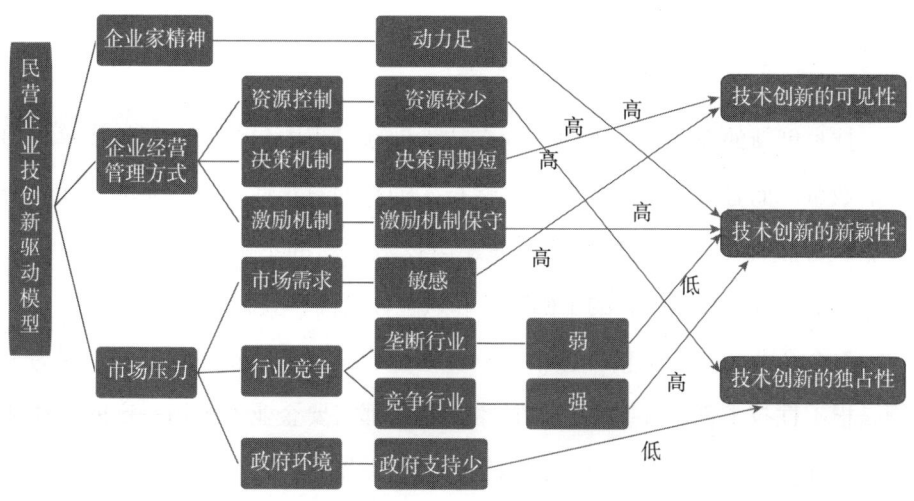

图11-2　民营企业技术创新驱动模型

1. 技术创新的可见性

由于技术创新的耗时较长，因此技术创新行为有时很难与无效率行为相区分，而且技术创新的绩效一般很难在较短的时间内呈现。基于这些原因，技术创新的可见性原本就比较低。但是，技术创新的可见性与企业的决策机制以及企业对外部市场需求的反应密切相关。

一方面，企业的决策机制直接影响了企业的所有者和管理者对低可见性技术创新项目的支持度和认可度，而这又会对技术创新项目的实施产生影响；另一方面，决策周期的长短会影响技术创新的时效性，从而影响技术创新绩效的发挥，而这些都会对技术创新的可见性产生影响。大型国有企业多层的决策体系、决策周期过长、决策机制不够灵活等都会降低技术创新的可见性。而民营企业相对较简单和灵活的决策机制更有利于提高技术创新的可见性。

从企业对市场需求的反应来看，企业对市场需求的反应越灵敏，企业就越能将技术创新行为与一般的无效率行为相区分，而且技术创新的效率也会随之提升。可以说，企业对市场需求的反应越敏感，其技术创新的可见性就会越高。因此，在这一方面，民营企业技术创新的可见性要比大型国有企业高一些。

2.技术创新的新颖性

技术创新的新颖性一般表现为在技术创新过程中包含的全新的技术和知识的数量，而且技术创新中的根本性技术创新的新颖性较高，而渐进性创新的新颖性较低。技术创新的新颖性还与技术创新的不确定性和风险性成正比。一般来说，技术创新的不确定性和风险性越高，其新颖性越强。

一个企业的企业家精神会很大程度地影响其技术创新的新颖性，因为不管是根本性技术创新还是渐进性技术创新，都需要企业家承担一定的责任和风险，并且需要企业家有参与技术创新的积极性。如之前的分析，国有企业的企业家缺乏创新的动力，而且他们的决策行为存在短期化的特点，对耗时较长、需要投入资源较多、承担较大风险的技术创新项目往往会比较慎重，因此降低了国有企业技术创新的新颖性。民营企业则不同，他们参与技术创新的积极性要高得多，为了技术创新背后的巨大利润，为了能在行业中立于不败之地，企业家们愿意承担技术创新的风险。比如，据华为公司 2023 年年报，截至 2023 年，华为公司的研发投入再创新高，达到 1 647 亿元人民币，占全年营业收入的 23.4%，研发投入强度位居全球科技企业前列。华为在技术创新上的新颖性有目共睹，华为在人工智能、未来数据中心、5G 技术、电池极速充电技术等众多领域，成为行业的领跑者。

企业的激励机制与技术创新的新颖性也紧密相连。企业对研发人员的激励方式可以分为物质激励、精神激励、情感激励以及发展性激励四种。每种激励方式都有一些具体的激励手段，如图 11-3 所示，管理者可以根据不同的情况应用不同的激励手段的组合。可以说，越能了解研发人员的需求动机，就越能更好地运用激励机制，也就越能激发研发人员技术创新的新颖性。国有企业的激励机制一般比较单一，因此对技术创新的新颖性的激励效果并不好；民营企业的管理者会从研发人员的实际需求出发，运用多种激励手段对研发人员进行激励，因此对技术创新的新颖性有着正面的推动作用。

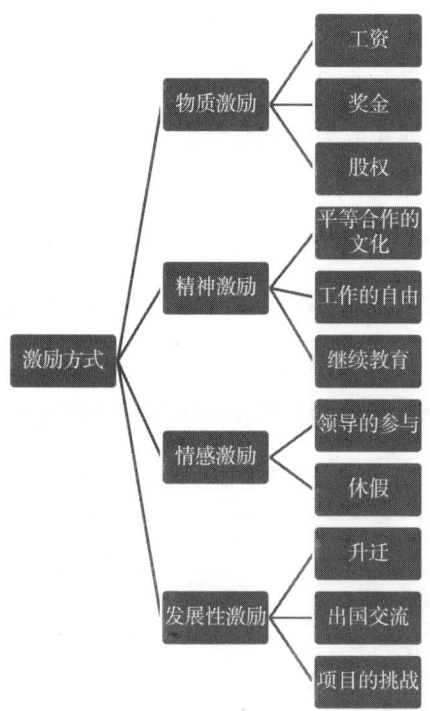

图11-3　研发人员的激励方式

　　行业竞争环境与技术创新的新颖性存在关联。若将行业竞争环境划分为垄断性和竞争性两类，在垄断性环境中，国有企业凭借资源独占优势，其技术创新的新颖性通常更突出；而在竞争性环境中，国有企业失去资源独占性，创新动力相对不足，此时民营企业技术创新的新颖性则更为突出。

　　3. 技术创新的独占性

　　技术创新成果利益获得者的多少与独占性有关。如果企业所有者是企业技术创新大部分利益的受益者，企业创新的战略目标是实现企业股东价值的最大化，那么该企业技术创新的独占性较高。若企业技术创新的成果与利益相关者共享，企业创新的战略目标是实现企业利益相关者共同价值的最大化，则该企业技术创新的独占性较低。企业技术创新的独占性，一方面与企业对利益相关者的定位有很大的关系，另一方面也与企业的资源控制和外部政府支持等因素有关。

国有企业比民营企业掌握的资源更多，而且能够更加容易地获得政府的支持，这样在企业单靠企业自身的科研机构和其他相关的资本就可以完成技术创新，因此，技术创新成果的利益分配更倾向于企业所有者，而非广泛共享。但民营企业由于掌握的资源不足，而技术创新过程需要大量资源投入，民营企业需要寻求外部力量的帮助，因此一定会涉及企业的其他利益相关者，这样企业技术创新的独占性就会降低，参与技术创新的利益相关者都应当获得相应的回报。如表11-7所示，"其他机构合作开发"是民营企业最重要的技术创新方式，32.78%的民营企业选择了这种方式。

表11-7 民营企业技术创新方式比例

技术创新方式	2015 年占比（%）
与其他机构合作开发	32.78
自己独立开发	27.77
在模仿的基础上创新	22.34
购买现成技术成果	6.26
对市场产品进行简单模仿	5.64
委托科研机构开发	5.22

数据来源：笔者对问卷调查数据的整理统计。

11.2.4 混合所有制企业技术创新的优势

技术创新驱动力的不同特征为国有企业与民营企业提供了合作的空间。在混合所有制企业中，国有企业与民营企业可以实现优势互补，促进双方技术创新实力的提升以及技术创新效率的改善。而且，混合所有制企业有利于分散技术创新的风险，缩短企业技术创新的周期和时间，使国有企业与民营企业在混合所有制企业中实现双赢。综合以上的分析，混合所有制企业在技术创新方面的优势主要体现在以下两个方面。

第一，民营企业的加入有利于激发混合所有制企业的技术创新活力。与国有企业相比，民营企业在企业家精神、决策机制与激励机制方面都有更高的活力，因此在混合所有制企业中，民营企业可以在这些方面弥补国有企业的不足，并且改善国有企业在这些方面的缺陷，从而提高技术创新效率。孙晓华和王昀（2013）在研究中发现，国有企业创新效率低的最主要原因是研发人员和研发经费的过度投入。通过混合所有制改革，国有企业可以引进民营企业灵活的决策机制与激励机制，在研发投入环节做出更加合理的决策，对技术创新过程进行更为科学的激励考核，这样可以有效缓解国有企业科研投入过剩的问题，提高技术创新投入与产出的效率。

第二，国有企业与民营企业资源互补有利于提高混合所有制企业的技术创新能力，从而提升技术创新的新颖性。民营企业在发展过程中常常受制于规模太小、资金缺乏、研发人员或研发设备不足等因素。在混合所有制企业中，民营企业与国有企业合作恰好可以实现资源的互补。民营企业可以利用国有企业的研发设备、研发人员和研发资金，还可以以相对较低的成本获得相关的信息，进而提高其技术创新能力。而国有企业在技术成果转化和产品营销方面又相对较弱，在混合所有制企业中，国有企业在这些方面可以向民营企业学习。例如，洛阳中色科技股份有限公司，是一家由洛阳有色金属加工设计研究院作为主发起人的集产、学、研为一体的国有企业。它在有色金属制造和工程设计等领域取得了大量的科研成果，引领着中国有色金属加工工业工程技术的发展方向，但在产品营销方面并不擅长。因此，它以技术无形资产和厂房等固定资产为资本，入股了多家民营企业，合作建立混合所有制产业化公司。在此过程中，中色科技股份有限公司借鉴了民营企业在营销方面的经验，而民营企业也学习了技术创新的新技术和新知识，实现了双赢。

11.3　员工持股与混合所有制企业的创新绩效

2015 年 10 月 29 日，中国共产党第十八届中央委员会第五次全体会议通过的《中共中央关于制定国民经济和社会发展第十三个五年规划的建议》中指出，创新是引领发展的第一动力。必须把创新摆在国家发展全局的核心位置，不断推进理论创新、制度创新、科技创新、文化创新等各方面创新。企业是创新的重要载体，提高企业的创新绩效是推动国家创新实力的关键。国有企业作为国家经济的中坚力量，在国家创新发展中处于中流砥柱的地位。为了进一步提高国有资产的活力，混合所有制改革一直是国有企业改革的主旋律，而如何培育创新型企业是中国混合所有制改革的重要课题之一。解决创新问题其实就是解决人的问题，因为人永远是企业最重要的创新源泉。中国国有企业的创新能力不足的重要原因归结到人，主要表现在企业家精神、工匠精神和创新能力不足这三个方面。因此，员工持股制度成为促进混合所有制企业创新绩效发展的重要推动力之一。2016 年，国资委等三部门印发了《关于国有控股混合所有制企业开展员工持股试点的意见》。2016 年 8 月，混合所有制企业员工持股试点正式启动，全国已有近 200 家企业开展这一试点（人民网，2018）。推动混合所有制企业实行员工持股，一方面是为了形成所有者和劳动者的利益共同体，另一方面是为了将混合所有制企业打造成为创新型企业。员工持股对混合所有制企业发展成为一个创新型企业的现实效果如何？高层管理者、核心技术员工、普通员工的持股比例对混合所有制企业的创新绩效是否有影响？存在什么样的影响？与民营企业相比是否具有特殊性？本书将选取 2015—2019 年上市公司的面板数据进行分析，试图从中找出这些问题的正确答案，并对混合所有制企业制订员工持股计划提出有益的政策建议。

11.3.1　研究假设

对于创新型企业，目前学术界还没有统一的认识。彼得·德鲁克（2007）认为，创新型企业应当注重培养创新人才，持续突破创新边界，并系统性地管理从变革到规范的全过程创新。夏冬等（2005）认为，创新型企业是指具有自主创新理念，以不断研究和开发新技术和产品、不断优化和改进原有产品的功能和质量、不断完善原有技术和设备等为其主导战略的企业。孙晶（2018）认为，创新型企业是指拥有知识产权和自主品牌，依靠技术创新获取市场竞争优势和持续发展的企业。可见，不能用同一把"尺子"衡量创新型企业，因为创新模式存在多样性和动态性。虽然学者们对创新型企业的理解有所差异，但是在其定义中都包含了"持续创新"这一核心内涵。因此，不断提高创新绩效就是创新型企业成功的关键。一个企业要想不断提高创新绩效，需要培育企业家精神、工匠精神和不断提升创新能力。因此，员工持股计划可以重点针对这三个方面进行设计与展开。

1. 高层管理者持股比例与公司创新绩效

企业家精神就是企业不断创新的动力。因此，提升公司创新绩效的关键在于形成企业家精神。郑闽（2018）通过对 1997—2015 年 30 个省份的面板数据分析得出，企业家精神对全要素生产率起到推动作用。孙英杰等（2019）采用实证分析的方法得出结论，企业家精神对企业技术进步的促进作用最大。改革开放 40 多年来，中国逐渐涌现出了一批拥有企业家精神的国有企业家典型，但与私营企业相比，混合所有制经济下的企业家精神相对较为缺乏。这一方面有所有制政策限制的因素，另一方面也有部分国有企业内部激励制度的设定存在差异等因素。因此，可以通过制度设计使混合所有制企业的高层经营者树立起企业家精神，进而提升其创新能力，运用全新的方式和工具将所有生产要素进行重新组合，不断开发和创造出新的能够满足人们生活需求的产品。一系列研究结果表明，高层次管理者持股被认为是一个有效的途径和方法。李玲等（2013）证实，民营企业高管持股通过"利益趋同效应"，显著调节了政府补贴对自主创新的影响。党建民等（2017）以沪深两市风电产业上市公司为研究对象，得出高管持股对风电企业技术创新绩效具有显著的促进作用。刘鑫（2019）通过对 2013—2017 年沪深 A 股非金融行业上市公司进行实证检验，得出高管持股能显著促进企业发展的结论。因此，笔者提出以下假设。

H11-4：在其他条件不变的前提下，混合所有制企业高层管理者持股比例越高，公司创新绩效越高。

2. 核心技术员工持股比例与公司创新绩效

要打造一个创新型企业，需要有持久的创新力。核心技术员工是企业的创新主力，拥有工匠精神的技术员工能让企业的创新力更加持久，更能形成著名的品牌。改革开放 40 多年来，中国逐渐形成了门类齐全的制造业体系，但由于工匠精神的缺乏，造成中国制造的质量和品牌的影响力仍然较小，特别是与世界制造强国日本与德国等国家相比。工匠精神在推动企业创新绩效的过程中，起到了解决核心技术人员态度问题的作用，从而提高了他们的创新能力。工匠精神从本质上说是一种人力资本，核心技术人员可以凭借其拥有的知识产权得到社会的认可，这样才能长期专注于创新。

让核心技术人员持有公司的一部分股份，让他们对公司的贡献和所取得的回报实现对等，可以充分调动他们的工作积极性，实现技术的资本化，最大限度地推动创新。众多专家学者的研究成果也都证明了这一点。徐莉等（2004）指出，要充分调动核心技术人员的工作积极性，必须建立完善的知识产权激励约束机制，并实施股票期权等激励措施。鲁桐等（2014）发现核心技术人员的期权激励对创新有显著的正向影响。田芙蓉（2019）在研究中指出，对核心科技人员的股权激励有助于培养和提升公司的技术革命性和创新能力。李莉等（2020）的研究表明，企业在设计股权激励计划时，更应关注对核心技术人员的激励，因为每增加一单位的核心技术人员股权激励强度能使研发支出强度提高 5.2%。因此，笔者提出以下假设。

H11-5：在其他条件不变的前提下，混合所有制企业核心技术员工持股比例越高，公司创新绩效越高。

3. 普通员工持股比例与公司创新绩效

普通员工的知识产权也是一种劳动力产权，普通员工可以通过持有企业股份来获得企业的利润，以提高企业的创新绩效。比如，在美国《拜杜法案》将知识产权赋予个人后，美国的科技成果转化率在几年内翻了 10 倍。Kruse 和 Blasi（1997）通过分析证明，员工持股计划通过利益绑定机制可使企业生产率提升 4 ~ 5%。

员工持股作为一种激励手段，从 2006 年开始在中国的资本市场中盛行。目前，学者对员工持股的研究大多集中在对高管持股或核心技术人员持股的研究上，有关普通员工持股对公司创新绩效的影响的研究并不算多。Teng 等（2014）在研究中选取了 55 家上市公司作为研究样本，发现股权激励与企业创新绩效之间存在显著正相关性。靳钊（2016）通过对中国创业板上市公司样本在股权激励前后的效果进行对比发现，股权激励实施后比实施前的效果更显著，而且采取限制性股票激励方式更能提升企业的创新效率。孟庆斌等（2019）指出，员工持股计划通过"利益绑定"功能，提升了员工在创新过程中的个人努力程度、团队协作能力和稳定性，提高了创新效率。这些研究的结果说明，普通员工持股有利于提升公司创新绩效。在中国混合所有制企业中缺乏创新型企业的一个重要原因是创新能力不足。如何提升员工的创新能力，进而使企业的创新绩效上升，是决定国有企业混合所有制改革成败的关键。基于此，笔者提出以下假设。

H11-6：在其他条件不变的前提下，混合所有制企业的普通员工持股比例越高，公司创新绩效越高。

4. 与民营企业比较

中国国有企业在长期发展中始终肩负着双重使命：既要履行社会责任，又要承担提升市场竞争效率的经济职能。混合所有制企业是国有企业改革的产物，今后也将逐渐成为中国企业制度最重要的实现形式之一。大部分国有企业在改制成为混合所有制企业之前，都长期存在员工"搭便车"、消极怠工、"大锅饭"等激励机制不合理的现象。相较于国有企业，民营企业通常具有更完善的激励机制，更注重提升公司效率。尽管员工持股等激励制度在民营企业中已实施了较长时间，但其对创新绩效的提升效果已逐渐减弱。因此，笔者在分析的基础上提出以下三个假设。

H11-7：在其他条件不变的前提下，与民营企业相比，混合所有制企业高层管理者持股对公司创新绩效的提升效果更明显。

H11-8：在其他条件不变的前提下，与民营企业相比，混合所有制企业核心技术员工持股对公司创新绩效的提升效果更明显。

H11-9：在其他条件不变的前提下，与民营企业相比，混合所有制企业普通员工持股对公司创新绩效的提升效果更明显。

11.3.2　研究设计

1. 样本与数据

本书的样本选取的是沪深两市 2015—2019 年上市的实施员工持股政策的制造行业企业，将样本分为混合所有制企业和民营企业两个样本数据库进行比较分析。之所以选择制造行业的上市企业作为研究样本，是因为制造业的技术创新活动较多，易统计创新绩效成果。同时，本书根据研究需要删除了具有以下特征的样本：①无法统计专利申请数量的企业样本；②国有全资的企业样本；③ ST、*ST 类的企业样本；④其他变量有所缺失的企业样本。样本处理后，共获得 1 159 个样本观测值，其中混合所有制企业样本共436 个，民营企业样本共 723 个。本书的数据来源于 Wind 咨询金融终端和Resset 金融研究数据库，并且通过巨潮资讯（www.cnicfo.com）等公开发布上市公司年报的相关网站对数据进行了补充和修正。数据分析过程使用的是Stata 14.0 软件工具。

2. 变量设计

（1）因变量——创新绩效。国内外很多文献都有创新绩效的衡量指标，并且衡量方法各不相同，如表 11-8 所示。

表11-8　国内外创新绩效衡量指标

创新绩效衡量指标	相关文献
专利申请量、授权量或是引用量	Stuart（2000）；Garcia-Vega（2006）；Guler 等（2012）；刘红等（2018）
R&D 投入	Bens 等（2002）；朱平芳和徐伟民（2003）；刘运国和刘雯（2007）；徐宁（2013）
净资产收益率	Bartelsman 等（2000）；张晖和万解秋（2010）；吴文华和姚丽华（2014）
新产品开发数	朱承亮等（2011）；李左峰和张铭慎（2012）
无形资产比率	齐菲（2014）；徐宁（2013）

由于本书的假设中涉及高层管理者、核心技术员工和普通员工持股比例与创新绩效之间关系的验证，因此采用专利申请数指标来代表公司的创新绩效。

（2）自变量——持股比例。持股比例包括高层管理者持股比例、核心技术人员持股比例以及普通员工持股比例三个指标。其中，高层管理者是指位于层级组织的最高层，需要对整个组织负责的人员，这里取的数据主要包括 Wind 系统中披露的公司高管名单里的职务和人员的持股情况；核心技术人员是指拥有专业技能知识和掌握企业核心业务流程，会对企业的发展产生关键影响的员工。

（3）控制变量。本书将企业规模、资产负债率、企业成长性、R&D 的投入和企业性质设置为控制变量。

变量的定义及度量方法见表 11-9。

表11-9　变量的定义及度量方法

变量类型	变量名称	变量符号	变量定义
因变量	专利申请数	Patent	ln（1+专利申请数）
自变量	高层管理者持股比例	MSR	高管持股数/总股数
	核心技术人员持股比例	Rggsum	核心技术员工持股数/总股数
	普通员工持股比例	Incent	普通员工持股数/总股数
控制变量	企业规模	Size	ln（企业总资产）
	资产负债率	Debt	负债总额/资产总额
	企业成长性	Grow	ln（营业收入）
	R&D的投入	R&D	ln（研发支出额）
	企业性质	SOE	混合所有制企业取1，私营企业取0

注：Nroe 是衡量创新活动间接产出的指标净资产收益率。Intanassrt 是衡量专利数量之外创新活动直接产出的补充指标无形资产比率，这个比率越大说明企业的技术创新能力越强。

在上述基础上，构建 2 个模型对以上 6 个假设进行检验。

$$\text{Patent}_{i,j}=\alpha+\beta_1\text{MSR}_{i,j}+\beta_2\text{Rggsum}_{i,j}+\beta_3\text{Incent}_{i,j}+\beta_4\text{Size}_{i,j}+\beta_5\text{Debt}_{i,j}+\beta_6\text{Grow}_{i,j}+$$
$$\beta_7\text{R\&D}_{i,j}+\beta_8\text{SOE}_{i,j}+\varepsilon$$

（11-3）

$$\text{Patent}_{i,j}=\alpha+\beta_1\text{MSR}_{i,j}+\beta_2\text{Rggsum}_{i,j}+\beta_3\text{Incent}_{i,j}+\beta_1\text{MSR}\times\text{SOE}_{i,j}+$$
$$\beta_2\text{Rggsum}\times\text{SOE}_{i,j}+\beta_3\text{Incent}\times\text{SOE}_{i,j}+\beta_4\text{Size}_{i,j}+\beta_5\text{Debt}_{i,j}+$$
$$\beta_6\text{Grow}_{i,j}+\beta_7\text{R\&D}_{i,j}+\beta_8\text{SOE}_{i,j}+\varepsilon$$

（11-4）

式中，α 为方程的截距项，β 为等估参数，ε 为随机误差项。其中 i 为样本公司，j 为年份，$\text{MSR}\times\text{SOE}_{i,j}$ 为 MSR 与 SOE 的交互项，$\text{Rggsum}\times\text{SOE}_{i,j}$ 为 Rggsum 与 SOE 的交互项，$\text{Incent}\times\text{SOE}_{i,j}$ 为 Incent 与 SOE 的交互项。

11.3.3　实证分析

1. 描述性统计

变量描述性统计结果如表 11-10 所示。

表11-10　变量描述性统计结果

变量名称	样本量	最小值	最大值	平均值	标准差
Patent	1 159	0	8.479	2.472	1.862
Nroe	1 159	−26.78%	21.65%	−0.05%	24.78
Intanassrt	1 159	−7.85%	32.86%	0.99%	14.87
MSR	1 159	0	0.115	0.038	0.013
Rggsum	1 159	0	0.084	0.026	0.016
Incent	1 159	0	0.076	0.011	0.013
Size	1 159	15.214	23.867	14.764	8.671
Debt	1 159	−0.001	0.426	0.074	0.083
Grow	1 159	14.886	25.24	15.54	9.132
R&D	1 159	0	19.76	17.09	3.89
SOE	1 159	0	1	0.376	0.261

注：Nroe 是衡量创新活动间接产出的指标净资产收益率。Intanassrt 是衡量专利数量之外创新活动直接产出的补充指标无形资产比率，这个比率越大说明企业的技术创新能力越强。

因变量创新绩效中的专利申请数的平均值为 2.472，最大值为 8.479，说明了制造业企业对创新的重视程度，其专注于新产品和新技术的研发。衡量创新活动间接产出的指标净资产收益率的平均值为 −0.05%，说明实施员工持股激励对创新活动的间接产出作用并不明显，但具体的相关关系还需要进一步的回归分析。无形资产比率是对专利申请数之外的创新活动直接产出的补充指标，这个比率越大说明企业的技术创新能力越强。从表 11-10 中可以看到无形资产比率的平均值为 0.99%，说明实施员工持股激励对企业创新绩效有一定的促进作用，但标准差为 14.87，可以看出还是存在一定的波动。

从三个持股比例的指标中可以看出，高层管理者持股比例的平均值和最大值都是最高的，次之是核心技术人员，最低的是普通员工。虽然核心技术人员和普通员工持股比例的平均值仅为 0.026 和 0.011，但是最大值达到 0.084 和 0.076，这说明不同的公司对员工持股激励措施的重视程度存在很大的不同。有些企业着眼于长期的发展，重视对核心员工的激励和培养，通常会给予核心员工比较高的股权激励；有的企业追逐短期利益，不愿意将资金投入长期才能看到收益的技术创新上，自然不会太重视对核心员工的培养，因此给核心员工的股份自然较低。

从控制变量上看，企业规模是用企业总资产的对数来计算的，从表 11-10 中可以看出最大值、最小值和标准差之间的差距较小，说明制造业企业的规模比较平均。资产负债率的均值为 0.074，负债水平相对较低，但是该指标的最小值 -0.001 与最大值 0.426 之间的差距很大，表明样本公司之间的资产负债率指标差距比较大。R&D 投入的最大值 19.76 和标准差 3.89 表明了各个样本公司的研发投入有一定的波动，这与每家公司对研发的重视程度有关，平均值 17.09 说明了制造企业的整体研发投入较高。

2. 回归分析

模型 1 和模型 2 的回归结果如表 11-11 所示。

表11-11　回归结果

变量名称	模型 1	模型 2
MSR	10.465** （2.694）	3.462** （2.815）
Rggsum	12.778*** （2.641）	5.872** （2.169）
Incent	-9.778 （-2.641）	-6.947 （-1.891）
MSR×SOE		12.785** （3.754）
Rggsum×SOE		31.671** （2.986）
Incent×SOE		-11.531 （-6.713）
Size	0.216*** （4.488）	0.214*** （4.996）
Debt	3.967*** （3.156）	4.943*** （5.890）
Grow	0.146** （2.198）	0.123** （2.194）
R&D	7.892*** （5.872）	7.134*** （6.869）
SOE	0.423** （2.451）	-0.462* （-1.625）
样本量	1159	1159
R^2	0.176	0.163

注：括号内为 t 值；*、**、*** 分别表示在 10%、5%、1% 水平上显著。

第一，对 H11-4 和 H11-7 的检验分析。在模型 1 中，高层管理者持股比例的回归系数和 t 值分别为 10.465 和 2.694。这说明高层管理者持股比例越高，公司的创新绩效越高，并且高层管理者持股比例与创新绩效之间在 5% 的水平上显著正相关，验证了 H11-4 的正确性。高层管理者持股比例每增加一个单位，专利申请数增加了 10.465 个单位。这说明在混合所有制改革中，只有确定合理的激励方式，才能激发高层管理者发挥智力因素和非智力因素为企业提高创新绩效而努力，为企业的长远发展考虑。这也实现了一种良性的循环机制，当高层管理者更加重视创新活动时，就会制定一系列激励技术人员和员工创新活动的激励机制，公司的创新绩效也会进一步提升，形成一套完善的创新激励机制。

在模型 2 中，高层管理者持股比例在 5% 的水平上与公司创新绩效之间呈正相关，MSR × SOE 的回归系数为 12.785，与公司创新绩效之间也呈显著正相关，说明与民营企业相比，混合所有制企业中高层管理者持股比例每增加一个单位，公司的创新绩效提升 12.785 个单位。除了企业性质的回归系数为负，其他控制变量的回归结果与模型 1 基本相同，说明在混合所有制企业中，高层管理者持股对公司创新绩效的提升作用更加明显，验证了 H11-4 的正确性。

第二，对 H11-5 和 H11-8 的检验分析。模型 1 中核心技术人员持股比例的回归系数和 t 值分别为 12.778 和 2.641，与创新绩效在 1% 的水平上显著正相关，说明核心技术人员持股比例越高，公司的创新绩效越高，验证了 H11-5 的正确性。核心技术人员持股比例每增加一个单位，创新绩效增加 12.778 个单位，比高层管理者持股推动创新绩效的效果更为显著。这足以说明核心技术人员是创新的主力，让技术人员拥有企业股权可以提升他们的企业归属感和工作责任感，进而增强他们的主动性和积极性，促进企业持续改进制造工艺和产品性能，为企业创造更多的价值。

在模型 2 中，核心技术人员持股比例在 5% 的水平上与公司创新绩效正相关，Rggsum × SOE 的回归系数为 31.671，与公司创新绩效之间也呈正相关，并且除了企业性质的回归系数为负，在模型 1 和模型 2 中，控制变量的回归结果基本相同，说明在其他条件不变的情况下，混合所有制企业核心技术人员持股对创新绩效的提升作用更为显著，验证了 H11-8 的正确性。

第三，对 H11-6 和 H11-9 的检验分析。在模型 1 和模型 2 中，普通员工持股比例与公司创新绩效之间并不存在显著的相关性，无法证明 H11-6 和 H11-9 两个假设的正确性。

第四，对控制变量的分析。在两个模型中，公司规模和资产负债率都与公司创新绩效在 1% 的水平上显著正相关。这说明公司的规模越大，实力越强，就越有能力进行创新活动，公司的创新绩效也就越高。这也说明了公司越举外债进行创新活动，越有创新的压力，压力也会转换为管理者和创新人员的动力，使他们更加积极地投入创新活动中，研发效率也会进一步提升。企业成长性的回归系数和 t 值在模型 1 里为 0.146 和 2.198，与创新绩效在 5% 的水平上显著正相关。这说明成长性越好的企业，越有提高创新绩效的意愿，企业创新活动开展得越频繁，企业的创新绩效就越高。R&D 的投入和专利申请数呈现明显的正相关关系。这说明研发投入金额越大，企业的创新效率越高。

3. 稳健性检验

为了验证上述检验结果的稳健性，本书将用高层管理者持股人数比例 MSRNUM 和高层管理者持股人数比例的对数 ln（MSRNUM）替代模型 1 中的高层管理者持股比例 MSR；用核心技术人员持股人数比例 RggsNUM 和核心技术人员人数比例的对数 ln（RggsNUM）替代模型 1 中的核心技术人员持股比例 Rggsum；用普通员工持股人数比例 IncentNUM 和普通员工持股人数比例的对数 ln（IncentNUM）替代模型 1 中的普通员工持股比例 Incent，构建模型 3 和模型 4，重新回归后得出的结果如表 11-12 所示。

表11-12　稳健性检验

变量名称	模型 3	模型 4
MSRNUM	0.765** （2.694）	
RggsNUM	0.876*** （1.791）	
IncentNUM	-0.796 （-1.794）	
ln（MSRNUM）		0.195** （4.894）
ln（RggsNUM）		0.161** （3.196）
ln（IncentNUM）		-0.193 （-6.901）
Size	0.176*** （2.598）	0.116*** （3.716）
Debt	5.797*** （2.418）	9.563*** （3.170）
Grow	0.246** （8.785）	0.123** （1.824）
R&D	6.512*** （7.891）	6.191*** （8.714）
SOE	0.313** （2.398）	-0.311* （-3.696）
样本量	1 159	1 159
R^2	0.154	0.178

注：括号内为 t 值；*、**、***分别表示在 10%、5%、1% 水平上显著。

从稳健度的检验结果可以看出，无论是采取持股比例、持股人数比例还是持股人数比例的对数为自变量，回归结果都是高层管理者持股比例和核心技术人员持股比例与创新绩效呈正相关，并与民营企业相比，对创新绩效的提升效果在混合所有制企业中更加明显。

11.4　数字化转型程度、混合所有制改革深度与创新投入

11.4.1　问题提出

在 2024 年 3 月全国两会上，"新质生产力"成为一个热词。习近平总书记在主持中共中央政治局第十一次集体学习时提出："新质生产力就是创新起主导作用，摆脱传统经济增长方式、生产力发展路径，具有高科技、高效能、高质量特征，符合新发展理念的先进生产力质态。"创新必然成为加快新质生产力的第一动力，因此企业在创新方面的投入直接影响了中国经济发展的质量和速度。在 2024 年的政府工作报告中，李强总理多处"着墨"数字经济。在全国两会中也对加快建设数字中国做出了最新的部署和安排，指出要建设现代化产业体系，并加快建设数字中国的步伐，数字化（数字科技）也正逐步成为全球企业创新变革的重要突破点之一（吴非 等，2021）。《数字中国发展报告（2022 年）》中显示，2022 年中国数字经济的规模已经达到了 50.2 万亿元的水平，并且占到 GDP 总量的 41.5%。这也进一步说明了数字经济成为中国高质量发展的重要推动力和支撑条件。从以上的分析中可以得出，创新与数字化已经成为拉动中国经济高质量发展的"两驾马车"。并且目前大量研究已经证明，企业的数字化转型会提高企业的创新投入、创新产出和创新效率。近几年对数字化与创新关系的研究主要分为宏观和微观两个层面，宏观层面的主要研究视角集中在数字经济、数字产业化、政府政策、行业与地区以及创新价值链五个方面，而微观层面则集中在委托代理、创新类型以及企业性质三个方面（具体见表 11-13）。

表11-13　数字化与企业创新投入研究中的主要观点

研究视角		研究结论	文献出处
宏观层面	数字经济	数字经济对企业创新能力的提升具有显著的驱动作用，包括创新投入、创新产出以及创新效率三方面的整体提升	李健等（2022）
	数字产业化	数字产业化、产业数字化以及数字耦合度均有助于促进制造业高质量发展	梁小甜和文宗瑜（2022）
	政府政策	政府研发补贴与非研发补贴均可以提高企业技术创新投入；企业数字化可以与两种政府补贴形成协同效应，正向调节两种政府补贴对企业技术创新投入的正向影响	谢琨和张正銮（2022）
	行业与地区	数字化对企业创新的促进作用在传统产业、中西部地区的企业样本中更加明显	肖土盛等（2022）
	创新价值链	数字化水平对高技术产业科技研发效率有显著作用，但对最终的成果转换效率没有显著作用。造成这一现象的具体原因是，数字化水平更多地促进了低质量专利的产生，此类专利难以转换成新产品收入，最终对成果转换效率的影响不显著	忻超娜和张二华（2022）
微观层面	委托代理	当代理问题较严重、融资约束较大和风险承担水平较低时，企业数字化转型对企业创新的促进效应更强，即数字化转型能够有效缓解企业的代理问题、融资约束和提升企业的风险承担水平，进而赋能企业创新	潘红波和高金辉（2022）
	创新类型	数字化转型能够显著提高企业探索式创新和开发式创新的投入水平，且对探索式创新投入水平的提升作用更大	姜英兵等（2022）
	企业性质	数字化对企业创新的促进作用在国有企业以及规模较大的企业样本中更加明显	安同良和闻锐（2022）

　　众所周知，国有企业在驱动中国经济的高质量发展方面占据着极其重要的位置。显然，数字化转型和创新投入对提高国有企业改革的质量有积极促进与推动作用。但相关学者对国有企业改革的深度是否会反向影响数字化转

型对企业创新投入的作用这一课题的研究较少，但这一研究意义重大，因为在对改革深度这一影响因子的作用进行验证之后，可以通过设计混合所有制改革方案进一步加快数字化转型与创新投入的进程。在不同企业中，国有企业混合所有制改革的深度大相径庭，而不同的深度主要表现在非国有资本的所有权与控制权两个方面。因此，本书在研究国有企业混合所有制改革的深度时，会综合考虑非国有资本的所有权与控制权两个变量，并且将研究的重点放在国有企业混合所有制改革的深度是否会对数字化转型程度与创新投入之间的关系产生影响上。

11.4.2　理论分析与研究假设

企业数字化转型与企业创新投入之间的关系，可以从两个方面来分析：一方面从企业融资成本角度来看，由于数字化是目前国家的政策热点，企业的数字化程度会向资本市场释放"积极"信号，降低金融机构与企业之间的信息不对称程度，提高企业的资金流通效率，从而使企业的创新融资成本降低，激发企业加大创新方面的投入（李春涛 等，2020）；另一方面从企业创新的资金压力角度来看，企业数字化可以搭建与外部合作伙伴的信息化交流平台，提高与外部的沟通效率，降低信息搜索的成本，提高企业之间合作与交流的意愿，这可以在一定程度上缓解企业在创新资金筹措方面的压力，提高企业在创新方面的投入（Wynarczyk et al.，2013）。笔者分析之后提出假设 H11-10：在混合所有制企业中，数字化转型程度越高，企业创新投入越高。

由于国有企业存在多层委托代理关系，会出现国有企业所有人缺位以及激励机制失效等现象。如果国有资本具有绝对的控股权，这种情况就会更加严重，造成国有企业经营效率低下的问题。国有企业的实际控制人通常是国资管理部门的人员，他们同时具有经理人和政府官员的双重身份，相对应的激励机制与市场的激励机制存在不同。从经济人假设出发，为了获得快速的晋升机会和业绩成果，在任期内他们通常会偏向于能够较快出成效的项目决策，而往往企业的数字化转型或是创新项目都需要较长的投入周期。这样，就容易导致数字化转型或是创新项目在国有企业中很难推进，数字化转型程度对创新投入的作用无法体现。相比之下，民营企业拥有较为完善的市场化用人机制和激励机制，从经理人市场声誉、股权激励和薪酬激励等角度出发，民营企业的经理人会更加倾向于有利于企业长期获利的创新类项目决策。通过上述的分析，可以得出在混合所有制企业中，非国有资本对企业数字化转型的支持力度会比国有资本要大，非国有资本在混合所有制企业中的所有权占比越大，企业数字化转型程度会越高，对创新投入的促进作用也会越强。因此，提出假设 H11-11：在混合所有制企业中，非国有资本融入得越充分，数字化转型程度提升对创新投入的促进作用越强。

对于国有企业的混合所有制改革，学术界一直存在两种不同的观点。一类观点认为，混合所有制改革有利于资本的优势互补，从而使国有企业的活力提升，有效实现国有资本的保值增值；另一类观点则认为混合所有制改革会导致国有资本的流失。但从我国近 30 多年来国有企业改革的经验以及《国企改革三年行动方案（2020—2022 年）》的出台来看，从实践层面和政策层面都证明了第一种观点的正确性。在混合所有制改革中，在国有资本并没有共享企业控制权的情况下，一方面非国有资本参与混合所有制改革的信心和热情会被打击，另一方面也会使企业的长期创新决策受到影响。因此，在混合所有制改革中要做好控制权方面的优化配置，从而促进国有企业治理结构的完善，提高国有企业决策的科学性，特别是长期的创新决策和数字化转型决策等的科学性。通过以上分析，提出假设 H11-12：在混合所有制企业中，非国有资本的控制权越强，数字化转型程度提升对创新投入的促进作用越强。

11.4.3　研究设计

1. 样本选取与数据来源

本书选取了 2015—2021 年的国有上市企业作为数据样本。之所以将数据的选取区间放在 2015 年之后，是因为国家在 2015 年发布了《关于深化国有企业改革的指导意见》，在这个政策颁布之后，混合所有制改革进入了一个全新的阶段，混合所有制改革的成效也有了较大的提升。因此，将 2015 年之后的国有企业作为研究的样本，能够更好地看出资本结构以及控制权变化对国有企业数字化转型以及创新投入的影响。研究样本的数据来源主要是 Wind 数据库和 CSMAR（中国经济金融研究数据库），其中剔除了 ST、*ST 类型企业、财务数据不全的企业以及金融企业，最后共计有 585 家样本企业，共计 4 095 个样本观测值。根据研究需要，首先使用 EXCEL 对数据进行初步处理，然后使用 Stata 17 对面板数据进行分析和验证假设。

2. 变量说明与指标界定

（1）被解释变量

本书重点研究的是国有高新技术企业数字化转型程度对创新投入的影响，并且着重分析混合所有制改革深度在其中的影响作用，因此创新投入是被解释变量。创新投入用当期发生的研发费用和上期营业收入之间的比值来表示。

（2）解释变量

①数字化转型程度

本书采用数字化转型关键词的出现频次来构建企业的数字化转型程度指数（吴非 等，2021）。数字化转型关键词借鉴了李明洋等（2022）选取的反映企业数字化转型的 50 个关键词，如表 11-14 所示。对上市企业样本 2015—2021 年的财务年报进行文本爬取，在年报中出现数字化转型关键词的频率越高，说明该企业的数字化转型程度越高。

表11-14　企业数字化转型关键词

分类	关键词分类	关键词内容
第一类	数字化技术	数字技术、数字化、数字运营、区块链、数字货币、数据资产、大数据、数据管理、数字科技、数据信息、数据融合、数据集成、数字供应链、数字体系、数字贸易、数字经济、数字营销、数字终端
第二类	互联网技术	互联网、云端、云服务、信息通信、云计算、边缘计算、信息集成、信息技术、信息化、信息时代、物联网、网络
第三类	人工智能	自动化、人工智能（含AI）、计算机技术、机器学习、机器人、电子科技、电子技术、3D、智慧时代、智慧业务、智慧建设、5G
第四类	电子商务	O2O、电子商务（含电商）、线上、B2C、C2B、P2P、C2C、B2B

注：O2O 为线上到线下；B2C 为企业对消费者；C2B 为消费者对企业；P2P 为个人对个人；C2C 为消费者对消费者；B2B 为企业对企业。

②混合所有制改革深度

本书用非国有资本的所有权特征和控制权特征来衡量混合所有制改革深度。对于所有权特征，采用前十大股东中非国有资本的持股比例来表示。由于董事会和监事会是企业治理的核心机构，董事会是企业常设的决策机构，监事会是监督机构，对企业的重要决策起到决定性的作用。在混合所有制改革中，非国有资本可以通过选举进入企业的董事会或是监事会，对企业的发展决策起到关键的作用。因此，在衡量非国有资本的控制权时，若其代表进入董事会或监事会，则赋值为 1；否则赋值为 0。

（3）控制变量

借鉴以往研究成果，企业的规模越大，风险越大，企业越倾向于立足长远的目标进行决策，因此企业规模将会影响企业创新投入；企业的资产负债率越高，越会削减创新投入。因此，本书将公司规模和企业资产负债率作为研究创新投入的控制变量。

变量定义及其界定标准如表 11-15 所示。

表11-15　变量定义及其界定标准

变量类型	变量名称		变量符号	定义
被解释变量	创新投入（%）		R&D	当期发生的研发费用 / 上期营业收入
解释变量	数字化转型程度		Digital	见文中定义，关键词个数 /50
	混合所有制改革深度	所有权特征（%）	Nonstate	前十大股东中非国有资本持股比例
		控制权特征	Control	存在非国有资本董事会或监事会代表的企业赋值"1"，否则赋值"0"
控制变量	公司规模		Size	ln（总资产）
	资产负债率（%）		Lev	负债总额 / 当年资产总额

3. 验证模型

本书用以下模型对样本企业的被解释变量、解释变量以及控制变量进行分析，从而验证假设 H11-10—假设 H11-12。

$$R\&D_{i,t+1}=\beta_0+\beta_1 Digital_{i,t}+\beta_2 Nonstate_{i,t}+\beta_3 Control_{i,t}+\beta_4 Size_{i,t}+\beta_5 Lev_{i,t}+\beta_6 Ins_{i,t}+\varepsilon_{i,t}$$

$$(11-5)$$

式中，$R\&D_{i,t}$代表企业第t年的创新投入；$Digital_{i,t}$代表第t年的企业数字化转型程度；$Nonstate_{i,t}$代表企业第t年的所有权特征；$Control_{i,t}$代表企业第t年的控制权特征；$\varepsilon_{i,t}$表示随机误差项。

11.4.4　实证结果与分析

1. 描述性统计分析

变量的描述性统计结果如表 11-16 所示。

表11-16 变量的描述性统计结果

变量名	样本数	均值	标准差	最小值	最大值
R&D（%）	4 095	0.000 734 2	0.006 133 2	0	0.171 476
Digital	4 095	20.451 59	17.436 36	0.078 5	92.21
Nonstate（%）	4 095	47.058 98	19.985 06	0.129 947 7	131.394 7
Control	4 095	0.357 997 6	0.479 47	0	1
Size	4 095	6.060 276	0.679 186 4	3.978 052	8.689 405
Lev（%）	4 095	0.510 197	0.205 67	0.013 062	1.347 106

企业在创新投入（R&D）和数字化转型程度（Digital）指标上存在显著差异。尽管企业间数字化转型程度的差异较大，但均值达到20.451 59，表明整体的数字化转型程度较高。

所有权特征（Nonstate）指标的平均值为47.058 98，表明混合所有制改革的深入程度在2015年之后有了较大的提升。控制权特征（Control）指标的平均值为0.357 997 6，这说明非国有资本获得了一定的机会进入企业的董事会或监事会，能够在一定程度上行使决策权、控制权和监督权，企业决策的市场化程度也就越高。但这个比例并没有超过0.5，因此非国有资本的决策权和监督权仍有较大的提升空间。

2. 回归分析

表11-17中R&D（1）是未加入控制变量和固定效应的回归结果，R&D（2）是加入了控制变量但未加入固定效应的回归结果，R&D（3）是同时加入控制变量和固定效应的回归结果。其中多元回归方差膨胀系数VIF分别为2.013 2、2.104 8和2.002 1，当VIF小于10时，可以判定模型不存在严重的多重共线性问题，并且VIF值越接近1，共线性问题越小，回归效果越好。因此，从VIF的结果可以看出本章的模型不存在多重共线性问题，可以利用分析结果进行假设检验。

表11-17 企业数字化转型与企业创新投入

变量名	R&D（1）	R&D（2）	R&D（3）
Digital	0.320** （0.014）	0.077*** （0.025）	0.021** （0.025）
Nonstate			0.042 3*** （4.623 1）
Control			0.005 3*** （5.721 0）
Size			0.013 1*** （2.749 0）
Lev			−0.014 5* （−1.639 2）
年份固定效应	No	Yes	Yes
企业固定效应	No	Yes	Yes
N	4 095	4 095	4 095
调整 R^2	0.045	0.220	0.245
VIF	2.013 2	2.104 8	2.002 1

注：*、**、*** 分别表示在 10%、5%、1% 的水平上显著。括号内为经企业层面聚类调整后的标准误，下同。

（1）数字化转型程度（Digital）的回归系数均大于 0，并且显著性水平都在 5% 以上。说明企业的数字化转型对企业的创新投入有促进作用，证明数字化转型程度越高，企业创新投入越高，假设 H11-10 成立。在模型中加入控制变量进行回归，拟合优度 R^2 从 0.045 上升到 0.220，加入固定效应后上升到 0.245，说明控制变量和固定效应的加入加强了解释变量对被解释变量的解释力度。

（2）所有权特征（Nonstate）与企业创新投入之间的回归系数为 0.042 3，并且显著性水平在 1%。这表明国有企业中前十大股东中非国有资本持股比例越高，越有利于提高企业创新投入，并且在混合所有制企业中，非国有资本融入得越充分，数字化转型程度提升对创新投入的促进作用越强，证明了假设 H11-11 成立。

（3）控制权特征（Control）与企业创新投入之间的回归系数为 0.005 3，显著水平在 1%。说明在国有企业中，非国有资本占据的决策权和话语权越大，越有利企业做出长远的创新决策，增加创新投入。从一定程度上证明了假设 H11-12，在国有企业中，非国有资本的控制权越强，越能够促进国有企业决策的科学化，企业会更关注数字化转型等长期目标，从而数字化转型程度提升对创新投入的促进作用也就越强。

（4）从控制变量公司规模（Size）和资产负债率（Lev）来看，公司规模与企业的创新投入之间存在着显著的正相关关系。这表明国有企业的规模越大，实力越强，越倾向于提高创新投入。当然从另一个方面来看，企业的规模越大，一般企业的经营时间也越长，因此，企业的创新投入决策会更理性化，也会更注重企业的长期目标。资产负债率与创新投入之间是负相关的关系，说明国有企业的负债率越高，越会缩紧创新投入，而更关注于企业的短期目标。

3. 稳健性检验

本节用两种方式来检验模型的稳健性，一种是更换被解释变量的方式，还有一种是更换研究样本观测值的方式。第一种方式，将被解释变量替换为国有企业专利数与研发投入的自然对数比值，采用这一新的被解释变量与原来的解释变量进行再次回归，发现各变量的系数符号和显著性水平与变换前的结果基本一致；第二种方式是将 585 家样本企业的取值范围更换为 2016—2022 年，再进行多元回归，发现各变量的系数符号和显著性水平与变换前变化不大，系数数值的大小也没有出现较大的变化。因此，该模型具有较高的稳健性，并且回归结果可靠性较高。

4. 结果分析

第一，混合所有制企业的数字化转型对创新投入有着正向的作用，数字化转型程度越高的混合所有制企业，对企业长远发展的重视程度也会越高，因此更有可能做出增加创新投入的决策。但是，创新投入也受企业规模和负债率的影响，创新投入高的混合所有制企业一般具有企业规模相对较大、负债率相对较低的特征。

第二，国有企业通过混合所有制改革进行了产权结构的优化，大大提高了决策的科学性，因此在一定程度上显著提高了企业的创新投入，相应地也推进了企业数字化转型的进程。

第三，在国有企业改革过程中，混合所有制改革的深度正向影响企业数字化转型程度对创新投入的促进作用。也就是说，混合所有制改革的深度越深，体现在非国有资本的所有权特征和控制权结构上，企业数字化转型对创新投入的促进作用越显著。因此，混合所有制改革的所有权和控制权的优化，不仅提高了企业的创新投入以及推进了企业数字化转型的进程，也能够让国有资本不断保值增值。

11.4.5　研究结论与政策建议

国有企业在国有经济的发展中起到中流砥柱的作用，并且在国家宏观经济调控中发挥着举足轻重的传导作用。国有企业应当积极抓住外部数字经济的机会，通过提高混合所有制改革深度，积极进行国有企业的数字化转型，从而提高国有企业决策的科学性和创新性，实现保证国有资本保值增值的目标。本节通过理论分析和实证检验设计出了混合所有制企业数字化转型与创新改进机制，分别可以从内部的治理机制，外部的国家政策、金融市场、创新平台四个方面进行改进与优化（见图 11-4）。

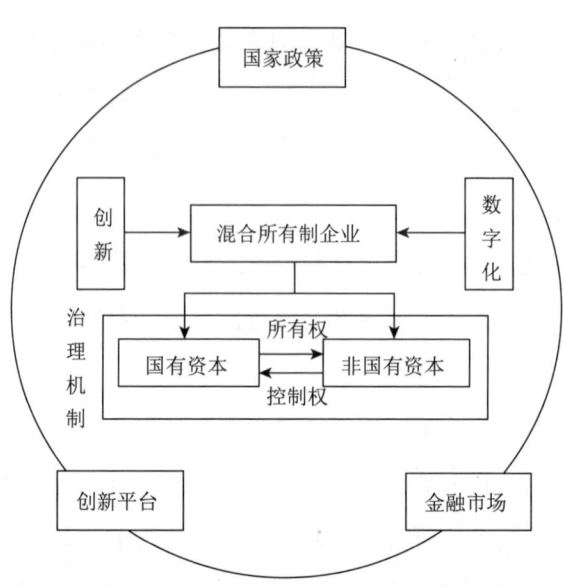

图11-4 混合所有制企业数字化转型与创新改进机制

第一，不断优化国有企业治理结构，完善非国有资本的决策机制，发挥非国有资本的积极作用，提高国有企业的活力和创新力。应结合国有企业所处行业的不同特征以及国有企业的分类，建立起科学合理、有效制衡的治理机制。在完善现代企业制度的同时，将国有企业内部治理机制从"三会一层"上升为"四会一层"，也就是逐渐将党组织加入治理主体中，并设计清晰党组织、董事会、监事会和经理层之间委托代理关系中的"权责利"等边三角形。应借助混合所有制改革的契机，有效实现国有资本和非国有资本的有机融合，通过分享控制权提升非国有资本参与混合所有制改革的信心和热情，从而打通治理结构优势向治理效能转化的通道，提高企业的创新投入和数字化转型程度。

第二，在充分利用国有企业优势的同时，国家要为混合所有制企业的发展创造良好的外部条件和基础，以数字化转型为契机，以创新为动力，实现国有企业战略转型。在国有企业混合所有制改革的过程中，应因地制宜地设计混合所有制改革政策，紧密结合企业当地的市场和制度环境，不能强行"一刀切"。比如，国家可以给予经济较为落后的地区更多的政策倾斜，并且加大部分地区对混合所有制改革的宣传力度，并以更加积极开放的态度来激发非国有资本参与混合所有制改革的热情。国家在推动国企改革进一步深化的同时，还要不断为混合所有制企业开展科技创新提供更加有力的制度配套与资源支持，才能进一步提升国有企业的技术创新能力和水平。在企业核心竞争力变强和经营绩效提升的前提下，企业才会加大创新投入，才能实现国有企业的高质量发展。

第三，发挥金融市场的作用，为混合所有制企业数字化转型和创新提供资金基础，进一步缓解中小混合所有制企业的资金压力。在金融市场中，融资机制可以实现多元化，从而使混合所有制企业的融资门槛降低，也使企业的融资方式变多。在金融市场方面，也可以发挥政府的作用。比如，现在很多地方政府成立了专门的投资机构，对快速发展中的科技型中小企业进行支持。有了政府的支持，混合所有制企业可以缓解资金压力，能够投入更多的资金到研发中去，同时激发国有资本的活力。

第四，深化混合所有制企业的创新平台建设，应通过校企合作等方式推动混合所有制企业数字化转型与创新发展。混合所有制企业在进行数字化转型的过程中确实面临着诸多挑战，这包括技术投资、人才培养以及流程改造等多个方面。为了有效应对这些挑战，企业可以积极寻求与高校的合作，利用高校的科研能力和创新资源，共同探索数字化转型的解决方案。通过校企合作模式，企业不仅可以收集和分析更多关于数字化过程中遇到的实际问题，而且能够参与构建一个通用的数字化平台。这样的平台能够集成多种数字化工具和解决方案，为混合所有制企业提供标准化、模块化的服务，降低单独开发的成本。

11.5　本章小结

本章深入探讨了混合所有制改革在创新视角下的应用与影响，重点分析了合伙人制度在减轻混合所有制企业"隧道效应"、激发技术创新以及提高创新绩效方面的作用。研究发现，通过合理分配控制权和所有权，可以有效降低"隧道效应"，提高企业创新能力。同时，员工持股制度能够显著提升企业的创新绩效，特别是在混合所有制企业中，高层管理者和核心技术人员持股对创新绩效的正面影响更为明显。此外，数字化转型与混合所有制改革的深度均对企业的创新投入具有积极的促进作用。国有企业应抓住数字经济的机遇，深化混合所有制改革，优化治理结构，提高企业的创新性和竞争力。

第12章 总结与研究展望

12.1 总结

本书的主要研究对象是国有企业混合所有制改革，首先从国有企业改革发展历程的梳理中得出中国国有企业改革的特征，并且对中国当前进行混合所有制改革的必然性和发展现状进行了剖析，得出混合所有制改革具有实效性的重要结论。接着重点对影响混合所有制改革实效性的因素进行筛选和剖析，针对四个关键影响因素进行逐一讨论。最后为中国国有企业混合所有制改革提出了政策建议。

本书的主要研究工作如下。

（1）本书梳理了国内外相关研究，并且对国内外混合所有制企业的实践现状进行了剖析。用文献可视化研究的方法，得出的结论是混合所有制企业目前仍为研究热点，主要的研究主题有所有权改革的路径与方法、股权结构、公司绩效、公司治理改革以及员工持股制度的探索，并发现了一些理论方面研究的不足和今后的研究方向。

（2）本书对相关理论进行了整理和阐述。主要包括国有企业及混合所有制企业的定义及分类、扎根理论、博弈理论以及公司治理理论。

（3）本书对中国国有企业改革的发展历程进行了梳理，并且总结出中国国有企业改革的中国特色，分别是激进的控制权改革和渐进的所有权改革。

通过对比国有企业所有者在混合所有制改革前后的效用函数，看出混合所有制改革可以降低国有企业所有者的效用损失，因此混合所有制企业的产生有一定的必然性。此外，本书对 2014—2016 年中国混合所有制企业的普及度和混合度进行了调查，得出的结论是混合所有制企业占企业总量的比例为 70.4%，但混合度都处于中等偏下的状态。

（4）本书通过财务效率和技术效率两个关键指标，对混合所有制改革的实效性进行了分析，得出了中国国有企业混合所有制改革具有实效性的结论。用扎根理论的方法，得出影响混合所有制改革实效性的四个关键因素分别是形成路径、政府决策、产权性质与变动方式和公司治理，并且通过问卷调查的方式收集数据，建立结构方程，验证了扎根理论得出的结论。

（5）本书对影响混合所有制实效性的四大关键因素进行了逐一深入的研究。在形成路径的研究上，通过实证研究得出的结论是在不同形成路径下，国有资本对混合所有制改革效果的影响存在差异，并且在国有产权渗透路径下，国有资本的正面效应更加明显；本书借助博弈论的分析方法对政府参与混合所有制改革的必要性进行了论证，在此基础上提出了三个研究假设，得出的相关结论是影响政府决策的影响因素有三个，分别是政治收益、财政压力以及国有资产占比，在不同的情况下，政府对产权稀释或是产权渗透的路径选择也不同；在对产权性质与产权变动方式的研究中，应用了案例分析的方法，选取了中国建筑材料集团的案例，对国有产权稀释与国有产权渗透的具体方式进行了分析，得出了相应的结论；在对公司治理的研究中，本书分析了中国混合所有制企业公司治理的五个特殊性，分别是委托代理的特殊性、企业控制权的特殊性、企业内部人关系的特殊性、新老治理结构并存的特殊性以及政府角色的特殊性，并且从特殊性出发设计出九个相关研究假设，最后通过数据验证了假设。

（6）本书在研究的基础上，构建了混合所有制改革的实现模式，并且提出相应的政策建议，分别是需要国有产权稀释与渗透路径紧密结合、需要政府进行顶层设计以及需要规范的公司治理模式。

（7）本书集中探讨了混合所有制改革如何通过创新视角促进企业发展，揭示了合伙人制度降低"隧道效应"、激发技术创新和提升创新绩效的潜力。本书指出，混合所有制企业中高层与核心技术人员持股对创新绩效有显著正面影响，而数字化转型与改革深度均能提高企业的创新投入。国有企业应利用数字经济推动改革，优化治理，以实现高质量发展。

12.2　主要创新点

本书针对国有企业混合所有制改革实效性的问题展开，用理论分析结合实证分析得出影响混合所有制改革实效性的关键因素，并对每种因素以何种方式影响改革实效性进行深入剖析，最后得出混合所有制改革的实现模式以及政策建议。本书的主要创新点在于通过扎根理论以及问卷调查的方法找出影响混合所有制企业实效性的关键因素，分别是形成路径、政府决策、产权性质与变动方式以及公司治理，并用结构方程的方法进行验证，对每一种影响因素进行深入剖析，得出了具有创新性的结论。丰富了国有企业改革的理论基础，为国有企业改革提供了有益的政策参考，也为混合所有制改革的研究提供了新的视角。主要创新点如下。

1. 混合所有制改革实效性的影响因素体系构建

本书运用扎根理论结合问卷调查的方法，深入挖掘并识别出了影响混合所有制企业实效性的关键因素。这些因素包括企业的形成路径，即企业是通过国有产权稀释还是国有产权渗透的方式形成；政府决策，涉及政府在混合所有制改革中所扮演的角色及其决策过程；产权性质与变动方式，即不同产权属性如何影响企业的运营和治理结构，以及产权结构的变动对企业效能的影响；公司治理，即公司内部治理结构和机制如何影响企业的决策效率和市场表现。

2. 两种改革路径的对比研究

混合所有制企业的形成路径主要分为国有产权稀释和国有产权渗透两种方式，每种方式对混合所有制改革效果的影响各有不同。国有产权稀释通常涉及将国有股份向非国有投资者转让，从而降低国有资本在企业中的占比，这种方式可能会减少政府对企业的直接控制力，但同时也可能会促进治理结构和运营机制的优化。相比之下，国有产权渗透则是指国有资本通过参股或控股进入非国有企业。这种方式不仅有助于国有资本的保值增值，还能够通过国有资本的影响力带动非国有企业的改革和发展。研究结果表明，在国有产权渗透的路径下，国有资本的正面效应更加明显。这可能是因为国有资本的进入能够为非国有企业带来资金、技术和管理上的支持，同时也能够通过国有资本的示范效应促进整个行业的健康发展。这种差异性的发现为进一步优化混合所有制改革提供了重要的理论依据和实践指导。

3. 政府决策的影响因子及决策模型构建

政府在混合所有制改革中的决策受到多种关键因素的影响，这些因素共同作用于政府的决策过程，决定了改革的方向和深度。首先，政府的政治收益是一个重要考量，政府需要权衡改革可能带来的政治效果和社会效益。其次，政府的财政压力也会影响其决策。当面临较大的财政压力时，政府可能更倾向于通过混合所有制改革来吸引社会资本，缓解财政负担。再次，企业中国有资产的占比是另一个影响因素，不同占比可能意味着不同的改革路径和策略。最后，企业的规模也会对政府决策产生影响，规模较大的企业可能会在改革中承担更多的社会责任。这些因素在不同情境下的变化，会直接或间接地影响政府对混合所有制改革路径的选择，进而影响改革的实施效果和企业的未来发展。

4. 中国混合所有制企业治理特殊性分析

中国混合所有制企业在公司治理上呈现出独特的特点，这些特点主要表现在五个方面。第一，政府角色的特殊性。政府在此类企业中既是监管者，又可能是直接或间接的股东，这种双重身份使得政府在企业治理中扮演着不同于一般企业的复杂角色。第二，企业控制权的特殊性。由于国有资本和非国有资本的混合，企业控制权的分配和行使变得更为复杂，需要平衡不同所有制资本的利益和权益。第三，企业内部人关系的特殊性。混合所有制企业内部可能会存在具有不同所有制背景的管理者和员工，这要求企业在内部治理中处理和协调好各方的关系和利益。第四，"二级"委托代理的特殊性。混合所有制企业在委托代理关系上存在国有股东与企业、企业与非国有股东之间的多层级代理问题，这增加了公司治理的复杂度。第五，新老治理结构共存的特殊性。在混合所有制改革过程中，企业可能需要在旧有的治理结构和新的市场化治理机制之间找到平衡，实现平稳过渡。这些特殊性共同构成了中国混合所有制企业公司治理的复杂性和独特性，需要企业在实践中不断探索和优化治理机制。

12.3　研究展望

积极发展混合所有制企业是深化国有企业改革、完善基本经济制度的重要举措，这一点已成为共识。然而，在国有企业改革不断深入的过程中，混合所有制企业的改革推进并非易事。本书对混合所有制改革的主要影响因素进行了剖析，并且设计出了混合所有制改革的实现模式，但是对每种影响因素的具体实现方法没有做更加深入的研究。今后，笔者计划对每种影响因素的具体实现方式做更加深入的探讨和研究。具体方向如下。

第一，对混合所有制改革红利的研究。国有资本与非国有资本的融合，其最终目的就是实现社会财富的增长。双方的融合只是一个开始，最后获得改革红利才是目的。而这种改革红利如何进行界定，本书在模型设计中用"经济效益"和"社会效益"来进行简单的计算，但是改革红利应该有更加严格的界定和计量的方法，这样才能对混合所有制改革进行更有效的控制和评价。因此，这应该是今后混合所有制改革研究的重要方向之一。

第二，对混合所有制企业高管激励机制的研究。笔者在研究中发现，高管的薪酬激励其实效果并不理想，但究竟什么样的激励方式更有效？这是一个值得研究的问题。因为高管工作效率的高低将直接影响混合所有制改革目标的实现效果，而且混合所有制企业高管的激励机制不同于一般的国有企业或是民营企业，高管在混合所有制改革中扮演的角色与发挥的作用都与激励制度有重要的关系。因此，这是国有企业混合所有制改革值得关注的重要问题。

第三，国有企业改革的深化不仅需要理论指导和政策支持，更需要实际案例的支撑和验证。2014 年 5 月，国家发展和改革委员会发布通知，启动了首批 80 个示范项目，旨在鼓励社会资本参与基础设施等关键领域的建设和运营，这为混合所有制改革提供了实践平台。紧接着在同年 7 月，国资委宣布六家中央企业被选为"四个改革"试点单位。这一举措预示着试点范围将进一步扩大，为后续的改革提供了先行先试的机会。通过这些试点企业的跟踪研究，分析其成功实践和存在的问题，可以深入探索不同类型改革案例的典型做法，并在同类企业中推广应用。这种基于案例研究的方法，有助于总结经验、发现问题，并为更广泛的国有企业混合所有制改革提供可借鉴的模式和策略，是推动国有企业改革不断深入的重要途径。

参考文献

一、中文参考文献

安同良，闻锐，2022.中国企业数字化转型对创新的影响机制及实证［J］.现代经济探讨（5）：1-14.

白津夫，2005.当前国有企业改革的要点、特点和重点［J］.学习与探索（5）：181-186，6.

白鹏，2008.投资者保护、代理成本与公司绩效［J］.经济研究（2）：68-82.

彼得·德鲁克，2007.创新和企业家精神［M］.北京：机械工业出版社.

蔡卫星，高明华，2010.终极股东的所有权、控制权与利益侵占：来自关联交易的证据［J］.南方经济（2）：28-41.

陈东，董也琳，2014.中国混合所有制经济生产率测度及变动趋势研究［J］.经济与管理研究（6）：33-43.

陈红，黄晓玮，许超，2014.终极控制权与大股东掏空关联度研究［J］.华中师范大学学报（人文社会科学版），53（2）：53-62.

陈红，杨凌霄，2012.我国国有控股上市公司治理：现实困境及制度求解——基于双重委托代理理论的分析框架［J］.当代经济研究（3）：64-69，93.

陈林，唐杨柳，2014.国有企业部分民营化能否减轻其政策性负担［J］.经济与管理研究（7）：42-51.

陈林，唐杨柳，2014.混合所有制改革与国有企业政策性负担——基于早期国企产权改革大数据的实证研究［J］.经济学家（11）：13-23.

陈颖，吴秋明，2015.国有控股上市公司治理机制对公司业绩影响的实证研究［J］.郑州航空工业管理学院（2）：71-77.

陈颖，吴秋明，2015.基于委托代理理论的我国国有控股上市公司治理困境分析［J］.科学与管理（5）：30-35.

程恩富，董宇坤，2015.大力发展公有资本为主体的混合所有制经济［J］.政治经济学评论，6（1）：116-128.

党建民，李强，邹鸿辉，2017.高管特征、企业异质性与企业技术创新绩效——来自风电产业上市公司的经验数据［J］.工业技术经济（10）：117-124.

董辅礽，1979.关于我国社会主义所有制改革［J］.经济研究（1）：21-28.

董辅礽，1987.所有制改革与经济运行机制改革［J］.中国社会科学院研究生院学报（1）：12-21.

范承泽，胡一帆，郑红亮，2008.FDI对国内企业技术创新影响的理论与实证研究［J］.经济研究（1）：89-102.

甘小军，潘永强，甘小武，2018.国有企业混合所有制改革研究［J］.湖北社会科学（8）：81-86.

高彦如，2011.央企整体上市和分拆上市比较分析［D］.北京：清华大学.

高玉婷，2016.中央企业国际竞争力的实证研究——基于"十二五"时期国企改革的效果评价［J］.工业技术经济，35（12）：68-75.

顾钰民，2006.混合所有制的制度经济学分析［J］.福建论坛（人文社会科学版）（10）：16-20.

郝云宏，汪茜，王淑贤，2015.第二大股东对第一大股东的制衡路径分析——基于中国民营企业与国有企业的多案例研究［J］.商业经济与管理（12）：25-33，51.

胡洁，2014.新一轮国企混合所有制改革：问题及建议［J］.中国发展观察

（11）：32-35.

黄颖，2008.国有资产经营公司资本经营模式运用研究［J］.现代商业（5）：224-225.

姜英兵，徐传鑫，班旭，2022.数字化转型与企业双元创新［J］.经济体制改革（3）：187-193.

蒋光超，张强，湛志伟，2014.国有企业混合所有制改革问题刍议［J］.中国财政（22）：54-55.

靳钊，2016.我国创业板上市公司股权激励对创新绩效的影响分析［D］.南昌：华东交通大学.

剧锦文，2016.国有企业推进混合所有制改革的缔约分析［J］.天津社会科学（1）：91-96.

凯恩斯，1983.就业、利息与货币通论［M］.徐毓枬，译.北京：商务印书馆.

寇文，2019.建筑央企推进混合所有制的策略分析与解读［J］.企业科技与发展（2）：49-50.

雷霆，周嘉南，2014.股权激励、高管内部薪酬差距与权益资本成本［J］.管理科学，27（6）：12-26.

李长青，周伟铎，姚星，2014.我国不同所有制企业技术创新能力的行业比较［J］.科研管理，35（7）：75-83.

李春玲，李瑞萌，袁润森，2017.国有企业混合所有制改革的投资效率［J］.企业经济，36（4）：47-53.

李春涛，闫续文，宋敏，等，2020.金融科技与企业创新——新三板上市公司的证据［J］.中国工业经济（1）：81-98.

李健，张金林，董小凡，2022.数字经济如何影响企业创新能力：内在机制与经验证据［J］.经济管理，44（8）：5-22.

李建钢，李秉祥，2015.创新型企业成长过程中创新演化的阶段特征及仿真模拟［J］.运筹与管理（6）：227-233.

李莉，黄培峰，崔静，2020. 股权激励及其集中度对研发支出的影响——基于信息技术行业高管激励与核心技术人员激励的差异视角［J］. 技术经济与管理研究（2）：18-22.

李玲，陶厚永，2013. 纵容之手、引导之手与企业自主创新——基于股权性质分组的经验证据［J］. 南开管理评论（6）：69-79，88.

李明洋，张乃丽，2022. 企业数字化转型促进还是抑制了"走出去"：来自中国A股上市企业的证据［J］. 世界经济研究（10）：118-134，137.

李寿喜，2007. 产权、代理成本和代理效率［J］. 经济研究（1）：102-112.

李维安，2014. 深化国企改革与发展混合所有制［J］. 南开管理评论，17（3）：1.

李新春，苏琪，董文卓，2006. 公司治理与企业家精神［J］. 经济研究（2）：57-68.

李增泉，孙铮，王志伟，2004. "掏空"与所有权安排——来自我国上市公司大股东资金占用的经验证据［J］. 会计研究（12）：3-13，97.

李左峰，张铭慎，2012. 政府科技项目投入对企业创新绩效的影响研究——来自我国95家创新型企业的证据［J］. 中国软科学（12）：123-132.

梁小甜，文宗瑜，2022. 数字经济对制造业高质量发展的影响［J］. 统计与决策，38（11）：109-113.

林毅夫，李志赟，2004. 政策性负担、道德风险与预算软约束［J］. 经济研究（2）：17-27.

林毅夫，刘培林，2001. 自生能力和国企改革［J］. 经济研究（9）：60-69.

刘春，孙亮，2013. 政策性负担、市场化改革与国企部分民营化后的业绩滑坡［J］. 财经研究（1）：71-81.

刘国亮，王加胜，2000. 上市公司股权结构、激励制度及绩效的实证研究［J］. 经济理论与经济管理（5）：40-45.

刘红，张小有，杨华领，2018. 核心技术员工股权激励与企业技术创新绩效［J］. 财会月刊（1）：86-92.

刘磊，刘益，黄燕，2004. 国有股比例、经营者选择及冗员间关系的经验证据与国有企业治理的失效［J］.管理世界（6）：97-105，112.

刘芍佳，孙霈，刘乃全，2003.终极产权论、股权结构及公司绩效［J］.经济研究（4）：51-62，192.

刘小鲁，聂辉华，2015.国企混合所有制改革的五个关键问题［N］.中国证券报，10-26（A12）.

刘小玄，2000.中国工业企业的所有制结构对效率差异的影响——1995年全国工业企业普查数据的实证分析［J］.经济研究（2）：17-25，78-79.

刘鑫，2019.高管持股、研发支出与企业绩效的实证研究［D］.北京：中国财政科学研究院.

刘运国，刘雯，2007.我国上市公司的高管任期与R&D支出［J］.管理世界（1）：128-136.

陆岷峰，虞鹏飞，2015."混改"背景下国有企业全员持股与资产关切度研究［J］.金融理论与教学（5）：1-7.

鲁桐，党印，2014.公司治理与技术创新：分行业比较［J］.经济研究（6）：115-128.

马光威，龙思韵，2021.国外学者关于国有企业改革的研究综述［J］.社会科学动态（11）：74-79.

梅慎实，2001.现代公司治理结构规范运作论［M］.北京：中国法制出版社.

孟庆斌，李昕宇，张鹏，2019.员工持股计划能够促进企业创新吗？——基于企业员工视角的经验证据［J］.管理世界，35（11）：209-228.

欧阳国欣，2003.论国有企业治理结构的完善［J］.财经科学（3）：35-37.

潘红波，高金辉，2022.数字化转型与企业创新——基于中国上市公司年报的经验证据［J］.中南大学学报（社会科学版），28（5）：107-121.

齐菲，2014.创业板上市公司股权激励对技术创新成果的影响研究［D］.合肥：安徽大学.

钱颖一，1995.企业的治理结构改革和融资结构改革［J］.经济研究（1）：20-29.

邱慈孙，2002.公司治理结构理论述评［J］.经济评论（2）：64-74.

邱霞，2015.混合所有制改革的路径分析［J］.西部论坛，25（2）：33-39.

人民网.国企混改提速 近200家混合所有制企业开展员工持股试点［EB/OL］.（2018-11-20）［2024-09-20］.http://ccnews.people.com.cn/big5/n1/2018/1120/c141677-30410746.html.

邵明朝，2004.我国混合所有制经济发展的基础及政策取向［J］.经济研究参考（31）：4-7，12.

孙晶，2018.创新型企业价值评估研究［M］.北京：中国经济出版社.

孙世敏，2006.企业业绩评价与激励模式研究［D］.沈阳：东北大学.

孙晓华，王昀，2013.企业所有制与技术创新效率［J］.管理学报，10（7）：1041-1047.

孙英杰，林春，刘融冰，2019.企业家精神与全要素生产率提升研究——基于省级面板数据的实证分析［J］.中国科技论坛（1）：152-160.

唐建荣，朱婷娇，2018.家族企业终极控制者的隧道效应研究——以上市家族企业平衡面板数据分析为视角［J］.企业经济（6）：54-60.

田芙蓉，2019.核心技术员工股权激励对企业创新的影响研究——以网宿科技为例［D］.昆明：云南财经大学.

田利辉，2006.国有股权对上市公司绩效影响的U型曲线和政府股东两手论［J］.经济研究（10）：48-58.

王华，黄之骏，2006.经营者股权激励、董事会组成与企业价值——基于内生性视角的经验分析［J］.管理世界（9）：101-116.

王化成，刘俊勇，孙薇，2004.企业业绩评价［M］.北京：中国人民大学出版社.

王惠卿，2015.混合所有制改革对国有企业绩效及其波动的影响研究［J］.福建江夏学院学报，5（5）：7-15.

王克敏，陈井勇，2004.股权结构、投资者保护与公司绩效［J］.管理世界（7）：127-133，148.

王然，燕波，邓伟根，2010.FDI 对我国工业自主创新能力的影响及机制——基于产业关联的视角［J］.中国工业经济（11）：16-25.

王甄，胡军，2016.控制权转让、产权性质与公司绩效［J］.经济研究，51（4）：146-160.

魏成龙，许萌，郑志，等，2011.国有企业整体上市绩效及其影响因素分析［J］.中国工业经济（10）：151-160.

魏秀丽，2008.股权多元化的国有控股公司治理结构特点及其构建［J］.经济与管理研究（2）：21-27.

吴非，胡慧芷，林慧妍，等，2021.企业数字化转型与资本市场表现——来自股票流动性的经验证据［J］.管理世界，37（7）：130-144，10.

吴敬琏，张军扩，刘世锦，1998.国有经济的战略性改组［M］.北京：中国发展出版社.

吴敬琏，张军扩，吕薇，等，1997.实现国有经济的战略性改组：国有企业改革的一种思路［J］.管理世界（5）：13-22，218-219.

吴文华，姚丽华，2014.战略性新兴产业上市公司核心骨干股权激励对创新绩效的影响研究［J］.科技进步与对策，31（5）：75-79.

武常岐，张林，2014.国企改革中的所有权和控制权及企业绩效［J］.北京大学学报（哲学社会科学版），51（5）：149-156.

夏冬，程家明，2005.创新型企业的产权激励：基于创新资源均衡的分析［J］.技术经济与管理研究（5）：45-46.

冼国名，严兵，2005.FDI 对中国创新能力的溢出效应［J］.世界经济（10）：18-25，80.

肖土盛，吴雨珊，亓文韬，2022.数字化的翅膀能否助力企业高质量发展——来自企业创新的经验证据［J］.经济管理，44（5）：41-62.

肖万，宋光辉，2013.定向增发与其整体上市：宣告效应、长期绩效的比较研究［J］.河南大学学报（社会科学版），53（5）：51-57.

肖彦，董琦雅，王可可，2019.混合所有制改革路径对企业绩效的影响研究

［J］. 区域治理（51）：228-231.

谢军，黄建华，2012. 试析中国混合所有制企业公司治理的特殊性［J］. 经济师（10）：22，30.

谢琨，张正銮，2022. 企业数字化、政府补贴与企业技术创新投入［J］. 哈尔滨商业大学学报（社会科学版）（3）：57-64.

忻超娜，张二华，2022. 数字化水平对高技术产业创新效率的影响研究——基于创新价值链视角［J］. 科技与管理，24（1）：10-18.

熊彼特，1999. 资本主义、社会主义与民主［M］. 吴良健，译. 北京：商务印书馆.

徐莉，王秋芳，2004. 技术创新的产权激励探析［J］. 科技管理研究（3）：69-71.

徐莉萍，陈工孟，辛宇，2005. 控制权转移、产权改革及公司经营绩效之改进［J］. 管理世界（3）：126-136.

徐宁，2013. 高管激励契约配置方式比较与协同效应检验——基于我国高科技上市公司动态创新能力构建视角［J］. 现代财经（天津财经大学学报），30（8）：90-100.

徐宁，2013. 高科技公司高管股权激励对 R&D 投入的促进效应——一个非线性视角的实证研究［J］. 科学学与科学技术管理，34（2）：12-19.

徐晓东，陈小悦，2003. 第一大股东对公司治理、企业业绩的影响分析［J］. 经济研究（2）：64-74，93.

许光建，孙伟，2018. 国有企业混合所有制改革的五个关键问题［J］. 宏观经济管理（1）：20-25.

杨瑞龙，2006. 公司治理的核心：激励与约束经理人行为［J］. 改革（6）：88-93.

姚圣娟，马健，2008. 混合所有制企业的股权结构与公司治理研究［J］. 华东经济管理（4）：52-57.

姚洋，1998. 非国有经济成分对我国工业企业技术效率的影响［J］. 经济研究（12）：29-35.

于成永，刘旭，丁明明，2019.如何安排混合所有制中的股权比例：一个元分析证据［J］.会计之友（16）：143-152.

余东华，王青，2010.国有工业企业自主创新效率变化及影响因素［J］.山西财经大学学报（1）：94-101.

臧跃茹，刘泉红，曾铮，2016.促进混合所有制经济发展研究［J］.宏观经济研究（7）：21-28，113.

张晖，万解秋，2010.我国股权激励与企业自主创新关系检验［J］.华东经济管理，24（11）：107-111.

张荣，2018.国企股权结构对企业经营绩效的影响研究：基于辽宁国有上市公司数据的实证分析［J］.会计之友（6）：85-89.

张文魁，2007.中国国有企业产权改革与公司治理转型［M］.北京：中国发展出版社.

张孝梅，2016.混合所有制改革背景的员工持股境况［J］.改革（1）：121-129.

赵建英，2010.技术创新绩效影响因素的实证分析——基于两类不同所有制企业的比较［J］.经济问题（8）：41-44.

郑闽，2018.企业家创业精神、创新精神与全要素生产率增长——基于中国省际面板数据的实证分析［D］.广州：暨南大学.

周建波，孙菊生，2003.经营者股权激励的治理效应研究——来自中国上市公司的经验证据［J］.经济研究（5）：74-82.

朱承亮，师萍，岳宏志，2011.FDI、人力资本及其结构与研发创新效率［J］.科学学与科学技术管理，32（9）：37-42，50.

朱光华，陈国富，2001.中国所有制结构变迁的理论解析［J］.经济学家（3）：83-90.

朱平芳，徐伟民，2003.政府的科技激励政策对大中型工业企业 R&D 投入及其专利产出的影响——上海市的实证研究［J］.经济研究（6）：45-53，94.

邹俊，徐传谌，2016.阿里巴巴合伙人制度对国企治理结构创新的启示［J］.理论探索（3）：81-86.

二、英文参考文献

BARBERIS N, SHLEIFER A, VISHNY R, 1998. A Model of Investor Sentiment[J].Journal of Financial Economics, 49 (3): 307-343.

BARTELSMAN E J, DOMS M, 2000. Understanding Productivity: Lessons from Longitudinal Microdata[J].Journal of Economic literature, 38 (3): 569-594.

BENS D, NAGER V, WONG M, 2002. Real Investment Implications of Employee Stock Option Exercises[J].Journal of Accounting Research, 40 (2): 359-393.

CHEN J, XIONG P, 2002. The Illiquidity Discount In China[J].International Center For Financial Research, Yale University, 24 (2): 100-109.

CHOI S B, LEE S H, WILLIAMS C, 2011. Ownership and Firm Innovation in a Transition Economy: Evidence from China[J].Research Policy, 40 (3): 441-452.

FAN J, WONG T J, ZHANG T Y, 2004. Institutions and Organizational Structure: The Case of State-Owned Corporate Pyramids[J].Journal of Law, Economics & Organization, 29 (6): 1217-1252.

GARCIA-VEGA M, 2006. Does Technological Diversification Promote Innovation? An Empirical Analysis for European Firms[J].Research Policy (35): 230-246.

GLASER B G, STRAUSS A L, 1967. The Discovery of Grounded Theory: Strategies for Qualitative Research[M].New York: Aldine.

GULER I, NERKAR A, 2012. The Impact of Global and Local Cohesion on Innovation in the Pharmaceutical Industry[J].Strategic Management Journal (33): 535-549.

HOLZ C A, 2015. Review: China's State-Owned Enterprises: Nature, Performance and Reform[J].The Journal of Asian Studies, 74 (2): 482-483.

HUANG L, LIU X, XU L, 2006. Regional Innovation and Spillover Effects of Foreign Direct Investment in China: A threshold Approach[J].Regional Studies, 46 (5): 583-596.

JENSEN M C, MECKLING W H, 1976. Theory of the Firm: Managerial Behavior, Agency Costs and Ownership Structure[J].Journal of Financial Economics, 3 (4): 305-360.

JOHNSON S, LA PORTA R, LOPEZ-DE-SILANES F, et al., 2000. Tunneling[J]. The American Economic Review, 90 (2): 22-27.

KRUSE D L, BLASI J R, 1997. Employee Ownership, Employee Attitudes, and Firm Performance: A Review of the Evidence[J].Journal of Employee Ownership Law and Finance, 32 (3): 407-413.

LIU X H, ZOU H, 2007. The Impact of Greenfield FDI and Mergers and Acquisitions on Innovation in Chinese High-Tech Industries[J].Journal of World Business, 43 (3): 352-364.

STUART T E, 2000. Interorganizational Alliances and the Performance of Firms: A Study of Growth and Innovation Rates in a High-Technology Industry[J]. Strategic Management Journal, 21 (8): 791-811.

TENG X, YUJING H E, 2014. Study of effects of equity incentive in gem listed company[J]. International Business and Management (2): 223.

WANG J Y, 2014. The Political Logic of Corporate Governance in China's State-owned Enterprises[J].Cornell International Law Journal, 47 (3): 631-669.

WYNARCZYK P, PIPEROPOULOS P, MCADAM M, 2013. Open Innovation in Small and Medium-Sized Enterprises: An Overview[J].International Small Business Journal, 31 (3): 240-255.

附　　录

附录1　混合所有制企业实效性的访谈提纲

1. 请问您认为国有企业混合所有制改革的成效如何？

2. 您觉得哪些方面会影响国有企业混合所有制改革的成效？其中最重要的影响因素是什么？

3. 您认为政府在国有企业混合所有制改革中的作用大吗？主要体现在哪里？

4. 您认为在混合所有制改革中，国有资本的作用是什么？

5. 您认为混合所有制企业的公司治理在多大程度上会影响混合所有制改革的效率？

6. 贵公司的混合所有制改革是以哪种形式实现的？

附录2　混合所有制企业实效性影响因素的问卷调查

您好！非常感谢您在百忙之中抽出宝贵的时间填写本问卷。本问卷是关于混合所有制企业实效性影响因素的，您的意见和答案对国有企业混合所有制改革有很大的帮助。本问卷调查仅用于学术研究，研究报告不涉及任何具体企业名称，请您放心并尽可能客观地根据您所在单位的实际情况回答。非常感谢您的合作!

填写说明:(1)"混合所有制企业"指同时包含国有股份和非国有股份的企业;"产权稀释"指非国有资本投资主体通过出资入股、收购股权、认购可转债、股权置换等多种方式,参与国有企业改制重组或国有控股上市公司增资扩股以及企业经营管理的形式;"产权渗透"指国有资本以多种方式入股非国有企业的形式。(2)所有题目都是单选题,且都是必答题。由于有缺项的问卷不能计入数据库进行有效的统计分析,请您尽可能答完所有题目,选择每道题目下方最符合的选项。

1. 您的年龄:_____。

○ 20 岁~29 岁

○ 30 岁~39 岁

○ 40 岁~49 岁

○ 50 岁及以上

2. 您所在单位的性质:_____。

○ 企业

○ 政府

○ 学校

○ 科研院所

○ 其他

3. 您的职位:_____。

○ 企业管理层

○ 企业普通员工

○ 高校教师

○ 研究员

○ 其他

4. 混合所有制企业的财务效率普遍较高：_____。

○ 非常不同意

○ 不同意

○ 一般

○ 同意

○ 非常同意

5. 混合所有制企业的经济效率普遍较高：_____。

○ 非常不同意

○ 不同意

○ 一般

○ 同意

○ 非常同意

6. 混合所有制企业的技术研发效率普遍较高：_____。

○ 非常不同意

○ 不同意

○ 一般

○ 同意

○ 非常同意

7. 国有产权稀释这一路径有利于提高混合所有制企业的实效性：_____。

○ 非常不同意

○ 不同意

○ 一般

○ 同意

○ 非常同意

8. 国有产权渗透这一路径有利于提高混合所有制企业的实效性：_____。
○ 非常不同意
○ 不同意
○ 一般
○ 同意
○ 非常同意

9. 国有产权稀释和国有产权渗透两种路径结合有利于提高混合所有制企业的实效性：_____。
○ 非常不同意
○ 不同意
○ 一般
○ 同意
○ 非常同意

10. 政府在企业形成混合所有制企业的过程中起到了主导作用：_____。
○ 非常不同意
○ 不同意
○ 一般
○ 同意
○ 非常同意

11. 政府的决策对企业形成混合所有制企业的作用很大：_____。
○ 非常不同意
○ 不同意
○ 一般

○ 同意

○ 非常同意

12. 国家相关政策对本企业混合所有制改革进程影响很大：_____。

○ 非常不同意

○ 不同意

○ 一般

○ 同意

○ 非常同意

13. 企业中有两种以上不同的产权性质有利于提高混合所有制企业的实效性：_____。

○ 非常不同意

○ 不同意

○ 一般

○ 同意

○ 非常同意

14. 上市方式有利于提高混合所有制企业的实效性：_____。

○ 非常不同意

○ 不同意

○ 一般

○ 同意

○ 非常同意

15. 民营企业参股有利于提高混合所有制企业的实效性：_____。

○ 非常不同意

○ 不同意

○ 一般

○ 同意

○ 非常同意

16. 员工持股有利于提高混合所有制企业的实效性：_____。

○ 非常不同意

○ 不同意

○ 一般

○ 同意

○ 非常同意

17. 国有企业并购或是兼并有利于提高混合所有制企业的实效性：_____。

○ 非常不同意

○ 不同意

○ 一般

○ 同意

○ 非常同意

18. 企业设立股东大会、董事会和监事会有利于提高混合所有制企业的实效性：_____。

○ 非常不同意

○ 不同意

○ 一般

○ 同意

○ 非常同意

19. 企业的董事会中设立独立董事有利于提高混合所有制企业的实效性：＿＿。

○ 非常不同意

○ 不同意

○ 一般

○ 同意

○ 非常同意

20. 企业经理人通过选拔竞聘的方式产生有利于提高混合所有制企业的实效性：＿＿＿＿＿。

○ 非常不同意

○ 不同意

○ 一般

○ 同意

○ 非常同意